Carsten K. Rath

Sex bitte nur in der Suite

W0064262

Carsten K. Rath

Sex
bitte nur in der Suite

Aus dem Leben
eines Grand Hoteliers

HERDER

FREIBURG · BASEL · WIEN

Die zum Teil autobiografischen Geschichten in diesem Buch sind aus meiner Erinnerung erzählt. Wie es mit Erinnerungen so ist, stellen sie oft eine Melange aus den tatsächlichen Abläufen und Zuspitzungen dar, die sich im Laufe der Zeit beim Erzählen in die Erinnerungen einschleichen.
Einige Namen, Orte und Abläufe in den Geschichten wurden allerdings gezielt von mir verändert. Diese Änderungen dienen dem Schutz und der Sicherheit beziehungsweise der Privatsphäre beteiligter Personen und des Autors.

MIX
Papier aus verantwor-
tungsvollen Quellen
FSC
www.fsc.org   FSC® C083411

© Verlag Herder GmbH, Freiburg im Breisgau 2015
Alle Rechte vorbehalten
www.herder.de

Satz: post scriptum, Emmendingen/Hinterzarten
Herstellung: CPI books GmbH, Leck

Printed in Germany

ISBN 978-3-451-32959-3

Inhalt

Vorwort

Das Hotel ist die Bühne des Lebens – große Emotionen, überwältigende Dramen und ein Blick in die Seele des Menschen zwischen Eitelkeiten, Sein und Schein – all das macht die Faszination der Hotellerie vor und hinter den Kulissen aus.

In Deutschland gibt es kaum jemand Besseren als Carsten Rath, der einen großen Teil seines beruflichen Lebens ganz mit der Leidenschaft des Hoteliers wirkt und nicht nur den präzisen Blick auf die eigene Mannschaftsaufstellung und auf die eigenen Gäste hat, sondern auf kluge Weise auch ein visionärer Unternehmer geworden ist. Carsten Raths Buch ist eine wunderbare Reise geworden, und für alle Hotelbegeisterten, die sich für das große Ganze – also sowohl für den Gast als auch für den Betrieb hinter den Kulissen – interessieren, ist die Lektüre geradezu ein Muss.

Carsten Rath kann mit seiner ganzen Berufs- und Lebenserfahrung punkten: zu unterschiedlich die Stationen, die Länder, die Gäste, die Sitten – Rath hat das alles, hat die ganze Welt erlebt und diesen großen Kosmos zwischen Service, Gastfreundschaft und der Introspektion in die Seele seiner Kundschaft zu einem klugen Leseerlebnis zusammengefasst.

Aber Carsten Rath bleibt bei der reinen Schilderung und der aufregenden Reportage seines Berufslebens nicht stehen. Es sind die Lebensweisheiten, die moralischen Fallhöhen und ein kluger Diskurs, was Gastfreundschaft, Teamfähigkeit, Authentizität und klarer Umgang mit Diskretion und Moral eigentlich für uns im Leben bedeuten. Hier weist die Lektüre weit über ihr eigenes Sujet hinaus und es kommt nicht von ungefähr, dass Carsten Rath mittlerweile als Personal Coach und mentaler Sparringspartner auf Augenhöhe mit Größen aus Kultur und Wirtschaft unterwegs ist.

Es ist ein außerordentliches Lebensmodell für den heute 48-Jährigen geworden, in dem sich scheinbar mühelos jahrzehntelange Lebens- und Berufserfahrung aus der Hotellerie mit einer ganz eigenen neu gefundenen Lebensphilosophie verbindet.

Carsten Raths Buch ist nicht nur ein schönes Leseerlebnis über die weltweite Hotellerie, es ist auch ein kluger Lebensratgeber in Sachen Dynamik und wie sich das Leben mit uns verändert – und wie wir es ganz eigenständig verändern können.

Professor Nico Hofmann

1 | Hinterzarten

Im Land der Kuckucksuhren

Die Seele des Kuckucks

Der Kuckuck in der Schwarzwälder Uhr ist ein verhinderter Rockstar. Gebaut für das Brettchen, das die Welt bedeutet, darf er nur stündlich für wenige Sekunden ans Licht. Sein Repertoire ist beschränkt auf den immer gleichen Ausruf, der dem geneigten Kitschliebhaber seine Erwartungshaltung erfüllt. Schon als Kind habe ich mich gefragt, was dieser bunte Vogel wohl denken mag, hinter seinem Türchen, in jeder dunklen Stunde, bis er wieder für einen kurzen Moment ins Rampenlicht darf. Selbst wenn die Türen sich öffnen, darf er nicht singen, was er will. Kaum hat er seinen Standard abgespult, zieht der Mechanismus seiner Bühne ihn gnadenlos wieder hinter den hölzernen Vorhang.

Will er nicht raus da und fliegen und singen? Wie fühlt sich das an, immer nur nach Vorschrift zu zwitschern, immer in der Rolle zu bleiben und nie herauszufinden, ob er die Welt mit seiner Stimme erobern kann?

Als Azubi in einem Hochschwarzwälder Gasthof gab ich drei Jahre lang den Service-Kuckuck. In einer ganz kleinen Welt, dem Modell einer Kuckucksuhr im größeren Maßstab. 1987 begann ich meine Ausbildung im Hugenottenhof in Hinterzarten am Titisee. Damals hatte er vier Sterne. Inzwischen wurde er abgerissen und neu gebaut – mit einem veränderten Konzept. Ich bezweifle, dass es für die heutigen Service-Kuckucks dort einen Unterschied macht. Eine Kuckucksuhr ist eine Kuckucksuhr ist eine Kuckucksuhr.

Nicht nur der Hugenottenhof hat sich verändert. Heute bin ich froh darüber, dass ich dort gelernt habe. Drei Jahre in der Mechanik der Kuckucksuhr waren eine Lektion fürs Leben. Ohne diese Erfahrung hätte ich vielleicht nie erkannt, wo das Herz des Service schlägt, wie sich Service Excellence anfühlt und welchen Unterschied das für den Gast macht. Ein Freigeist ist nicht auf einem Brett festgeschraubt. Er fliegt, wohin er will. Er entscheidet selbst, wann es Zeit ist, auf die Bühne zu gehen und wieder hinter dem Vorhang zu verschwinden. Nur wenn er seine Leidenschaft auslebt, kann er sie auf andere übertragen. Ein Lakai ohne Agenda, der sich auf seiner Bühne nicht zu Hause fühlt, kann auch keinen Gast behandeln wie einen Star.

Vielleicht hätte ich auch fliegen gelernt, ohne vorher drei Jahre auf den wurmstichigen Brettern des Hugenottenhofs festgeschraubt zu sein. Aber hätte es sich genauso großartig angefühlt?

Polyester statt Tennishosen

Ohne die geringste Ahnung, was mich erwarten könnte, hatte ich mich für einen Job in der Hotel- und Tourismusbranche entschieden. Dass man für Ziele hart arbeiten muss – vor allem an sich selbst –, hatte ich dagegen längst gelernt. Genau genommen hatte ich schon zwei geplatzte Karriereentwürfe hinter mir.

Als Jugendlicher hatte ich Tennis als Ausweg entdeckt. Der Tennisplatz am anderen Ende der Sackgasse, in der ich wohnte, wurde zu meinem Refugium – und, so glaubte ich lange Zeit, zu meinem Tor in die große, weite Welt. Ich war ein Raubein; der Geruch von Asphalt und verschwitzten Straßenkindern und die Farbpalette von Veilchen im Gesicht hatten meine Kindheit geprägt. Unter den Lacoste tragenden Tennis-Söhnchen der Cabrio-Mütter, die so ganz anders waren als ich, fiel ich auf. Auch meinem Trainer Rainer, der meiner aufbrausenden Art kaum Herr wurde. Er versuchte mich mit Liegestützen, Kniebeugen und Sprints zu sozialisieren, doch es half nichts. Seine Versuche, meine Energie zu kanalisieren, machten mich nur noch stärker, schneller, aggressiver.

Es dauerte nicht lange, bis ich zu einem ernsthaften Gegner für die Luxuskinder aus der Umgebung wurde. Erst wurde ich Bambino-Clubmeister, dann Stadtmeister, dann ging es in eine höhere Liga. Andere Vereine wurden auf mich aufmerksam. Ich erhielt einen Sponsorenvertrag von Adidas und trug abwechselnd die neuen Linien von Ivan Lendl und Stefan Edberg. Wenn meine Tagesform nicht mit meinen Erwartungen mithalten konnte, zerschlug ich schon mal einen der gesponserten Schläger am Netzpfosten.

Zu jenen Tennisspielern, die ihre Gegnerschaft auf den Ball projizieren, ihn hassen und auf ihn einprügeln, wie einst Jimmy Connors, gehörte ich nicht. Sondern zu denen, die den Gegner auf der anderen Seite des Platzes ausmachten. Der Ball war mein Freund, mein Werkzeug, meine Waffe, ein Teil von mir. Tausende Male am Tag presste ich ihn in meiner Hosentasche zusammen, um den *Epicondylus lateralis humeri* zu stärken — einen der wichtigsten Muskeln des Tennisspielers. Bälle lange hin und her zu spielen und mich taktisch an den Gegner heranzutasten, lag mir nicht; ich wollte immer gleich punkten. Aufschlag-Volley, Return-Volley, Punkt. Es funktionierte. Der Ausweg aus der Sackgasse schien perfekt.

Bereits mit 14 begann ich andere zu trainieren und mein erstes eigenes Geld zu verdienen. Mit 17 gründete ich neben der Schule, die ich nur noch gelegentlich besuchte, eine eigene Tennisschule. Mein erster Service-Gedanke war geboren: Ich wollte den Menschen mehr bieten, als nur gelbe Filzkugeln übers Netz zu schlagen. Ich gab meinen Schülern, was sie wollten: Abwechslung, Aufmerksamkeit und Anerkennung. Das funktionierte tatsächlich so gut, dass ich mir bald einen Partner ins Boot holte, um die hohe Nachfrage überhaupt noch bedienen zu können. Als Spieler war er deutlich schlechter als ich, dafür war er jedoch ein echter Charmebolzen. In seiner eigenen Wahrnehmung war er außerdem einer der besten Surfer der gesamten Milchstraße, und tatsächlich sah er Björn Dunkerbeck in der alten Fernsehwerbung für Milky Way verblüffend ähnlich. Mein Surfer-Freund erklärte mir, was Cashflow bedeutet, und überredete mich, Unterrichtsstunden nur noch »en bloc« zu 20- oder 30-Stunden-Einheiten anzubieten. Schnell hatten wir 500 Stunden verkauft. Ich fühlte mich reich und bildete mir ein, die Schule nicht mehr zu brauchen. Lustlos absolvierte ich trotzdem irgendwie die 12. Klasse. Mein Ziel war ja längst gesteckt: Ich wollte Tennisprofi werden, und mit den Unterrichtsstunden würde ich es auch schaffen.

Der Traum platzte noch vor dem Ende meiner Schulzeit. Die 500 Stunden waren zwar verkauft, allerdings größtenteils noch abzuarbeiten. Mein Partner aber war weg. Er hatte das Geld genommen und sich, so munkelte man, nach Australien abgesetzt. In den folgenden Monaten arbeitete ich allein nach und nach die 500 Stunden ab, dafür sorgte mein Vater. Er wollte sicherstellen, dass ich diese Lektion fürs Leben nicht so schnell vergaß.

Mein erster Enthusiasmus war gründlich verflogen. Ich erkannte, dass ich mein Geld nicht für den Rest meines Lebens in kurzen Hosen verdienen wollte. Eine Alternative hatte ich aber noch nicht. Kurz darauf nahm mir das Schicksal eine Entscheidung ab: Ein Bänderriss, gefolgt von einem Leistenbruch und als krönendem Abschluss auch noch von einem Bandscheibenvorfall senkten die ohnehin geringen Chancen auf eine Karriere als Tennisprofi auf null. Als Profisportler kann man den Körper bis zu einem bestimmten Punkt austricksen, aber ein schwaches Bindegewebe ist ein Dealbreaker. Und ich hatte ein schwaches Bindegewebe.

Das war's. Ich hatte immer noch keinen Plan B für mein Leben. Ich grübelte, suchte, wand mich in meiner Orientierungslosigkeit. Bis ich an einer Tennisbar ein hübsches Mädchen kennenlernte, das mir von ihrer Ausbildung zur Restaurantfachfrau erzählte. Mir gefiel, was ich da hörte: Abwechslung, Ambiente und Anerkennung. Meinem Vater gefiel es gar nicht: »Kellner? Ist das dein Ernst?« Er zerrte mich zum Arbeitsamt. Heraus kam ich mit dem besser vertretbaren Karrierevorschlag »Hotelfachmann«.

Vom Tennislehrer zum Hotelfachmann – ein ziemlicher Spagat, könnte man meinen. Damals war es mir nicht klar, aber rückblickend kann ich die Konstante durchaus erkennen: Mein Interesse galt der Dienstleistung. In meiner jugendlichen Naivität waren es jedoch andere Eigenschaften, die ich zur Qualifikation hochstilisierte: Ich hatte Lust auf Menschen, ich hielt mich für unwiderstehlich, und vom Tennis hatte ich einen perfekt geformten Hintern für die Damenwelt an den Tischen, zwischen denen ich servierend hin und her flanieren würde. Die Welt der Hotellerie umwehte in meiner Vorstellung der Hauch von Glamour, Freiheit und Abenteuer: luxuriöse Suiten, temperierte Pools, die Chance, bei der Arbeit die Welt mit einem Glas Champagner in der Hand zu entdecken. Und nicht zu vergessen: Ständig würde ich umgeben sein von erfolgreichen, betuchten Gästen. Grenzenlose Möglichkeiten, wohin das Auge reicht. Ich mit meiner unbändigen Energie und meinem raubeinigen Charme musste nur noch bis zur Spitze durchmarschieren. Was sollte da schon schiefgehen?

Die Tempelwächter des Fünf-Sterne-Service, die Personalabteilungen der feinen Hotelketten, zeigten sich von meiner Qualifikation wenig beeindruckt. Weder bei Kempinski noch bei Ritz Carlton oder Mandarin Oriental hatte man auf mich gewartet, wie sich schnell herausstellte. Ich bekam eine Absage nach der anderen. Heute, als geschäftsführender Gesellschafter meiner eigenen Hotelgesellschaft Kameha Grand und der RichtigRichtig.com Management- und Unternehmensberatung, kann ich es den Kollegen von damals nicht verdenken.

Und so nahm ich, was ich bekommen konnte: eine Lehrstelle als Kellner — eigentlich: Hotelfachmann — am Titisee im hintersten Winkel des Hochschwarzwalds. Schneewittchen hätte sich dort wohlgefühlt. Für mich war der Hugenottenhof nicht mehr als eine Notlösung. Immerhin würde ich mit Gästen zu tun haben und mir so meine ersten Sporen in der Hotellerie verdienen. Doch bevor ich im Hugenottenhof beginnen konnte, musste ich zunächst sogar noch einige Monate in seinem Gastronomie-Discounter-Ableger, dem Schwarzwaldstern im Höllental, arbeiten. *Nomen est omen ...*

Der erste Schock ließ nicht lange auf sich warten: Nachdem ich einige Jahre nur in den edlen Tenniskollektionen von Adidas herumgelaufen war, musste ich mich jetzt an eine völlig andere Arbeitskluft gewöhnen: Als Kellner in diesen Häusern trug man Polyester.

Gästeverarbeitende Industrie

Bei dieser ersten kleinen Ernüchterung blieb es nicht. Auch die Schönen und Reichen, denen ich zu begegnen dachte, schienen ihren Champagner woanders zu trinken. Im Hugenottenhof und noch mehr im Schwarzwaldstern hatten wir es mit einer vollkommen anderen Kategorie von Reisenden zu tun: den Pauschaltouristen.

Das Gros der Gäste bestand aus Deutschen auf Heimaterkundung. Sie machten der alemannischen Tradition der Schwarzwald-Gegend alle Ehre: In großen Gruppen entstiegen sie großen Bussen – quasi mit »allen Mannen«. In diesen Jahren, gegen Ende der Achtziger, waren es besonders viele, denn wir schrieben die Ära der *Schwarzwaldklinik*. Nur drei Kilometer vom Hugenottenhof, im Parkhotel Adler, wurde die Fernsehserie gedreht, die eine ganze Generation von dieser Mittelgebirgsregion träumen ließ. Mein Anblick half vielen älteren Damen dabei, denn ich sah Sascha Hehn, dem jungen Fernseh-Oberarzt, damals nicht unähnlich. Die Klinik selbst, die oft in der Serie zu sehen war, lag jedoch etwa 40 Kilometer entfernt.

Es gab aber noch eine andere Kategorie von Gästen. Die kletterten einmal täglich aus einem noch größeren, stets klimatisierten Bus – jedenfalls die, die des eigenmächtigen Gehens noch fähig waren. Hierbei handelte es sich um die AARP-Gäste, American Association of Retired People. Gemeinsam hatten diese Gäste, dass sie die 70 überschritten hatten; vielen von ihnen tendierten sogar Richtung 90. Neben der einen oder anderen Ladung Japaner bildeten sie das Maximum an großer weiter Welt und Glamour, das mir während meiner Lehre geboten wurde.

Übel nehmen konnte ich den Schönen und Reichen ihr Fernbleiben nicht. Schließlich waren wir polyesterummantelten Service-Kuckucks auch das Maximum an Glamour, das der Hugenottenhof zu bieten hatte. Eigentlich war es sogar ganz gut, dass viele der Gäste nicht mehr so richtig sehen und hören konnten.

Das, wofür diese Menschen kamen, beherrschte der Hugenottenhof jedoch bestens. Das urdeutsche Essen aus der Region – Forelle Müllerin-Art, Flädlesuppe, Maultäschle und allen voran die Schwarzwälder Kirschtorte – war von hervorragender Qualität. Die Atmosphäre des Fachwerkhauses hätte aus amerikanischer Sicht authentischer nicht sein können. Der Blick auf den Titisee war die naturgewordene Fantasie eines Landschaftsmalers à la Caspar David Friedrich. Alle Klischees über die spießigen Deutschen wurden ebenfalls bedient. Und Touristen, die es auf nostalgischen Alemannenkitsch abgesehen hatten, hätten sich keinen besseren Ort aussuchen können als diese kleine, grün umrahmte Welt in der Mitte von Nirgendwo. Jeder busreisende Pauschaltourist würde, hätte es die Möglichkeit damals schon gegeben, wohl eine flammende Rezension beim Reiseportal seiner Wahl hinterlassen: »Urlaub wie aus dem Bilderbuch! Und ein Sascha-Hehn-Typ hat uns bedient!«

Doch wie war es um die Service-Qualität bestellt? Nach den Maßstäben, die ich heute anlege, wenn ich ein Hotel bewerte, war die alles andere als bilderbuchhaft. Der Hugenottenhof – und erst recht der Schwarzwaldstern – war keine Heimat fern der Heimat. Die beiden Häuser waren Produktionsanlagen der gästeverarbeitenden Industrie. Die Abläufe dort ließen sich mit einem Frachthafen vergleichen: Nach einer gnadenlos durchgetakteten Logistik wird ein Container nach dem anderen mit riesigen Kränen von A nach B verladen. All das geschieht, ohne dass jemand sich dafür interessieren würde, was er da eigentlich genau verlädt, wer es geschickt hat und für wen es bestimmt ist. Keine Zeit für Sentimentalitäten. Und bevor ein Fehler oder eine Unachtsamkeit überhaupt nur auffallen kann, ist der Container längst wieder auf See, unterwegs zu einem anderen Hafen, und ward nie wieder gesehen.

So ähnlich funktionierte die Abfertigung der Gäste in den typischen Schwarzwälder Durchlauferhitzer-Gasthöfen. Die wenigen Ausnahmen lagen fernab der Standardroute, fernab vom Durchfahrtstourismus. Mehrmals täglich kam eine Ladung Fracht in einem Bus an: Tür auf, Touris raus, gegenseitiges »Abschießen« vor der Fassade der riesigen Kuckucksuhr Hugenottenhof. Durch den Kuckucksuhrenshop, die Plastikkuckucksuhr mit Plastikgeld bezahlen. Rein ins Großraumrestaurant, einmal gerade durch bis auf die Terrasse mit Blick auf eine wild romantische Schlucht, setzen, warten auf die Vorstellung.

Dann öffneten sich die Türen der Kuckucksuhr − Auftritt der polyesterummantelten Service-Kuckucks. Also auch: meiner. Einer militärisch durchgeplanten Choreografie folgend marschierten wir durch den Gastraum, verteilten wir uns auf unsere Bereiche der riesigen Terrasse und nahmen Bestellungen im Akkord auf: Getränke, Menü, einschließlich der Torte alles weitestgehend vorgegeben. Türchen auf, Kuckucks rein, Bestellungen in die Küche brüllen. Türchen wieder auf, Essen auf die Tische, Abmarsch, Türchen zu.

Und die Gäste? Mund auf, Schwarzwälder Spezialitäten rein, Obstler hinterher. Raus aus dem Restaurant, Powershopping für Spätentschlossene, runter auf den Parkplatz, rein in den Bus, Abfahrt. Auf Nimmerwiedersehen, schöne Kitschtour noch, zu den sieben Zwergen hinter den sieben Bergen. Länger als 45 Minuten sollten die Gäste für drei Gänge, Toilette und Shopping nicht im Hause verweilen: Effizienz war Gesetz.

So ging das die ganze Saison über: mehrere Busse pro Tag, manchmal mehrere gleichzeitig. Wir Kellner hatten alle Hände voll zu tun. Für persönliche Betreuung, ein Schwätzchen oder um auf Sonderwünsche einzugehen blieb schlicht keine Zeit. Selten hielt irgendetwas die Routine auf – und wenn, galt es, das Stöckchen schleunigst aus dem Getriebe zu holen.

Im Vorraum des Restaurants, im Durchgang zur Toilette, stand eine dieser damals modernen Personenwagen, die aus dem Geburtsjahr und dem Gewicht einen »persönlichen« Biorhythmus errechnen und auf einem Zettel ausdrucken. Die erste Service-Beschwerde meines Lebens kam von einem alten Texaner mit Cowboyhut, der ein ganz spezielles Problem mit der Maschine hatte: Die Jahreszahlen auf der Skala, an der man sein Geburtsjahr eingeben konnte, reichten nur bis 1900 zurück. Der gute Mann war aber 1899 geboren, also damals bereits 87 Jahre alt – und verlangte von mir eine Lösung des Problems. Ich setzte mein charmantestes Lächeln auf und lenkte ihn ab, indem ich ihn auf eine Kuckucksuhr an der Wand hinter ihm aufmerksam machte. Solange er wegschaute, stellte ich von ihm unbemerkt mit einer schnellen Bewegung das Jahr 1900 ein und warf die Münze, die er mir in die Hand gedrückt hatte, in den Schlitz. Er bekam seinen Biorhythmus, und ich war um zwei Dollar Trinkgeld reicher.

Service Excellence sieht anders aus. Um Gäste zu binden, muss man ihnen Aufmerksamkeit schenken und auf ihre Wünsche eingehen. Machte die Eigentümerfamilie – übrigens die Könige der Kuckucksuhrenindustrie – mit dem Hugenottenhof also alles falsch? Keineswegs. Dieser Gasthof lebt vom Klischeetourismus: von Menschen, die die volle Schwarzwald-Dröhnung wollten, damit sie dieses Fleckchen auf ihrer Traveller's-To-do-Liste abhaken können. Diese Leute hatten nicht vor, jedes Jahr wiederzukommen und zwei Wochen dort zu verbringen. Der Hugenottenhof ist keine Heimat fern der Heimat, sondern eine Touristenattraktion, ein Bestandteil des Schwarzwald-Programms. Da ist die standardisierte Gästeverarbeitung mit maximalem Volumen aus unternehmerischer Sicht ein sinnvolles Geschäftsmodell. Die Gäste haben keinen Grund, enttäuscht zu sein, denn sie kommen für genau das, was sie auch bekommen. So gesehen wird im Hugenottenhof vieles richtig gemacht. Bis heute.

Terrassenkellner auf den Golanhöhen

Die rustikale Massenabfertigung bedeutete für mich als Kellner körperliche Schwerstarbeit. Jeder, der auch nur einen Saisonjob als Kellner an einem Touristen-Hotspot gemacht hat, um sich in den Ferien etwas dazuzuverdienen, weiß, wovon ich rede.

Die Terrasse war riesig. In meiner Erinnerung mag sie von Jahr zu Jahr noch größer geworden sein, aber groß war sie wirklich. Die Ausmaße der Terrasse waren allerdings nicht die größte Herausforderung für uns Kellner. Wir nannten sie die »Golanhöhen« – aus gutem Grund. Genau wie das Hochplateau im Nahen Osten zwischen dem See Genezareth und der syrischen Hauptstadt Damaskus war sie im Sommer brütend heiß, potenziell vermint und immer wieder Schauplatz kriegerischer Auseinandersetzungen. Die meisten davon wurden zwischen mir und meinem Chef Klaus-Dietrich ausgetragen –

dem meines Erachtens wahrscheinlich besten schlechten Oberkellner, dem ich je ausgeliefert war.

Als ich ihn das erste Mal sah, hielt ich ihn fälschlicherweise für harmlos. Klaus-Dietrich wirkte auf mich so groß wie drei übereinandergestapelte Schwarzwälder Kirschtorten. Mit dem würde ich schon fertigwerden. Dachte ich – ungefähr fünf Sekunden lang. Dann bellte Klaus-Dietrich sein erstes Kommando: »Deine Kellner-Station sind die Golanhöhen!«

Von diesem Moment an war ich auf die Terrasse abonniert. Denn Klaus-Dietrich konnte mich schon auf den ersten Blick ungefähr genauso gut leiden wie ich ihn. Er hasste mich, und er ließ es mich spüren. Jede Kuckucksuhr braucht einen, der sie aufzieht. Klaus-Dietrich zog mich auf, jeden Tag, ohne Unterlass. Für mich war er die gastronomische Reinkarnation von Napoleon: genauso winzig, genauso selbstherrlich und genauso arrogant. Vor allem seinen zwei Erzfeinden gegenüber: mir und dem Gast. Gäste waren für ihn so etwas wie die Babys von ungeliebten Verwandten für einen Kinderhasser mit Zwangsneurosen: Ständig wollen sie irgendwas, ständig plärren sie, und ständig machen sie Dreck.

Der Polyester-Napoleon hielt nicht viel von Service. Gastfreundschaft lag ihm fern, Empathie war ihm ein Fremdwort. Die Fähigkeit, sich in andere Menschen einzufühlen und ihre Bedürfnisse zu erkennen, ist ein entscheidendes Merkmal echter Service-Persönlichkeiten. Sie ist die Grundvoraussetzung, um Gäste zu begeistern, und die Basis für eine persönliche, herzliche Beziehung. Herzlichkeit ist nicht unprofessionell, sondern Trumpf. Professionalität ohne Herzlichkeit ist Arroganz. Und Klaus-Dietrich war – hochprofessionell.

Als kleiner Tyrann hatte er natürlich Freude daran, mich schwitzen zu sehen. Und dazu hatte er reichlich Gelegenheit.

Unsere weißen Hemden hatten wir stets hochgeschlossen zu tragen, mit einer eng geschnürten Fliege. In der schwarzen, knisternden Polyesterhose hatte man Glück, wenn man sich keinen Wolf lief. Der schlimmste Teil der Uniform aber war die typische Schwarzwald-Weste: grün, aus Samt, mit roten Blümchen darauf. Im Frühling und Sommer sahen wir damit aus, als würden wir täglich aus der Wiese hinter dem Hugenottenhof auferstehen wie Zombies aus einem Blumenbeet.

Die Weste habe ich noch – nicht, weil ich die stoffgewordene Blumenwiese so hübsch finde. Sondern weil sie mich daran erinnert, wie meine Arbeit und die meiner Leute nicht sein darf. Die Weste ermahnt mich, keine Klischees zu bedienen, sondern Menschen.

Meine Ausbildung dauerte nicht zwei, nicht drei, sondern volle dreieinhalb nicht enden wollende Jahre. Den größten Teil davon verbrachte ich auf den Golanhöhen und war jeden Abend dankbar für meine austrainierten Tennisspielerarme. Schauen Sie sich einmal die Unterarme von Vollzeit-Kellnern in stark frequentierten Terrassenlokalen an, und Sie wissen, was ich meine: Darauf kann man bequem ein großzügiges Stück Schwarzwälder-Kirsch ohne Teller servieren. In den ersten Wochen schmerzte jede Faser meines Körpers, wenn die letzte Busladung abgefahren war. Mehr als einmal fragte ich mich, ob ich mit dieser Ausbildung die richtige Entscheidung getroffen hatte. Mehr als einmal (pro Tag, anfangs) hatte ich die Schnauze gestrichen voll. Doch je länger ich dabeiblieb, desto überzeugter war ich davon, am richtigen Ort zu sein: Wenn ich dieses Bootcamp bei Klaus-Dietrich auf den Golanhöhen überstand, würde ich bereit sein für alles, was da kommen mochte. Wenn das der notwendige erste Schritt war, damit etwas aus mir wurde, dann würde ich so viele Forellen,

Maultäschle und Schwarzwälder Kirschtorten auf meinem Unterarm balancieren, wie ich tragen konnte.

Mit Drill war ich schon einmal klargekommen, als ich ein klares Ziel vor Augen hatte: damals, bei meinem ersten Tennis-Trainer, der meine überschüssige Energie in Liegestütze und Kniebeuge zu kanalisieren versucht hatte. Wie damals, sagte ich mir, wird auch Klaus-Dietrich mich mit seinen Schikanen am Ende nur stärker machen. Egal wie sehr Klaus-Dietrich mir zusetzte: Ich hielt durch. An den Abenden, wenn ich alles hinschmeißen wollte, hielt mich manchmal nur dieser eine Gedanke aufrecht: Du wirst mich nicht brechen. An dir scheitere ich nicht. Dir werde ich es zeigen. Und tatsächlich: Die Prüfung am Ende meiner Lehrzeit schloss ich als einer der Besten in der Region ab. Ein guter Dienstleister war ich allerdings noch längst nicht, denn das Wichtigste konnte Klaus-Dietrich mir nicht vorleben: Herzlichkeit.

Man kann von guten und von schlechten Vorbildern lernen. Von Klaus-Dietrich habe ich gelernt, wie man erfolglos bleibt – zum Beispiel als Kellner auf den Golanhöhen auf Lebenszeit. Davon konnte ich mich täglich überzeugen: Wann immer ich genau das Gegenteil von dem tat, was er uns als guten Service einimpfte, stimmten meine Trinkgelder. Folgte ich seinen Regeln, gingen sie in den Keller. Klaus-Dietrich zu erleben zeigte mir, dass man im Service keinen Blumentopf gewinnt, wenn man auf andere Menschen herabsieht. Der Gast spürt das – und genau um ihn dreht sich alles. Im Service geht es immer nur um den Gast. Wer sich beim Service selbst in den Mittelpunkt stellt, wird nie außergewöhnlich gut werden.

So gesehen machte mich dieses schlechte Vorbild zu einem anderen Menschen und einer besseren Service-Persönlichkeit. Danke, Klaus-Dietrich – und das meine ich ganz ehrlich.

Ein Sprungbrett in die weite Welt

Schließlich wurde ich von den Golanhöhen erlöst und arbeitete für einige Monate an der Rezeption des Hugenottenhofs – denn ein paar Zimmer gab es dort tatsächlich auch. 14, genau genommen. Dass ich Spaß an der Sache hatte, merkte man der Service-Qualität offensichtlich an. Denn eines Tages, kurz vor dem Ende meiner Lehre, stand ein Gast namens Pecco Beaufays vor mir und erklärte in einem breiten amerikanischen Akzent: »Ich will deinen Lebenslauf.« Da ich wohl einigermaßen irritiert dreingeschaut haben musste, fügte er umgehend hinzu: Er hätte mich in den letzten Tagen beobachtet. Er sei ein hohes Tier bei Kempinski und wolle nun dafür sorgen, dass ich Karriere mache.

Dass das für einen Hotelfachmann kurz vor Ende seiner Lehre einem Sechser im Lotto gleichkam, wurde mir erst später klar. Ehrlich gesagt hatte ich bis dahin jemals weder von ihm noch von Kempinski gehört. In diesem Moment beschäftigte mich eine andere Frage: Was zum Teufel sollte ich in meinen Lebenslauf schreiben? Fachhochschulreife irgendwie durchgepeitscht, Tenniskarriere nach Verletzung vorzeitig beendet, Ausbildung in einem gästeverarbeitenden Betrieb? Das einzige, was ich außer meiner Ausbildung noch als Service-Erfahrung einstreuen konnte, war ein Aushilfsjob als Barkeeper in einer miesen Kneipe, den ich als Jugendlicher mal eine Zeit lang gemacht hatte. Und damit sollte ich einen Kempinski-Boss beeindrucken?

Der Mann aber war »entschlossen«, wie er sagte – und so überreichte ich ihm vor seiner Abreise einige Tage später einen eher euphemistischen Lebenslauf. Meine Tenniskarriere war nun nicht durch eine Verletzung beendet worden, sondern durch meine Liebe zur Hotellerie. Aus dem Kneipenjob war ein Praktikum in der Event-Gastronomie geworden. Und der Hugenottenhof gehörte in meiner Darstellung zur »Gruppe der gehobenen Schwarzwald-Gastronomie«.

Rückblickend hätte ich mir die Mühe sparen können: Der Lebenslauf an sich interessierte Pecco Beaufays herzlich wenig – er brauchte ihn einzig für die Administration in der Personalabteilung. Wie er mir Jahre später verriet, hatte er mich wegen meiner positiven Ausstrahlung angesprochen. Er hatte etwas in mir gesehen, von dem ich selbst nicht wusste, dass ich es besaß: eine Service-Attitüde, die in seinen Augen zu Kempinski passte. Wer hätte das gedacht: Ausgerechnet der Hugenottenhof – für mich der Inbegriff von Servicefeindlichkeit – wurde schließlich doch noch mein Sprungbrett in die große weite Welt der Luxushotellerie. Unter dem altehrwürdigen Kempinski-Wappen, in den späten Achtzigern der Inbegriff der Luxus-Hotellerie, würde ich schon herausfinden, wie Service wirklich funktioniert. Sollte man meinen. Nicht wirklich – aber lernen sollte ich auch dort eine ganze Menge.

Service geht anders …

Dem Hugenottenhof kehrte ich – nicht überraschend – ohne Wehmut den Rücken. Ich war einfach nur froh, mich von Klaus-Dietrich verabschieden zu können. Wie viel ich im Hugenottenhof als Negativ-Blaupause tatsächlich über Service gelernt hatte, wurde mir erst viel später klar. Einige Service-No-Gos sind mir nämlich immer wieder begegnet – und zwar auch in weitaus höherklassigen Hotels. In den Häusern, in denen der Service hakt, herrscht fast immer der gleiche Irrglaube vor:

Das Produkt sei der Star. Viele Grand Hoteliers und – das ist die kaum vermeidbare Folge – auch ihre Angestellten glauben, man müsste dieses Produkt dem Kunden nur schillernd genug darbieten. Dann betrachte er den Service automatisch als hochklassig und beschwert sich dementsprechend auch nicht: In einem Fünf-Sterne-Haus wird der Service schon über jeden Zweifel erhaben sein!

Ein Irrtum – mit »Friss oder stirb!« lässt sich ein Fünf-Sterne-Gast nicht zufriedenstellen. Auch ein regelmäßiger Gast in Drei- und Vier-Sterne-Hotels nicht. Service ist eine hochgradig persönliche Angelegenheit – ganz besonders in einem Hotel. Service ist eine Haltung. Der Gast bringt nicht nur bestimmte Erwartungen mit, die von Mensch zu Mensch variieren, sondern auch die Erfahrungen aus anderen Häusern. Mehr noch: Seine Privat- und Intimsphäre reist mit ihm. Übernachten wir in einem Hotel oder verbringen wir dort sogar mehrere Tage oder Wochen, wird es zu unserem Zuhause, unserer Burg, unserem Schutzraum. Wir wollen uns wohlfühlen, wir wollen König sein. Wir wollen über Atmosphäre, Ausstattung und jede kleine Annehmlichkeit bestimmen können. Diesen Anspruch kann ein Hotel aber nur erfüllen, wenn es die Wünsche der Gäste voraussieht oder ihnen, soweit es irgend möglich ist, von den Augen abliest.

Beim Aufschreiben dieser Zeilen bin ich Gast in einem Berliner Fünf-Sterne-Haus. und gerade jetzt, in aller Herrgottsfrühe, beginnen die Zimmermädchen ihr Pensum zu absolvieren. Trotz »Bitte nicht stören«-Schildern an vielen Türen setzen sie auf den Fluren den Staubsauger in Betrieb. Als ob das nicht störend wäre ...

Bei mir kommt das so an: Was du willst, zählt nicht. Wir machen in diesem Hotel, was wir für richtig halten. Schließlich müssen wir unseren Standard erfüllen. Es geht aber nicht darum, wie sauber der Flurteppich zu einem bestimmten Zeitpunkt ist. Es geht darum, dass der Gast zufrieden ist. Er ist der Standard. Das Produkt ist nicht der Star, sondern der Gast. Immer.

Eine solche Situation kann man durchaus anders lösen. In einigen Hotels werden die Staubsauger sogar kurz ausgeschaltet, wenn ein Gast auf dem Flur vorbeigeht.

So wie in meiner derzeitigen Bleibe war das auch im Hugenottenhof. Für Klaus-Dietrich waren die individuellen Bedürfnisse der Gäste irrelevant gewesen. Ihm war es darum gegangen, dass wir bestimmte Dinge – Gäste begrüßen, Bestellungen aufnehmen, Fisch am Tisch filetieren – auf eine von ihm vorgegebene Art und Weise machten. Technisch sind gewisse Standards unabdingbar – keine Frage. Doch Raum für Persönlichkeit blieb dabei nicht; weder für die des Kellners noch für die des Gastes. Entsprechend begeistert war Klaus-Dietrich von Sonderwünschen der Gäste. Ihm ging es nicht darum, dass die Gäste zufrieden waren – sondern darum, dass ein bestimmter Standard erfüllt wurde: der Klaus-Dietrich-Standard.

Service nach Klaus-Dietrich, Service im Hugenottenhof war mehr Schein als Sein. Und da ist der Hugenottenhof keine Ausnahme. Die Fassade der Kuckucksuhr glänzte, aber dahinter war alles aus Plastik. Nicht nur unsere Hosen – der ganze Service-Apparat. Dort gab es nur Standard und keine Herzlichkeit. Und deshalb auch keine Service Excellence. Diese Lektion begriff ich erst lange nach meiner Zeit im Hugenottenhof, aber dafür umso intensiver.

Trotzdem lernte ich schon im Hugenottenhof sehr viel von dem, was ein Hotelier auch wissen sollte. Ich lernte die formalen und technischen Basics der Gastronomie und des Hotelwesens. Bis heute kann ich einen Tisch für jeden Anlass korrekt eindecken und jedes genießbare Tier tranchieren, das in Europa über die Wiesen läuft oder in Seen und Bächen schwimmt. Leider kann ich auch eine Forelle schlachten – nichts war mir in den ganzen dreieinhalb Jahren mehr zuwider, nicht einmal die Attacken des Polyester-Napoleons. Der Todesteich, der Wassertrog mit den Forellen, stand draußen auf dem Hof. Während meiner Zeit in der Hotelküche – die erste Station jedes Azubis im Hugenottenhof – musste ich da ständig raus, um dem Küchenchef neue Forellen zu holen: Netz in den Trog, Forelle auf den Holzblock, ein Hammerschlag auf den Kopf. So gesehen habe ich also auch das Töten im Hugenottenhof gelernt. Dann den Fisch längsseits am Bauch aufschneiden, den Daumen reinstecken und die Innereien rausstreichen – und wehe, ich vergaß den Darm, dann rastete der Koch aus. Das merkte man nämlich erst am Ende des Kochvorgangs, und dann musste der Fisch weggeworfen werden. Manchmal vergaß ich ihn mit Absicht.

Und noch einiges mehr. Notfalls kann ich eine ganze Busladung AARP-Gäste in kürzester Zeit durchservieren, ohne mich aus der Ruhe bringen zu lassen. Und ich schaffe es bis heute, auch in einer grün-rot geblümten Schwarzwaldweste Haltung vorm Gast zu bewahren. Bei Bedarf kann ich selbst dann ehrlich weiterlächeln, wenn es Scheiße regnet. Ich schaffe es, mich auch mit den, sagen wir mal, anspruchsvollsten Persönlichkeiten und den widrigsten Bedingungen zu arrangieren und niemandem seine noch so exotischen Sonderwünsche übel zu nehmen. Der Gast hat immer recht – davon bin ich zutiefst überzeugt. Aber ich lernte eben auch, meinen Kopf durchzusetzen, wenn ich es allen Widerständen zum Trotz für nötig hielt. Alles Eigenschaften, die mir im Laufe meines weiteren beruflichen Werdegangs immer wieder sehr nützlich geworden sind.

Ich lernte noch etwas, das ich vielleicht nirgendwo sonst so eindrücklich hätte erfahren können und das ich in meiner jugendlichen Arroganz nicht früh genug begreifen konnte: Die Hotellerie ist keine Branche für zartbesaitete Zeitgenossen. Ich hatte mir den Job in erster Linie aufgrund des Glamourfaktors ausgesucht. In Wahrheit ist die Hotellerie hinter dem Tresen nicht Glamour, sondern Blood & Sweat & Tears. Es ist ein wahnsinnig dankbarer Job, wenn man ihn mit der richtigen Haltung macht – aber immer auch ein wahnsinnig harter. Das muss jeder Nachwuchs-Servicepersönlichkeit klar sein, die über eine Karriere im Hotelwesen nachdenkt. Für diese Lektion war Klaus-Dietrich der perfekte Lehrmeister. Technisch formte er mich nach seinem Vorbild: professionell, aber nicht herzlich. Ersteres ist ihm erstaunlicherweise nachhaltig gelungen, die Herzlichkeit konnte ich mir später zum Glück anderswo angewöhnen.

Man muss sich Mentoren suchen oder eben mit denen leben, die man vorgesetzt bekommt. Nicht *von* Klaus-Dietrich, aber *durch* ihn lernte ich, mich nicht brechen zu lassen. Hart zu bleiben, ohne hart zu werden. Nur so werden aus harten Jungs feine Kerle.

Die dritte und vielleicht wichtigste Lektion, die ich im Hugenottenhof lernte – und erst später wirklich begriff – war die, was ein richtig gutes Hotel ausmacht. Auch hier dient mir meine Lehrzeit bis heute als Negativfolie: Mit einer unschlagbaren Location wie der des Hugenottenhofs müssen Sie sich keine Gedanken darüber machen, ob Gäste kommen. Wenn Sie allerdings wollen, dass diese Gäste wiederkommen, brauchen Sie einen Service, den der Gast nirgendwo auf der Welt genauso wiederfindet. Sie brauchen Mitarbeiter, die Gäste durch eine persönliche Beziehung an Ihr Haus binden. Sie brauchen Leidenschaft.

Wo schlägt also das Service-Herz? Nicht in den perfekt ineinandergreifenden Zahnrädern des Uhrwerks, die schon die kleinste Erschütterung aus der Bahn werfen kann. Nicht in einem standardisiert geschnitzten Gehäuse. Es schlägt einzig und allein im Kuckuck. Der Gast hat nur etwas davon, wenn der Kuckuck nach draußen darf und seinen Charme versprüht.

Es sind die bunten Vögel hinter den geschnitzten Holzläden, die den Unterschied machen. Ein Hotelier, der ein besonderes Hotel erschaffen möchte, muss sie von ihren Brettchen losschrauben und fliegen lassen.

Kleine Lichter leuchten wärmer

Gestatten: Stresemann junior

Bei meinem Vorstellungsgespräch, vermittelt durch Pecco Beaufays, im Kempinski Frankfurt-Gravenbruch war ich 90 Minuten zu früh dran. Der durchschnittlich schüchterne Bewerber hätte sich an die Bar gesetzt und einen Kaffee getrunken oder hätte sich in aller Ruhe umgesehen – jedenfalls wäre er unter dem Radar geblieben, bis es ernst wird. Klaus-Dietrich hatte es aber nicht geschafft, mir meinen jugendlichen Leichtsinn auszutreiben. Ich ging geradewegs zur Rezeption und forderte den Stresemann mit Gesicht hinter dem Tresen auf, mich beim Chef anzumelden: »Richten Sie Herrn Haug bitte aus, dass ich schon da bin und wir mit dem Bewerbungsgespräch anfangen können.« Der Blick des Rezeptionisten besagte: Halt mal den Ball flach – hier ist Frankfurt, nicht Hintertupfingen. Trotzdem tat er, wie ihm geheißen.

Damals, Ende der Achtziger, war Günther Haug Direktor des Kempinski Hotel Gravenbruch. Er führte das Haus klassisch und in diesem Sinne vorbildlich. So wirkte er auch, als er schließlich im Stechschritt auf mich zukam: feinster Blauzwirn, Doppelmanschettenhemd, gestärkter Kragen, ernster Blick. Hier und da nickte er einem Gast zu, während er die Lobby durchschritt. Natürlich war er auf die Minute pünktlich; ich nahm in diesem Moment nur wahr, dass er mich 90 Minuten hatte warten lassen.

Nachdem er die gediegene Lobby durchquert hatte, begrüßte er mich mit einem festen Händedruck und den Worten: »Sie kommen auf Empfehlung von Pecco Beaufays, deshalb nehme ich mir gern Zeit für Sie.« Ob er es tatsächlich so meinte oder ich es nur so verstand, werde ich wohl nie erfahren, aber mich beschlich ein flaues Gefühl: Der will dich gar nicht. Der macht das nur, weil einer, der noch wichtiger ist, ihn dazu aufgefordert hat.

Daraufhin versuchte ich, das Gespräch betont locker-flockig mitzugestalten, um die Situation zu entschärfen. Das gelang mir ganz und gar nicht. Günther Haug verzog keine Miene, stellte nur knappe und präzise Fragen. Die meisten davon konnte ich nicht zu seiner Zufriedenheit beantworten. Eine schmerzhafte Bemerkung nach der anderen handelte ich mir ein, darunter: »Zwei Fremdsprachen sollten Sie schon fließend beherrschen.« Natürlich wusste er aus meinem kreativen Lebenslauf, dass ich damit nicht dienen konnte.

Entweder war es die Empfehlung von Pecco Beaufays oder Günther Haug konnte das, was der große Kempinski-Boss in mir gesehen hatte, auch erkennen: Nachdem er mir erst einmal höflich, aber eindrücklich vor Augen geführt hatte, was ich alles nicht konnte, stellte er mich ein – und zwar als Junior-Rezeptionist. Wobei das »Junior« ausschließlich für die Gehaltsuntergrenze stand – der Aufgabenbereich unterschied sich keineswegs von den vollwertigen Rezeptionisten.

Ab sofort war ich also auch so ein Typ wie der hinter dem Tresen, der mich zuvor so abschätzig angesehen hatte. Ein Stresemann mit Gesicht.

Trotz meiner ausgeprägten Selbstsicherheit hatte ich auf einmal ernste Zweifel, ob ich die Probezeit überstehen würde: Ich, der Service-Kuckuck, im Kempinski? Konnte das gut gehen? Passte ich in dieses elitäre Umfeld? Ich kam mir vor wie ein Kuckucksei, das Pecco Beaufays Günther Haug in sein stolzes Nest gelegt hatte.

Die erste Herausforderung musste ich noch vor Dienstantritt meistern: Die Personalchefin hatte mir schriftlich mitgeteilt, ich müsste mir meine Arbeitskleidung selbst besorgen. Einen Stresemann, selbstredend – ein textiles Relikt aus einer anderen Zeit. Was soll's, dachte ich. Alles ist besser als Polyester und Blumenweste. Später, nachdem ich auf dem rutschigen Parkett der besseren Gesellschaft laufen gelernt hatte, wurde mir klar: Wenn schon Stresemann, dann hätten wir Rezeptionisten ihn, der Etikette folgend, jeden Tag um 17 Uhr gegen einen Frack tauschen müssen. Aber das war wohl selbst dem Kempinski eine Spur zu traditionell.

In meiner Skepsis entschied ich mich zunächst dagegen, mir einen Stresemann zu kaufen – ich glaubte nicht so recht daran, dass sich die beträchtliche Summe lohnen würde, die er kosten sollte. Stattdessen lieh ich mir einen solchen Anzug für eine horrende Gebühr bei einem Smoking-Verleih. Nur dort hatten meine Mutter und ich nach endloser Suche überhaupt einen gefunden.

Hotel ist nicht gleich Hotel

Der Unterschied zwischen der Kuckucksuhren-Kitschhölle in Hinterzarten und meinem neuen Arbeitsplatz hätte größer nicht sein können. Damals war das Kempinski in Gravenbruch ein »Leading Hotel of the World« – eins der feinsten Häuser, in das es einen jungen Hotelfachmann hätte verschlagen können. In Deutschland gab es damals nur wenige Häuser auf dem gleichen Niveau: vielleicht die Vier-Jahreszeiten-Hotels in Hamburg und München, das Hotel Bristol in Berlin und das Brenners Parkhotel Baden-Baden. Allerdings hat sich das

Geschäftsmodell von Kempinski inzwischen verändert: Nur das Vier Jahreszeiten in München ist heute überhaupt noch im Besitz der Gruppe. Weitere Hotels – immerhin 79 verteilt auf 31 Länder –, die heute weltweit unter der Marke Kempinski laufen, werden von der Gruppe gemanagt und sind größtenteils in Privatbesitz anderer Menschen. 73 davon gehören zur Fünf-Sterne-Kategorie. Das Wachstum, das mit dieser Entwicklung einherging, hat Kempinski ihrem langjährigen CEO Reto Wittwer zu verdanken, der auch an meinem eigenen Wachstum noch großen Anteil haben sollte. Ein echter Grand Hotelier!

Als ich den Mythos Kempinski bei jenem Vorstellungsgespräch kennenlernte, stand der Name im Hinblick auf seine Reputation in Deutschland im Zenit. Hier stieg jeder ab, der Rang und Namen hatte – und auch diejenigen, die es sich leisten konnten, sich mit diesem Nimbus zu umgeben.

Schon an der Lobby konnte man erkennen, warum: Von Kitsch und Plastik weit und breit keine Spur. Abgesehen vom Lächeln der Stresemänner mit Gesicht war hier alles echt: der Marmor, die Hölzer, das Leder. Heute würde man die Einrichtung, die an ein Landhaus von Adligen erinnern sollte, als altmodisch, protzig und erdrückend beschreiben. Damals galt sie als »klassisch«, dem Stil des Hauses angepasst.

Die Tradition machte auch vor der Personalpolitik nicht halt: Der Rezeptionstresen war Angestellten mit XY-Chromosom vorbehalten – eine reine Männerdomäne. Als der Mythos Kempinski 1897 seinen Anfang nahm und in den 20er-Jahren seine erste Blüte erreichte, war das noch eine Selbstverständlichkeit gewesen. Die Mauern dieses Refugiums der besseren Gesellschaft hatte die Gleichberechtigung aber auch 90 Jahre später noch nicht gänzlich durchbrechen können. Das gelang erst im Laufe der anderthalb Jahre, in denen ich dort arbeitete – im Jahr 1989, als 400 Kilometer weiter nördlich in Berlin eine noch viel bedeutendere Mauer fiel. In der heutigen Hauptstadt wurde bereits das Kalte Kriegsbeil begraben, und hier, hinter dem Empfangstresen des Kempinski, war die erste Frau – in eine Stresemann-Variante mit Rock gekleidet – noch eine kleine Sensation. Alte Welt, neue Welt – ich habe den Kontrast nur in Südafrika noch eindrücklicher erlebt als in Gravenbruch.

Sie hieß Frau Klein und war sogar stellvertretende Empfangschefin. Damit war sie meine direkte Vorgesetzte. Ich war Anfang 20, in diesen Dingen noch leicht zu beeindrucken, und fand sie großartig. Frau Klein ließ das kalt. Schnell merkte ich, dass ich bei ihr nicht mit Charme punkten konnte – auch nicht mit Charme gegenüber den Gästen. Ich hatte den Eindruck, herzliche Interaktion war nicht gefragt hinter dem respektgebietenden Tresen, und was meiner Meinung nach zählte, war die effiziente technische Abwicklung von Check-in und Check-out. Für eine Revolution am Gast, eine Charme-Offensive im Service-Bereich, schien das Kempinski damals dann doch noch nicht reif.

Banker und Concierges

Ich wurde in die Gilde der Stresemänner eingeführt, und zwar die ersten drei Monate während der Tagschicht. Service lernte ich als Rezeptionist nicht, sondern wieder: Grundlagen und Technik – dieses Mal allerdings auf Fünf-Sterne-Niveau. Obwohl ich den Stresemann fast noch beengender fand als die Polyestertracht im Hugenottenhof, lernte ich schnell, auch ihn mit Haltung zu tragen. Dass ich mit Abstand der größte von allen Rezeptionisten war, betrachtete ich dabei nicht als hinderlich – nichts sieht alberner aus als ein kleiner, runder Kerl im Stresemann. Manchen meiner Kollegen fehlte wirklich nur noch das Monokel, und man hätte sie direkt für einen Film über die Goldenen Zwanziger casten können.

Leider verwechselten manche Rezeptionisten Haltung mit Status. In der Hotellerie ist es wie im Leben: Es ist nicht wichtig, wen du kennst, sondern wer dich kennt. Heute verstehe ich, warum ich die Service-Attitüde im Kempinski damals oft als aufgesetzt bis anmaßend wahrnahm – viele Mitarbeiter vergaßen gern, auf welcher Seite des Rezeptionsbalkens sie standen. Sie benahmen sich, als gehörten sie zu den elitären Gästen. Und das waren in den 8oer-Jahren Politiker, Banker und Rockstars.

Ja, Sie haben richtig gelesen: Banker gehörten damals zur gesellschaftlichen Crème de la Crème. Heute, ein paar internationale Finanzkrisen später, betrachten die meisten Deutschen sie als schamlose Abzocker, die mit der Existenz derer spielen, die ihr Geld auf ehrliche Weise verdienen. 2014 befanden bei einer Umfrage der Gesellschaft für Konsumforschung (GfK) 96,6 Prozent der Deutschen Feuerwehrleute für vertrauenswürdig. Dahinter folgten mit geringem Abstand Sanitäter und Krankenschwestern beziehungsweise Krankenpfleger. Der Gruppe der Banker vertrauten hingegen nur 39,1 Prozent. In den 8oer-Jahren wäre diese Umfrage mit Sicherheit anders ausgefallen. Banker war damals der seriöseste, angesehenste Beruf, den man ergreifen konnte.

Der unseriöseste dagegen ist wohl bis heute der gleiche geblieben: Rockstar. Und Rockstars in den Achtzigern hatten wilde Mähnen, trugen eine hautenge Levi's und auffällige Lederjacken, am besten mit Schulterpolstern. Unter dem offenen Hemd ein beeindruckendes Brusthaar-Toupet und kiloweise Goldketten (die haben die Rapper nämlich nicht erfunden).

Zwischen Bankern, Politikern und Rockstars klaffte ein riesiger Graben, aber im Kempinski kamen sie alle in friedlicher Koexistenz zusammen. Sie teilten sich sogar die Groupies. Damit meine ich allerdings nicht die schönen jungen Frauen, sondern einige Stresemänner, die sich verhielten, als gehörten sie dazu. Weniger prominenten Gästen gegenüber setzten sie eine distanzierte, arrogante Haltung auf. »Wenn du hier rein willst, musst du erst mal an mir vorbei«, sagten die Blicke, die sie auf »normale« Gäste hefteten.

Der Arbeitsplatz schien diese Attitüde geradezu herauszufordern. Der Empfangstresen, die sogenannte Rezeptionsloge, sorgte dafür, dass wir beim Check-in auf die Gäste hinabblickten. Der Tresen war nicht nur zu hoch, sondern auch viel zu breit und viel zu massiv gebaut, als dass man wirklich persönlich mit dem Gast in Kontakt hätte treten können. Wir mussten wirken wie Wachposten hinter Panzerglas vor einem streng bewachten Militärstützpunkt. Solche Rezeptionslogen gibt es in hochwertigen Hotels heute nicht mehr – aus gutem Grund.

Noch schlimmer als die der Stresemänner war die Gesinnung einiger Concierges, die sich an der Tür abwechselten. Einige von ihnen trieben die Anti-Service-Haltung auf die Spitze: Sie wendeten sich ausschließlich den »Tip-freudigen« Gästen zu, also denen, die mit dem Trinkgeld am spendabelsten waren.

Reiste zum Beispiel der saudi-arabische Prinz Al Sidurara an, spielten sich vor, hinter und in der messingbeschlagenen Tür Dramen ab. Plötzlich standen dort drei Concierges anstatt dem einen, der gerade Dienst hatte, und prügelten sich fast um den Platz am roten Teppich vor der Eingangstür. Die anderen beiden hatten glatt vergessen, dass sie frei hatten. Der Grund für die merkwürdig synchrone Gedächtnislücke: Der Prinz war dafür bekannt, dass er den Männern mit den goldenen Schlüsseln gern mal einen 1000-Mark-Schein als Trinkgeld in die Hand drückte.

So dienstbeflissen waren diese Concierges sonst nur selten. Andere Arbeiten, die sehr wohl zu ihrem Aufgabengebiet gehörten, aber kein Trinkgeld versprachen, betrachteten sie als unwürdig: Stadtpläne aushändigen, Tischreservierungen weitergeben, Taxis für die Gäste rufen. Wenn sie sich überhaupt dazu bequemten, setzten sie dabei einen missbilligenden Gesichtsausdruck auf. Wann immer möglich, wurden solche niederen Gefälligkeiten an Auszubildende oder Anfänger wie mich delegiert.

Nachtwächter in der Edel-Anstalt

Nach drei Monaten wurde ich befördert – nominell jedenfalls. Ich bekam den am wenigsten begehrten Job am Empfang, nämlich den des Night Managers. Das klingt nicht nur nach Nachtwächter, sondern lief auch genau darauf hinaus: In dieser Position hatte ich zwar eine hohe Verantwortung (nämlich für alles, was nachts im Hotel so geschah, einschließlich der Schlüsselgewalt), mein Aufgabengebiet entsprach jedoch eher dem eine Nachtportiers. Eine kleine Entschädigung dafür war meine erste Visitenkarte mit dem Kempinski-Logo.

Um 23 Uhr begann mein Dienst. Selbst wenn ich alle Rundgänge besonders gründlich durchführte und dabei jedes Mal überprüfte, ob die Kühlschränke abgeschlossen und sämtliche

Notausgänge geöffnet waren, so war ich spätestens um halb drei mit allen Aufgaben für die Nacht fertig. Meine Schicht dauerte jedoch bis sieben. Meinen beiden Kollegen, dem Nachtdirektionsassistenten Franz und dem Night Auditor Pierre, ging es nicht anders. Ersterer führte offiziell das Hotel, wenn der Direktor Feierabend machte, Letzterer erstellte über Nacht die Tagesabschlüsse. Hatten wir also unsere Aufgaben erledigt, wendeten wir uns den Annehmlichkeiten zu, die ein Luxushotel zu bieten hat. Franz las bevorzugt den *Spiegel*, ich vertrieb mir die Zeit am liebsten mit Pay TV in den freien Zimmern und im Solarium des Spa-Bereichs.

Mit der Bräune übertrieb ich es wohl ein wenig. Eines Morgens stellte mein Chef mich zur Rede: »Wie um alles in der Welt kommen Sie zu dieser Bräune, wo Sie doch tagsüber schlafen müssten?« Wie sich herausstellte, hatte er bei einer seiner sporadischen Nachtrunden durch sein Hotel den blauen Neonschimmer unter der Tür des Solariums bemerkt, mich nicht an der Rezeption angetroffen und eins und eins zusammengezählt. Er stauchte mich zusammen, ließ die Sache dann jedoch auf sich beruhen.

Das alles hört sich ziemlich geruhsam an, war es aber bei Weitem nicht immer. In einem Hotel dieser Kategorie spielt sich nachts so einiges ab. Hin und wieder fühlte ich mich, als hätte ich als Nachtwächter in einem besonders noblen Irrenhaus angeheuert.

Zu den stressigen, davon abgesehen aber noch harmlosen Zwischenfällen gehörten die Unterbringungen der Lufthansa, Layovers genannt. Gravenbruch liegt nicht weit vom Frankfurter Flughafen entfernt, weshalb Kempinski für den Fall von nächtlichen Flugausfällen einen Deal mit der Airline hatte. Wann immer der eingefordert wurde, brach spätabends die

Hölle an der Rezeption los. Stets begann es mit einem Anruf von der Lufthansa: »Wir haben hier wegen eines technischen Defekts an der Maschine 60 Business- und First-Class-Passagiere stehen, die wir über Nacht unterbringen müssen. Habt ihr Kapazitäten?« Als Terrassenkellner im Hugenottenhof hatte sich meine Verantwortung meist darauf beschränkt, als Tellertaxi das Essen der Gäste heil an den Tisch zu bringen, ohne zu stolpern. Im Kempinski hatte ich plötzlich Service-Entscheidungen zu treffen: Ich konnte eine Flugzeugladung Gäste aufnehmen oder nicht. Ein Ja bedeutete, ich wäre mindestens zwei Stunden nur mit diesen Gästen beschäftigt, und alle anderen mussten sich derweil hinten anstellen. Ein Nein bedeutete geregelte Abläufe, aber auch den Verzicht auf einen großen Batzen Umsatz für Kempinski.

Eine halbe Stunde später standen dann 60 Gäste vor mir – stinksauer, weil sie in Frankfurt gestrandet waren und in dieser Nacht nicht mehr wegkommen würden. Ungeduldig wedelten sie mit ihren Vouchern, die ihnen ein Zimmer für die Nacht sicherten. Nun durfte ich schlecht gelaunte Menschen einchecken und hatte die regulären Gäste bei Laune zu halten, bis ich mich um sie kümmern konnte. Sich um 60 Leute zu kümmern, könnte den Eindruck erwecken, hierbei handele es sich um eine simple Angelegenheit, aber aufgrund des damaligen Buchungssystems war das gar nicht so einfach. Für jeden Gast musste nicht nur ein Account für die Abrechnung mit der Lufthansa (Übernachtung und Frühstück) angelegt werden, sondern auch einer für das jeweilige Zimmer (um Minibarkosten und Sonderleistungen abzurechnen). Und bevor das alles nicht ordnungsgemäß abgewickelt war, konnten die Gestrandeten nicht auf ihre Zimmer.

Frankfurter Fauna

Die Nachtschicht wurde aber nicht durch Layovers zu einer wirklichen Herausforderung. Eines Nachts warf ich bei meiner üblichen Kontrollrunde wie immer auch einen Blick auf den Bereich um den See nahe der großen Suiten einschließlich der Präsidenten-Suite, als ich ein hektisches Rascheln vernahm. Das konnte ich mir nicht recht erklären – in der warmen Nacht wehte nämlich kein Lüftchen. Ich blickte mich um und bemerkte, dass in der Krone eines der Bäume, die den See säumten, merkwürdig viel Bewegung war. Nun lag das Hotel nicht gerade in der Innenstadt, aber größere Tiere beobachteten wir auf dem gut beleuchteten Gelände doch eher selten. Ich sah genauer hin und entdeckte erst ein paar Schuhe und dazwischen eine blitzende Gürtelschnalle – zwei Dinge, die bei normaler Kleiderordnung mit etwas mehr Abstand zueinander angeordnet sind. Als ich daraufhin über dem Gürtel auch noch ein paar käseweiße Beine erblickte und die Zweige rhythmisch wackeln sah, begann der Anblick langsam Sinn zu ergeben.

Ich drehte mich zur Hotelfassade und versuchte abzuschätzen, in welches Zimmer der Spanner wohl blicken mochte. Eigentlich dämmerte es mir schon, und das Licht in einem der Fenster gegenüber des Baums bestätigte meine Befürchtung: An dieser Stelle befand sich die Suite eines weiblichen Musik-Superstars, der in dieser Nacht nach einem Konzert in Frankfurt bei uns residierte.

Ich lief nach drinnen und besprach mich mit meinem vorgesetzten Kollegen. An seinem aschfahlen Gesicht konnte ich ablesen, dass er in diesem Moment zur Abwechslung mal lieber nicht den Hut aufgehabt hätte. Wenn andere Gäste auf diesen Vorfall aufmerksam wurden und womöglich noch die Presse von dieser Aktion Wind bekam, würde er es mit dem Direktor zu tun bekommen.

Er wies mich an, die Polizei zu verständigen und dafür zu sorgen, dass die Angelegenheit von anderen Gästen unbemerkt über die Bühne gebracht wurde. Zum Glück gelang es mir: Die Polizei kam ohne Blaulicht und Sirene, um den Mann auf frischer Tat zu ertappen. Sehr schnell konnten die Beamten den Spanner davon überzeugen, den Baum hinabzusteigen und sich abführen zu lassen. Ich hielt mich die ganze Zeit über im Eingangsbereich auf und achtete darauf, dass kein Gast in diese Szene hineinstolperte.

Tatsächlich bekam nicht einmal die berühmte Sängerin mit, was sich da vor ihrem Fenster abspielte – sie wird bis heute nicht wissen, dass sie in dieser Nacht zum Opfer eines Voyeurs wurde. Wahrscheinlich ist es ihr auch lieber so.

Sex bitte nur in der Suite!

Mein mit Abstand bizarrstes Erlebnis mit einem Gast – und zwar bis heute – drehte sich ebenfalls um einen Musiker. Einer der größten damaligen Rockstars war bei uns abgestiegen, er befand sich gerade auf Deutschlandtour. Damals war er für seinen, sagen wir mal, freizügigen Lebensstil bekannt. Wir rechneten durchaus mit einer verwüsteten Suite und damit, den teuren Fernseher morgens auf dem Rasen vor dem Hotel vorzufinden, wie das in diesen Kreisen gerade Mode war. Ich war also gleichermaßen aufgeregt und besorgt, als ich in jener Nacht meinen Dienst antrat, denn ich wusste: Irgendwann im Laufe meiner Schicht würde der Rockstar nach dem Ende seines Konzerts und einem oder 20 Absackern mit seiner Entourage im Hotel aufschlagen, um seinen Rausch auszuschlafen.

Viel mehr als einen flüchtigen Blick erhaschte man auf einen Star dieser Größenordnung bei solchen Gelegenheiten selten. Normalerweise bewegten sie sich in einem Tross von Sicherheitsleuten und eigenem Personal sehr zügig zum Aufzug; danach bekam sie oft höchstens noch der Room Service zu sehen.

Als mitten in der Nacht eine schwarze Limousine und ein Kleinbus vor dem Hotel vorfuhren und sich eine kleine Gruppe schwarz gekleideter Männer mit Funkgeräten dem Eingang näherte, sah es zunächst ganz danach aus, als ob es auch dieses Mal so laufen würde. Selbst als ich hinter den Gorillas und neben dem Sänger mehrere aufgetakelte junge Mädchen entdeckte – offensichtlich Groupies –, beunruhigte mich das noch nicht. Irgendwie fand ich das mit Anfang 20 sogar ganz cool. Genau dafür bewunderten wir die Superstars schließlich: Sie konnten scheinbar tun und lassen, was sie wollten, wurden dafür fürstlich bezahlt und waren immer von schönen Mädchen umgeben.

Selbst als der Tross sich nicht in Richtung Aufzug bewegte, sondern die Treppe nach oben nahm, blieb ich weiterhin entspannt. Wenn der Star riskieren wollte, in seinem offensichtlich nicht mehr ganz zurechnungsfähigen Zustand anderen Gästen über den Weg zu laufen, blieb das ihm überlassen. Und was sich oben in seiner Suite abspielen würde, betraf mich nur, falls es zu einem ernsthaften Fall von Ruhestörung kommen sollte – die Sache mit dem Fernseher, zum Beispiel. Für alles andere hatten wir vorgesorgt: Die Zimmer, die unmittelbar an seine Suite angrenzten, waren für seine mitreisende Entourage gebucht; und die würde sich ja wohl kaum bei uns über den Lärm beschweren.

Auf den Fall, der dann eintrat, war ich allerdings nicht vorbereitet – ich wäre nicht einmal auf die Idee gekommen, dass so etwas passieren könnte.

Auf halbem Weg die Treppe hoch zur Empore im nächsten Stockwerk hörte die bunte Truppe plötzlich auf, sich vorwärtszubewegen. Die Sicherheitsleute bildeten zwar mehr oder weniger einen Kreis um den Star mit seinen Groupies. So zahlreich, dass sie das Geschehen wirklich abschirmen konnten, waren sie dann aber auch wieder nicht. Und so bekam ich einen Superstar in der Horizontalen zu sehen, in eindeutiger Position, mit mehreren Groupies gleichzeitig.

In diesem Moment hätte ich lieber eine Woche lang ohne Hose hinter dem Rezeptionsbalken gestanden, als in diese Szene einzugreifen. Doch es half alles nichts: Wenn ich das ignorierte, riskierte ich, dass es zu Beschwerden kam. Und dann würde ich am nächsten Morgen meinem Boss erklären müssen, warum ich als Night Manager diesem Treiben im ehrwürdigen Kempinski kein Ende gesetzt hätte.

Hätte ich geahnt, dass absurde Ereignisse für Fünf-Sterne-Hoteliers keine Seltenheit sind, hätte ich mich nicht so aufgeregt – obwohl dieses spezielle Vorkommnis für mich bis heute einzigartig geblieben ist. Damals erschien mir die Situation so brenzlig, dass ich um meinen Job fürchtete. Ich stellte mir vor, ich müsste meinen irritierten Eltern erklären, warum ich rausgeflogen war: »Ich habe versagt – ich konnte einen der größten Rockstars Europas nicht vom Vögeln auf der Treppe abhalten.« Das klang ungefähr so glaubwürdig wie ein Hund, der Hausaufgaben frisst.

Also wappnete ich mich für einen autoritären und dennoch angemessen respektvollen Auftritt. Mit festem Schritt ging ich auf die Sicherheitsleute zu, baute mich in meinem Stresemann vor ihnen auf (nie war er unpassender als in diesem Moment) und hob in meinem besten Schulenglisch zu einem Monolog an. Dabei gab ich mein Bestes, sowohl den Anblick als auch die Geräuschkulisse im Hintergrund zu ignorieren: Hier ein Stöhnen, da ein Bein, dort eine fliegende China-Girl-Locke, wie sie so viele Mädchen damals trugen. Ich war fest entschlossen und redete eine ganze Weile. Ausführlich erklärte ich den Bodyguards, dass derlei Aktivitäten für den Ruf des Hotels schädlich seien. Und auch dem Image eines Superstars könne dieses Verhalten doch nicht förderlich sein. Moralisch sei das unvertretbar – man möge doch an die Schlagzeilen denken, die daraus entstehen könnten. Zum Abschluss verwies ich – ganz serviceorientiert – auf die Alternative: »Für derlei Aktivitäten ist die Suite der geeignete Ort. Dort können unsere Gäste selbstverständlich tun und lassen, was sie wollen.« Damit glaubte ich, meine Botschaft unmissverständlich überbracht zu haben: Sex bittet nur in der Suite!

Als ich mit meinem Vortrag fertig war, blickte ich in die ausdruckslosen Gesichter der Gorillas. Sie hatten mir aufmerksam gelauscht und schienen dennoch gänzlich ungerührt von meiner Aufforderung, sexuelle Aktivitäten doch bitte auf die Suite zu beschränken. Einer der Stiernacken – offenbar der Chef der Truppe – trat einen Schritt auf mich zu. Auf mich herabblicken konnte er angesichts meiner Körpergröße zum Glück nicht, aber er tat sein Möglichstes, um noch schnell ein paar zusätzliche Zentimeter zu wachsen. Dann kam er mit seinem Gesicht bedrohlich nahe an meines heran, blickte mir starr in die Augen und sagte kurz und knapp: »No.« Er hätte genauso gut »Fuck off!« sagen können – seine Körpersprache sprach Bände.

Unverrichteter Dinge trottete ich davon und fühlte mich einigermaßen hilflos. Ich hätte höchstens noch die Polizei rufen können, das aber wäre das Gegenteil von diskret gewesen. Also verzog ich mich wieder hinter die Rezeptionsloge, versuchte das Treiben auf der Treppe zu ignorieren und hoffte, dass der potente Musiker und seine Begleiterinnen schnell zum Ende kommen würden. Kamen sie nicht wirklich.

Dienstbeflissen schilderte ich den Vorfall ausführlich in meinem Nachtreport, der jeden Morgen pünktlich um sieben dem geschäftsführenden Hoteldirektor in einer Kladde vorgelegt wurde. Als ich am folgenden Morgen ins alltägliche Abteilungsleitermeeting bestellt wurde, schienen meine schlimmsten Befürchtungen wahr zu werden: Ich war der Situation nicht Herr geworden, und jetzt würden die Konsequenzen folgen, dachte ich. Bestimmt hatte sich ein anderer Gast über die obszönen Vorkommnisse beschwert.

Mit feuchten Händen betrat ich den holzgetäfelten Raum, wo ich von der Führungsriege des Kempinski erwartet wurde. Zum ersten Mal erhielt ich Zutritt zu diesem Kreis. Ich muss ausgesehen haben wie das Kaninchen vor der Schlange. Die Abteilungsleiter in ihren feinen Zwirnen musterten mich eingehend. Ich wurde aufgefordert, den Vorfall ausführlich zu schildern. Die Herren verzogen während meiner Story keine Miene, sahen dabei aber merkwürdig angestrengt aus.

Erst als ich mit meiner Geschichte beinahe am Ende war, bemerkte ich, dass Bewegung in einige der Gesichter gekommen war. Trotzdem begriff ich noch immer nicht. Erst nachdem ich meine Ausführungen beendet hatte, verstand ich endlich, woher der Wind wehte: Einige Herren konnten sich das Grinsen nicht mehr verkneifen und sahen nun eindeutig amüsiert aus. Da wurde mir klar: Ich war weder zu meinem eigenen Strafprozess angetreten noch zu einer sachlichen Bestandsaufnahme. Die gestandenen Hoteliers im Raum waren keineswegs geschockt von der nächtlichen Treppenorgie – sie vermittelten mir dem Eindruck, sie wollten den Tratsch des Tages einfach nur brühwarm im Detail serviert haben. Verschämt, verärgert über meine eigene Naivität und gleichzeitig erleichtert ließ ich mich hinauskomplimentieren. Danach ging ich nach Hause, um mich erst einmal auszuschlafen.

Ausnahmezustand im Luxusbunker

Verglichen mit den Sicherheitsvorkehrungen, die ich einige Zeit später erlebte, war die Entourage des wollüstigen, blondierten Rockstars ein Kinkerlitzchen gewesen.

Am 30. November 1989 – inzwischen war ich stellvertretender Empfangschef und stand wieder tagsüber an der Rezeption – wurde Alfred Herrhausen unweit des Kempinski auf dem Weg zu seinem Frankfurter Büro ermordet. Der mächtige Vorsitzende der Deutschen Bank und sein Chauffeur waren mit seinem Wagen durch eine Lichtschranke gefahren, die eine Bombe am Fahrbahnrand ausgelöst hatte. Einige Tage später bekannte sich die RAF zu dem Attentat. Die Republik, die in den Wochen und Monaten zuvor von einer Welle der Euphorie über das Ende des Kalten Krieges getragen worden war, geriet nun auf ganz andere Weise in Aufruhr als zuvor durch den Fall der Berliner Mauer. Gerade war in den Köpfen die Hoffnung auf eine neue Ära von Frieden und Offenheit gewachsen. Und dann das: eine Kriegserklärung im eigenen Land, mitten unter uns.

Wir im Kempinski waren damals besonders dicht dran und entsprechend geschockt. Die Schreckensnachricht hatte auf die elitäre Idylle im Kempinski eine Wirkung wie ein Panzer in einem Vorgarten. Und damit nicht genug: Es schien, als erlange das Kempinski in diesen Tagen eine besondere Bedeutung. Da zunächst unklar war, welche Pläne die Terroristen verfolgten, musste mit weiteren Attentaten gerechnet werden. Viele bedeutende Persönlichkeiten der Republik – allen voran die Bosse anderer Großbanken, der Vorsitzende des Arbeitgeberverbandes und andere potenziell gefährdete Wirtschaftsführer – hielten sich in Frankfurt auf. Um sie zu schützen, griffen die Sicherheitsdienste zu drastischen Maßnahmen: Ich erinnere mich daran, dass diese Elite mitsamt ihren Familien zu uns ins Kempinski gebracht und hier luxuriös kaserniert wurde. Zu diesem Zweck wurde das Hotel für einige Tage vollständig abgeriegelt.

In dieser Zeit hatten nicht wir Angestellten und nicht einmal mehr die Direktion das Hausrecht, sondern die GSG 9. Unseren Arbeitsplatz durften wir nur nach intensiven Sicherheitskontrollen betreten. Für einige Wochen war das Kempinski Deutschlands Machtzentrale – der sicherste, unsicherste Ort der Republik.

Jeder Gast bringt seine eigene Story mit

Damals wurde mir noch klarer, dass der Begriff »Service« nicht darauf beschränkt ist, zahlende Gäste höflich abzufertigen und den besonders anspruchsvollen gegen Trinkgeld ihre Sonderwünsche zu erfüllen. Die Situation der Bankenchefs im November und Dezember 1989 mag ein extremes Beispiel sein, doch sie steht sinnbildlich dafür, was guter Service können muss: Stellen Sie sich vor, Sie werden mitsamt Ihrer Familie in einem Hotel eingesperrt, weil draußen Ihr Leben auf dem Spiel steht. Sie müssen um das Leben Ihrer Angehörigen fürchten, Sie werden aus Ihrer üblichen Umgebung und Ihren Abläufen herausgerissen, Ihre Nerven sind zum Zerreißen angespannt. Und dann müssen Sie aus dem Luxusbunker heraus ganz nebenbei noch eines der bedeutendsten Unternehmen des Landes leiten. In so einer Situation sind Sie darauf angewiesen, dass Ihre Umgebung funktioniert. Und von den Gastgebern eines Fünf-Sterne-Hotels kann man zu Recht erwarten, dass sie Ihnen das Leben so leicht wie möglich machen.

Das gilt auch, wenn Sie gerade nicht in Lebensgefahr schweben. Kein Gast ist wie der andere. Mit jedem Hotelaufenthalt ist eine Story verbunden. Und wir, die Service-Persönlichkeiten in den Hotels, haben die Möglichkeit und die Ehre, diese Story zum Guten zu wenden. Das ist Service – nichts mehr und nichts weniger.

Die Umwandlung des Kempinski in einen Luxusbunker war eine der einprägsamsten Gelegenheiten, bei denen mir klar wurde, dass ich mich auf einen sehr verantwortungsvollen Job eingelassen hatte. Nicht nur begegnete ich am laufenden Band spannenden Menschen aus aller Welt, für die hohe Erwartungen an ein Hotel ganz selbstverständlich waren. Ich fand auch mehr und mehr Gefallen daran, ein Teil der Geschichten zu sein, die sich in einem solchen Haus abspielten. Langsam begann ich die Verbindung zu ziehen zwischen dem abstrakten Begriff der Service-Kultur und den Persönlichkeiten, die daran beteiligt sind: den Gästen auf der einen und den Dienstleistern auf der anderen Seite. Service – das ist eine Haltung!

Damals hätte ich das alles noch nicht in Worte fassen können. Dafür war ich viel zu sehr damit beschäftigt, mich selbst in dieser elitären Welt zurechtzufinden, in der ich mich manchmal immer noch wie ein Außenseiter fühlte. Doch ich begann zu ahnen: In der Begegnung zwischen Gast und Dienstleister liegt der Schlüssel zu gutem Service. Das führte auch dazu, dass mir mehr und mehr Unterschiede zwischen meinen Kollegen auffielen.

Mehmet, der Service-Star

Spätestens seit meinem Auftritt in dem morgendlichen Abteilungsleitermeeting wusste ich: In einer solchen Runde wollte ich auch einmal sitzen. Ich hatte Blut geleckt, und meine Entscheidung für eine Karriere in der Hotellerie stand nun unumstößlich fest. Doch es waren nicht die Bosse, von denen ich während meiner Zeit in Gravenbruch am meisten lernte. Eine Ausnahme bildete Günther Haug – ein preußischer General mit dem Herzen am rechten Fleck – war ein hervorragender Direktor, doch ich hatte damals leider noch zu wenig mit ihm zu tun. Auch die Abteilungsleiter kannte ich eher vom Sehen – sie blieben meistens auf Distanz zu uns kleinen Angestellten.

Kein großer Verlust, mit Ausnahme von einigen wenigen. Was ich lernen musste, konnte ich nur dort lernen, wo der Service tatsächlich stattfindet: im direkten Kontakt mit dem Gast. Und den haben nicht die Bosse, sondern die Angestellten ganz unten in der Hierarchie. Die meisten Gäste kommen mit den Chefs eines Hotels gar nicht in Kontakt – und wenn, dann beschränkt sich das meist auf einen Handschlag und ein paar nette Worte. Für die Service-Qualität können sie Impulse setzen, Prozesse definieren und mit konsequenter Führung die passenden Bedingungen schaffen – ich betrachte das heute als meine wichtigste Aufgabe. Doch es sind die Rezeptionisten, Concierges, Kellner und all die anderen »kleinen Lichter« in der Hotelhierarchie, die dafür sorgen, dass die Gäste sich zu Hause fühlen. Sie sind es, die mit ihrem Service-Verhalten darüber entscheiden, ob der Gast wiederkommt. Sie leben den Service – oder eben nicht; sie machen einen großen Unterschied. Und deshalb war es eines dieser »kleinen Lichter«, von denen ich am meisten über Service gelernt habe. Für mich war dieser Mensch ein echter Service-Star, und daran hat sich bis heute nichts geändert.

Obwohl Kempinski Ende der Achtziger längst anstrebte, ein internationales Unternehmen zu werden, waren nicht nur Frauen, sondern auch Mitarbeiter mit ausländischen Wurzeln noch rar gesät – jedenfalls in den Jobs, die mit einer gewissen Verantwortung am Gast einhergingen. Mir war das lange Zeit nicht bewusst, weil die damalige Bundesrepublik generell noch keine so offene Gesellschaft war wie heute. Als es mir endlich auffiel, fand ich es einfach nur irritierend, denn zu diesem Zeitpunkt hatte ich bereits zahllose Nachtschichten mit Mehmet geschoben.

Mehmet war Nachthausdiener – und die beste Service-Kraft, die das Kempinski Gravenbruch zu bieten hatte.

Warum? Mehmet musste nicht dazu aufgefordert werden mitzudenken, was ein Gast brauchen würde. Er ahnte Wünsche voraus, weil das für ihn Ehrensache war. Vor allem aber zeichnete sich Service à la Mehmet durch das wichtigste Attribut von Service Excellence aus: Herzlichkeit.

Mehmet war immer beschäftigt, denn er fand stets Optimierungsbedarf. Schon beim Eintreffen neuer Gäste konnte er es kaum erwarten, ihnen ihr Gepäck abzunehmen. Beflissentlich putzte er die Schuhe der Gäste, die es nicht zu verhindern wussten. Nie, wirklich niemals vergaß er eine Frühstückszimmerkarte einzusammeln.

Dieser Mann wäre nie auf die Idee gekommen, sich in weniger ereignisreichen Nächten auf die Sonnenbank im Wellness-Bereich zu legen. Dafür gab es in Mehmets Service-Welt viel zu viel zu tun. Und wenn partout alles erledigt war, was auch nur annähernd in seinen Zuständigkeitsbereich fiel, dann polierte er notfalls das Kupfer an der Eingangstür. Dass viele seiner Kollegen seinen Eifer ganz und gar nicht teilten, störte ihn nicht. Er wusste, worauf es ankam. »Schlechte Moral« war ihm ein Fremdwort. Er war immun dagegen, denn er machte seinen Job mit Leidenschaft. Mehmet war das, was man heute intrinsisch motiviert nennt.

Sein Fleiß und sein Perfektionismus waren jedoch noch nicht einmal seine hervorstechendsten Eigenschaften. Vielmehr war es die Art, wie er alles erledigte, was er anpackte: Zu jeder Tages- und Nachtzeit, während jeder einzelnen Schicht in den anderthalb Jahren, die ich in Gravenbruch arbeitete, verströmte er eine Aura der Herzlichkeit und bedingungslosen Gastfreundschaft. Mehmet bildete das unterste Ende in der Hierarchie des Kempinski, doch er verkörperte das, worauf es ankommt: Er war der perfekte Gastgeber.

In fast 30 Jahren in der Hotellerie habe ich gelernt, dass es Leute wie er sind, die den Charme eines Hotels ausmachen. Am Verhalten der Mitarbeiter im Service kann man erkennen, wie ein Hotel geführt wird: Je mehr Leute es dort gibt, die sich verhalten wie Mehmet, desto besser ist das Hotel. Umso höher ist die Wahrscheinlichkeit, dass ein Gast wiederkommt. Stimmt's?

Hunger auf die Welt

Abgesehen von meinen nächtlichen Wellness-Ausflügen machte ich meine Sache an der Rezeption gut und erfüllte Günther Haugs Erwartungen an meine Arbeit wohl voll und ganz. Nach einem Jahr als Night Manager beförderte der Direktor mich zum stellvertretenden Empfangschef. Scheinbar hatte Pecco Beaufays damals im Hugenottenhof doch ein gutes Auge gehabt: Der Junge aus der Sackgasse machte sich erstaunlich gut im Frankfurter Spielzimmer der Hautevolee.

Ich war angeknipst. Ich war heiß auf mehr von dieser Fünf-Sterne-Welt: mehr von diesen spannenden Begegnungen, mehr von der Verantwortung für den Gast, mehr von besonderem Service. Wie damals auf dem Tennisplatz hatte ich das Bedürfnis, immer noch besser zu werden. Nicht nur besser, sondern meisterhaft. Ich hatte mich an diesem Gedanken festgebissen. Und mit dem Service hatte ich ein Betätigungsfeld gefunden, das man nie gut genug machen kann.

Gravenbruch war mir aber selbst nicht mehr genug. Trotz der Beförderung wollte ich weg. Ich wollte in die Welt. Und ich war naiv und kühn genug, um mir zu nehmen, was ich wollte. Ob ich Glück hatte oder das Geheimnis des Glücks darin liegt, dass man es einfordert, ist eine Frage der Interpretation. Jedenfalls wurde mein Wunsch erhört. Die große weite Welt hatte einen neuen Job für mich — zumindest ging ich davon aus, als ich kurz darauf ein Ticket für meinen ersten Langstreckenflug buchte.

3 | Johannesburg

Die Welt ist bunt

Eine göttliche Fügung

Aufgeregt saß ich in einem Flugzeug nach Johannesburg. Ich hatte meinen Wunsch, die Welt zu sehen, ins Universum gerufen, und die Götter, also die der Hotellerie, hatten ihn erhört. Da sollte mir noch einer sagen, beten sei nutzlos − man muss sich eben nur an den richtigen Gott wenden.

Und ein bisschen nachhelfen, wenn das sub-elysische Komitee für Lebensplanung, also der deutsche Amtsapparat, Stolpersteine in den Weg legt. Wäre es nach den Verwaltern der ordnungsgemäßen bürgerlichen Schicksalsnavigation gegangen, hätte ich endlich mal meinen Militärdienst ableisten müssen, wenn ich schon die Frechheit besaß, meine Anstellung in Gravenbruch aufzugeben.

Schon zweimal war ich nach der Musterung auf Antrag zurückgestellt worden; einmal für die Lehrzeit im Hugenottenhof, einmal für den Job in Gravenbruch. Noch einmal würde ich mich da nicht rauswinden können. Also mutmaßlich Koblenz statt Johannesburg. So weit ging mein Service-Enthusiasmus dann aber doch nicht, dass ich scharf darauf gewesen wäre, meine Dienste der Bundeswehr zur Verfügung zu stellen. Warum sollte ich meinen Horizont selbst bei klarem Wetter und vom höchsten verfügbaren Hügel aus gesehen auf die Weinberge von Güls und Winningen in der Nähe des Deutschen Ecks beschränken? Und dabei noch einen 20-Kilo-Rucksack, ein Sturmgewehr und einen dämlichen Helm auf meiner aus heutiger Sicht nur minimal weniger dämlichen 80er-Jahre-

Föhnfrisur tragen? Ich musste irgendwo hin, wo die Bundeswehr mich nicht zu fassen bekam.

So beschaulich meine Heimat auch war, ich hatte erst einmal genug davon gesehen. Dreieinhalb Jahre Schwarzwald-Folklore und weitere anderthalb im Gelsenkirchener Barock mit Anspruch reichten mir vollkommen. Die Aussicht auf die Skyline einer exotischen Großstadt auf 1753 Meter über dem Meeresspiegel, gelegen auf dem großen südafrikanischen Zentralplateau Highveld und vor allem auf der anderen Erdhalbkugel, reizte mich deutlich mehr. Wenn schon Dreck fressen auf den unteren Stufen der Hierarchie, dann wenigstens von Marmorböden.

Alle anderen Optionen, die auch nur im Mindesten Verwendung für einen Provinzler von Welt wie mich haben könnten, hatten die Hotellerie-Götter und ich nach dem Ausschlussverfahren eliminiert: Zum einen kamen nur englischsprachige Länder in Frage, denn darauf beschränkten sich meine Fremdsprachenkenntnisse. Bei normalem Verlauf der Gestirne hätte schon das meinen Rezeptions-Job in Gravenbruch verhindert. Damit schied das Mutterschiff Kempinski vorerst für den nächsten Karriereschritt aus, denn dessen einziger englischsprachiger Satellit war damals das Kempinski Grand (heute Hotel Intercontinental) in Dallas. *No chance* für einen Anfänger wie mich nach anderthalb Jahren Rezeption und ohne besonders gute Argumente für eine Green Card. Nach London wollte ich nicht, denn da wollten gerade alle hin: Savoy, Claridge's, das war damals der typische nächste Schritt für aufstrebende Hotelkräfte – und mir genau deshalb zu gewöhnlich. Von Australien und Neuseeland hatte ich nur eine begrenzte Vorstellung; außer der unschönen, beim ersten Langstreckenflug auch noch umsteigen zu müssen. Man muss es ja auch nicht übertreiben mit der Ferne.

Die Würfel fielen, als ich in meinen letzten Wochen bei Kempinski Marten Schwass näher kennenlernte – einen jungen Hotelmanager, verantwortlich für den Verkauf, der gerade von einem mehrjährigen Südafrika-Aufenthalt zurückgekehrt war und die Kontakte hatte, die ich brauchte. Mit Marten bin ich heute noch befreundet – unser beider Karrieren haben seine Empfehlung damals erstaunlicherweise unbeschadet überstanden.

Südafrika hatte einen ganz entscheidenden Vorteil: Es gehörte damals zu den Ländern, mit denen Deutschland kein Auslieferungsabkommen hatte. Wenn ich es lange genug dort aushielt, würde ich die Bedrohung Bundeswehr in ein paar Jahren endgültig abhaken können.

Dass Südafrika an der Schwelle zu den Neunzigern nicht unbedingt die ungefährlichste Wahl war, machte es für mich nur noch begehrenswerter: Ich wollte da hin, wo was passierte, wo das Leben tobte, wo die alte Welt gerade mit Macht aus den Fugen geriet. Ich war immer noch relativ jugendlich, relativ naiv und ein bisschen mehr als relativ selbstsicher. Ich wollte wissen, was die Welt denn nun wirklich kostet. Selbstredend war ich überzeugt, dass ich sie mir schon irgendwie würde leisten können. Die Risiken schreckten mich nicht. Ein siegeshungriger Tennisspieler, der es gerade erst in die Bundesliga geschafft hat, sagt ja auch nicht wegen einem kleinen Verletzungsrisiko ab, wenn er plötzlich eine Wild Card für ein internationales Turnier bekommt. Lieber geht er und spielt, bis der Arzt kommt.

Meine Eltern sahen meinen Wechsel in eine andere Zeit-, Klima- und Jahreszeitenzone weniger entspannt. Am Flughafen in Frankfurt verabschiedeten sie mich weinend – ich selbst war viel zu aufgeputscht, um es ihnen gleich zu tun. Natürlich fragten sie sich, was der Junge sich bloß dabei dachte und wann er wohl wiederkommen würde. Ich selbst fragte mich eher, wie ich genau das möglichst lange würde vermeiden können. Um dem Militärdienst endgültig zu entgehen, würde ich Deutschland einige Jahre fernbleiben müssen.

Im Flugzeug legte ich das Thema ziemlich schnell ad acta, denn unter mir rückte gerade das Bild von der Welt, wie ich sie kannte, aus dem Rahmen und machte einem anderen Platz: Erst verschwanden die grünen Hügel und Autobahnen meiner Heimat, dann Europa. Dann wurde es für eine Weile blau, und dann lag unter mir Afrika, bunt und weit und erhaben, und dann hatten wir wieder Asphalt unter den Rädern.

Ein Schock nach dem anderen

Als ich in dem Land landete, das für mich Freiheit bedeutete, saß Nelson Mandela seit wenigen Monaten zwar nicht mehr im Gefängnis, stand jedoch immer noch unter Hausarrest. Staatspräsident Frederik Willem de Klerk, der später mit Nelson Mandela den Friedensnobelpreis für den gemeinsamen Kampf gegen die Apartheid bekam, hatte das Amt gerade erst von Pieter Willem Botha übernommen. Letzterer stand noch für die klare, immer wieder mit Gewalt einhergehende Rassentrennung: Auf sein Konto gingen die Verschärfung der Apartheidgesetze und die massive Militarisierung der südafrikanischen Gesellschaft. In diesem Zustand sollte ich das Land in den nächsten Monaten und Jahren kennenlernen: an der Schwelle zum Aufbruch, nach Jahrzehnten schlimmster Diskriminierung im Kern aber noch durch und durch geteilt und von Rassismus geprägt.

Ich sympathisierte damals zwar bereits mit Mandela, denn mit der Ungerechtigkeit in der Welt glaubte ich mich auszukennen. Doch wenn ich ehrlich bin, konnte ich mir nicht im Ansatz vorstellen, was die Menschen in diesem Land durchgemacht hatten. Mit Anfang 20 war ich zwar überall auf der Welt strafmündig, aber politisch war ich noch denkbar ahnungslos.

Als Blondschopf hatte ich es leicht in Südafrika, denn nach der alten Ordnung stand ich auf der Gewinnerseite. Schon nach einer ersten Fahrt durch die Townships, die Slums der verzweifelten schwarzen Bevölkerung, stieg jedoch eine Ahnung in mir auf, wie schlimm es um die Gerechtigkeit in diesem Land bestellt sein musste. Es dauerte nicht lange, bis ich zu einem glühenden Anhänger Mandelas wurde. Doch Südafrika lehrte mich auch, dass wir in der Menge eher irren, als wenn wir uns unsere eigenen Gedanken machen. Die Apartheid hatte das Schlimmste in den Menschen auf beiden Seiten des Konflikts hervorgebracht. Und ich würde mich noch bei verschiedenen Gelegenheiten davon überzeugen können, welche Folgen das für das Leben der Menschen – aller Menschen – dort hatte.

Den ersten Schock erlebte ich schon am Flughafen: Dort fiel mir auf, dass alle Weißen in Taxis und alle Schwarzen in Busse stiegen. Bei näherer Betrachtung der Schilder stellte ich fest, dass sie dazu unter Strafe gezwungen waren. Das gleiche Bild bot sich mir in der Folge immer wieder: Auch die Bänke in den öffentlichen Parks von Johannesburg waren nur für Weiße reserviert. Und die Slums, in denen ein Großteil der Schwarzen in Hütten lebte, in denen die Weißen nicht einmal ihre Hunde angekettet hätten, waren durch Zäune von den Vierteln der wohlhabenden weißen Bevölkerung abgegrenzt.

Ich war zunächst froh, nicht überlegen zu müssen, ob ich nun in einen Bus oder in ein Taxi steigen sollte, denn ich sollte abgeholt werden. Immerhin hatte ich einen Termin mit Herrn Stannek, dem österreichischen Hoteldirektor des Karos Indaba Hotels in Johannesburg, einem modernen Business- und Tagungshotel für zahlungskräftige Geschäftsleute, Touristen und die weiße Oberschicht. Also stand ich am Jan Smuts International Airport, all meine Habseligkeiten in zwei Koffern an meiner Seite, und wartete auf den Fahrer des Hotels.

Zweiter Schock an diesem Tag: Der Fahrer kam nicht. Noch blieb ich locker: Die Hotellerie-Götter hatten mich hierher gelotst, alles in Butter, das wird schon. Und doch beschlich mich unterschwellig ein mulmiges Gefühl, dass hier nicht alles so glatt laufen würde, wie ich mir das vorgestellt hatte.

Also nahm ich letztlich doch ein Taxi. Wie sich herausstellte, lag das Hotel nicht weit vom Flughafen entfernt. Kurze Zeit später stand ich in der Lobby meines zukünftigen Arbeitsplatzes und wurde von einem Rezeptionisten aufs Freundlichste begrüßt. Zu meiner Erleichterung war seine Uniform kein Stresemann.

»Herzlich willkommen, Sir, möchten Sie einchecken?«

»Nein, mein Name ist Rath, Carsten Rath, und ich werde bei Ihnen arbeiten.«

»Dann rufe ich mal den Direktor.«

Na bitte, dachte ich, alles gut. Gleich erscheint der Direktor und dann trete ich meinen Job an. Meinen Vertrag hatte ich schließlich schon vor Monaten mit Herrn Stannek geschlossen. Ich war hier, um mich zum Dienst zu melden. Dass da noch etwas schiefgehen könnte, wäre mir überhaupt nicht in den Sinn gekommen. Also stellte ich meine Koffer ab und wartete auf den Direktor.

Doch Herr Stannek tauchte nicht auf. Überhaupt tauchte erst einmal niemand auf.

Nach einer geraumen Wartezeit tat sich dann doch etwas: Ein leicht genervt dreinblickender, gutaussehender Herr Anfang 30 trat ohne Eile auf mich zu und reichte mir zögerlich die Hand. Sein Auftreten vermittelte nicht den Eindruck, dass er mich erwartet hatte. Vor mir stand, so viel war nach der Begrüßung klar, kein Österreicher, sondern ein Engländer. Er stellte sich als Gary Bisset vor – und irritierenderweise auch als Hoteldirektor. Zunächst war ich verwirrt. Hatte ich mich im Hotel geirrt? Vorsichtig fragte ich nach Herrn Stannek und erklärte, dass ich bis dahin ausschließlich mit ihm Kontakt gehabt hätte.

Es folgte der dritte Schock des Tages: Herr Stannek war zwei Tage zuvor rausgeflogen. Der Engländer, der vor mir stand, hatte seinen Posten übernommen. Ich war in Südafrika, ich hatte einen Arbeitsvertrag, ich war bereit für meinen Job – nur mein Chef war leider nicht mehr da.

Es kam, wie es kommen musste: Der Engländer fragte mich, was ich von ihm wolle. Ich streckte die Brust raus und sagte so überzeugend ich konnte: »Mein Name ist Carsten. Ich bin Ihr neuer Assistant Manager.« So stand es nämlich in meinem Arbeitsvertrag.

Gary Bisset antwortete ohne zu zögern: »*No.*«

An diesem Punkt reservierte ich im Kopf eine der »Nur-für-Weiße«-Bänke im Park, die ich auf der Taxifahrt hierher gesehen hatte.

So gelassen wie möglich erklärte ich dem Engländer, dass ich einen Arbeitsvertrag hätte und gerade aus Deutschland angereist sei, um meinen Job hier anzutreten. Doch Bisset blieb ungerührt: »Ich habe vor zwei Tagen diesen Posten angetreten. Ich muss dieses Hotel erst einmal auf Vordermann bringen. Von Ihrem Vertrag weiß ich nichts. Gehen Sie nach Hause.«

Gehen Sie nach Hause? Scheinbar hatte der Mann nicht so ganz verstanden, dass mein Zuhause auf einem anderen Kontinent war. Ich rang um Fassung. Ich hatte nur Sekunden, um eine Lösung zu finden – sonst würde der Mann sich einfach umdrehen und seiner Wege gehen. Also setzte ich alles auf eine Karte: »Ich mache Ihnen einen Vorschlag: Ich arbeite vier Wochen umsonst für Sie und zeige Ihnen, was ich kann. Solange helfen Sie mir bitte, damit ich wenigstens ein Dach über dem Kopf habe. In vier Wochen entscheiden Sie dann, ob Sie mich immer noch wegschicken wollen – aber bis dahin lassen Sie mich bitte einfach mal Gas geben.«

Außer einem überraschten Zucken seiner Augenbrauen zeigte der Direktor weiterhin keine Regung, aber er wies mir auch nicht die Tür. Stattdessen bat er mich, kurz zu warten. Anscheinend wollte er sich mit jemandem beratschlagen. Als er zurückkehrte, sagte er: »Gut, wir machen das so. Stell dich vier Wochen hinter die Rezeption, dann sehen wir weiter.« Ein kostenloser Rezeptionist mit Kempinski-Erfahrung – das war dann wohl doch zu verlockend, um abzulehnen.

Alternativlosigkeit ist ein guter Karriereberater

Einen Monat lang ohne Gehalt zu arbeiten und mich trotz eines Vertrags als Assistant Manager ein weiteres Mal hinter eine Rezeption zu stellen, entpuppte sich als eine clevere Entscheidung. Während meines selbst verordneten Praktikums wohnte ich in einem ungenutzten Verwaltungsraum des Hotels, den ich ausschließlich zum Schlafen aufsuchte. In der übrigen Zeit nutzte ich alle nur erdenklichen Möglichkeiten, mich im Hotel nützlich zu machen – auch außerhalb meiner Arbeitsstunden als Rezeptionist.

Als die vier Wochen um waren, bekam ich einen ordentlichen Arbeitsvertrag. Und von diesem Moment an ging es für mich in Johannesburg nur noch aufwärts. Nach einigen Monaten als Rezeptionist wurde ich stellvertretender Empfangschef. Dann Empfangschef. Kurz darauf Rooms Division Manager. Das heißt: Ich war für die gesamte Logis zuständig – also für alles, was nicht mit der Gastronomie zu tun hatte. Damit wurde ich praktisch zur rechten Hand des Direktors. Wir verstanden uns hervorragend. Wir wurden sogar Freunde. Ich hatte nicht nur mit meinem Auftritt am ersten Tag bei ihm gepunktet, sondern auch bewiesen, dass ich nicht zu viel versprochen hatte.

Aha, stellte ich eines Abends fest, während ich in den unbeschreiblichen südafrikanischen Sonnuntergang über der Skyline von Johannesburg blickte und die vergangenen Monate resümierte, so also geht Karriere.

Tatsächlich hatte mich der dramatische Start an meinem neuen Arbeitsplatz befreit. Ich hatte keine Chance gehabt, mich vorsichtig an meinen Job und mein Umfeld heranzutasten. Mir war keine Gelegenheit geblieben, erst einmal herauszufinden, was der Chef von mir erwartete, und ansonsten lieber gar nicht aufzufallen als negativ, damit ich meinen Job nicht verlor. Ich hatte nämlich keinen. Und damit auch nichts zu verlieren. Die Alternative war vom ersten Tag an klar: Entweder ich konnte diesen Engländer mit meinen Qualitäten aus den Socken hauen oder ich würde pünktlich nach vier Wochen in einer Maschine zurück nach Deutschland sitzen und mir einen Helm aufsetzen.

Nein, das war keine Alternative.

Als ich in diesem Modus einmal angekommen war und einen Arbeitsvertrag hatte, fiel es mir erstaunlich leicht, einfach so weiterzumachen. Ich zögerte nicht, Ideen umzusetzen – ich tat es einfach. Ich überlegte nicht, ob ich Kompetenzen überschritt – sondern setzte einfach um, was für den Gast gut war. Ich dachte nicht darüber nach, wie wir das bei Kempinski gemacht hatten – sondern machte es einfach so, wie ich es für richtig hielt. Nichts zu verlieren zu haben, aber alles zu gewinnen, ist eine verdammt gute Motivation.

Dass man für seine Motivation selbst sorgen muss, hatte ich schon während meiner Zeit in Gravenbruch gelernt. Damals hatte ich als Rezeptionist einen Preis gewonnen. Wie die meisten Preise diente er in erster Linie der Motivation. In meinem Fall wurde genau dieses Ziel aber gründlich verfehlt.

Die deutsche Hoteldirektorenvereinigung vergab damals jedes Jahr einen Preis an den »Rezeptionisten des Jahres«, verbunden mit einer Preisverleihung damals im Maritim Hotel in Köln. Wie alle Kandidaten hatte ich in der ersten Auswahlrunde einen Essay einreichen müssen. Die besten fünf Kandidaten waren daraufhin eingeladen worden und mussten nun eine weitere Hürde nehmen: Jeder von uns wurde – live auf der Bühne! – von Laienschauspielern mit einer schwierigen Situation aus dem Rezeptionsbereich konfrontiert. Wer sie am besten meisterte, bekam den Preis. Und das war ich. Als ich zur Preisübergabe durch die reizende Birgit Schrowange auf die Bühne gerufen wurde, war ich ungemein stolz.

Doch die Freude währte nicht lange: Kaum hatte ich die Bühne verlassen, nahm mich eine Dame aus dem Preiskomitee beiseite und erklärte: »Herr Rath, Sie haben den Preis zwar gewonnen. Wir können aber nicht jedes Jahr einen Mann gewinnen lassen. Bestimmt sind Sie Gentleman genug, um zurückzutreten, damit wir eine Dame gewinnen lassen können.«

Sie hatte mich bei der Ehre gepackt. Gegenüber diesem Gremium und als blutiger Anfänger hatte ich nicht den Mut, mich gegen dieses manipulative Manöver aufzulehnen. Ich willigte ein, und der erste Preis – immerhin eine Woche an der renommierten Cornell University in den USA – ging an eine Anwärterin.

Angesichts dieser herben Enttäuschung wollte ich in Südafrika nun herausragenden Rezeptionisten die Anerkennung zukommen lassen, die sie verdient hatten. Gemeinsam mit Gary Bisset gründete ich einen eigenen Preis für Rezeptionisten. Wir nannten ihn »ROY – Receptionist of the Year«. Bei der Auswahl der Kandidaten legten wir großen Wert darauf, niemanden zu diskriminieren – weder positiv noch negativ. In gewisser Weise brachten die ersten Monate in Südafrika nicht nur einen großen Karriereschritt, sondern auch meinen ersten gedanklichen Schritt in Richtung Selbstständigkeit – auch wenn mir das damals natürlich noch nicht klar war. Erstmals arbeitete ich keine Vorgaben nach Vorschrift so gut wie möglich ab, sondern machte den Job zu meiner persönlichen Mission. Und auf diese Weise stieg ich schneller auf, als ich es mir hätte träumen lassen. Schneller, als es mit Dienst nach Vorschrift jemals möglich gewesen wäre.

Beim Golf wird scharf geschossen

Auch für die Karos Hotelgruppe lief es richtig gut in diesen Jahren. Die jüdischen Eigentümerfamilien Hervitz und Hofmann besaßen damals 14 Hotels in Südafrika, die zu den beliebtesten im Land gehörten, allen voran unser Haus in Johannesburg, und eines in Mozambique, in Maputo, das weltberühmte Polana Hotel.

Um den Status der Hotelgruppe für jedermann sichtbar zu machen, stellte der Patriarch Selvin Hervitz jedem seiner Hotels einen Rolls-Royce vor die Tür. Mehr ging nicht: Ein Rolls-Royce stellte in Südafrika Anfang der 90er Jahre einen unvorstellbaren Luxus dar. Händler für diese Automarke gab es vor Ort gar nicht – die Wagen mussten aus England eingeflogen werden. Zusätzlich zu diesen Kosten schlug die Anschaffung auch noch mit 100 Prozent Einfuhrsteuer zu Buche.

Als wir den mintgrünen Wagen in Augenschein nahmen, frohlockten wir: Dieses Alleinstellungsmerkmal war eine Steilvorlage, um hochexklusive Hochzeitspackages für die weiße Oberschicht anzubieten. Diese Rechnung ging auf. Ich hütete den Wagen wie meinen Augapfel, denn ich war für den Rolls-Royce verantwortlich, und keineswegs hatte ich vor, einen Schaden oder gar Verlust der Nobelkarosse vor dem Eigentümer zu verantworten.

Entsprechend zögerlich reagierte ich, als eines Nachmittags mein Boss Gary auf mich zukam und mich um den Schlüssel für den Rolls-Royce bat. Der sportbegeisterte Hoteldirektor wollte mit dem Wagen zum Golfen fahren. Natürlich war die Privatnutzung der Fahrzeuge untersagt – die Eigentümer durften von solchen Extravaganzen ihres Managements auf keinen Fall erfahren. Mit einem unguten Gefühl händigte ich Gary die Schlüssel aus und gab ihm noch eine indirekte Warnung mit auf den Weg: »Morgen früh brauchen wir den Wagen für eine Hochzeitsgesellschaft, und vorher muss er noch gewaschen werden. Bitte, Gary – bring ihn zurück ...« Keine abwegige Bitte, denn Südafrika hatte damals wie heute eine erschreckend hohe Verbrechensrate. Der Rolls konnte von wütenden Revolutionären beschädigt oder gar von einem ungesicherten Parkplatz gestohlen werden.

Am Samstagmorgen brachte Gary den Wagen zurück – mit einem beachtlich sauberen, kreisförmigen Loch in der Heckscheibe. Mit großen Augen sah ich Gary an und fragte: »Was zum Henker ...?« Noch während ich das aussprach, fiel es mir wie Schuppen von den Augen: Gary war golfen gewesen. Und durch das Loch in der Heckscheibe passte perfekt – ein Golfball, der sich wohl von der Driving Range auf den Parkplatz verirrt hatte, wie Gary erzählte.

Jetzt war guter Rat teuer. Buchstäblich. Für die Hochzeit an diesem Tag konnten wir den Wagen nicht verwenden, was schon genug Ärger verursachte. Das viel größere Problem war allerdings, wie wir die astronomische Summe rechtfertigen konnten, die die Reparatur kosten würde. Die Scheibe musste aus England eingeflogen und dann vor Ort von einem Spezialisten eingebaut werden. Mir oblag es dann, das in meinem Duty Report glaubhaft zu rechtfertigen. Natürlich erwartete Gary von mir, dass ich seinen Golfausflug mit keinem Wort erwähnte – das hätte ihn den Job kosten können. Mich allerdings auch, weshalb ich mir besondere Mühe gab. Also schilderte ich in meinem Report in bunten Farben, wie ein paar Aufständische in der Nacht über unseren Sicherheitszaun geklettert sein mussten und wohl aus Hass auf die weiße Oberschicht den Wagen demoliert hätten. Eine hässliche Geschichte, ich weiß, aber sie war letztlich sogar glaubwürdiger als die Wahrheit.

Wir kamen mit der Nummer durch. Allerdings geschah einige Monate später – kein Scherz – das Gleiche noch einmal. Ein weiteres Mal musste ich Gary helfen. Wahrscheinlich wird dieser Rolls-Royce nie von einem Blitz getroffen werden, denn seine Statistik absurd unrealistischer Ereignisse dürfte er erfüllt haben. Wie hoch ist schon die Wahrscheinlichkeit, dass derselbe Wagen an exakt derselben Stelle zweimal hintereinander durch einen verirrten Schlag aus großer Entfernung demoliert wird?

Der Blick nach vorn im Zorn

Dass ich Garys Vertrauen genoss, brachte in erster Linie Vorteile mit sich. Ich konnte weitgehend selbstständig arbeiten und lernte dadurch wahnsinnig schnell dazu. Abgesehen von den verirrten Golfbällen gab es allerdings noch weitere Gelegenheiten, bei denen es mir lieber gewesen wäre, Gary hätte mir nicht ganz so viel Verantwortung übertragen.

So hätte ich gern auf die Verhandlungen mit den sogenannten Shop Stewards verzichtet. Shop Stewards waren ungefähr gleichzusetzen mit den deutschen Betriebsräten, und nun standen Tarifverhandlungen mit ihnen an. Anders als in Deutschland wurden die Tarife jedoch nicht zentral für das ganze Land oder ganze Branchen verhandelt, sondern in jedem Unternehmen, also auch jedem Hotel einzeln. Gary hätte als Direktor diese Aufgabe eigentlich übernehmen müssen, aber weil er keine Lust dazu hatte, überließ er sie mir.

Da die meisten Angestellten in Service-Berufen auf den unteren Hierarchiestufen damals Schwarze waren, war die Stimmung bei diesen Verhandlungen extrem aufgeladen. Inzwischen war Mandelas Entlassung aus dem Hausarrest nur noch eine Frage der Zeit, und die Gesellschaft steckte mitten in der Revolution. Der Kampf der Schwarzen um Gleichberechtigung stand in Südafrika zwar noch am Anfang, aber endlich ließen sie sich nicht mehr ohne Gegenwehr diskriminieren. In Soweto, dem Township, in dem schon 1976 Schüler und Studenten protestiert hatten, fanden wieder blutige Aufstände statt, bei denen sich militante Revolutionäre Schlachten mit der Polizei lieferten. Sicher konnten wir uns in diesen Tagen auch in unserem eingezäunten weißen Getto in Fourways nicht mehr fühlen, denn die Grenze zu Soweto lag nur wenige Kilometer vom Hotel entfernt.

Einige unter den Shop Stewards führten in den Verhandlungen einen erbitterten Stellvertreterkrieg gegen das weiße Apartheidregime. Eine sehr, sehr unangenehme Lage für mich. Das war nicht mein Krieg, und wenn überhaupt, dann stand ich auf der Seite meines Verhandlungsgegners. Doch die Shop Stewards nutzten die politische Lage gnadenlos aus. Bei mir – im Gegensatz zu vielen meiner weißen südafrikanischen Kollegen – rannten die Revolutionäre mit ihrer Forderung nach Gleichberechtigung offene Türen ein, aber das wussten die Shop Stewards natürlich nicht. Ich bemühte mich, ihnen meine liberale Haltung begreiflich zu machen, aber sie hielten es wohl für eine Verhandlungstaktik. Sie sahen meine Hautfarbe und betrachteten mich als Gegner. Tatsächlich konnte ich mich dieser Schublade auch nicht besonders effektiv entziehen, denn ich hatte die Interessen der – weißen – Hotelleitung zu vertreten.

Die Verhandlungen lieferten mir den Beweis dafür, was ich

seit meiner Ankunft im Land immer wieder gespürt hatte: Ein solches Ausmaß an Ungerechtigkeit, wie es in der südafrikanischen Gesellschaft über Jahrhunderte etabliert worden war, erzeugt einen ungeheuren Hass unter den Menschen – und zwar auf beiden Seiten. Und Hass bringt das Schlechteste in allen Beteiligten hervor. Das galt leider auch für die Shop Stewards.

So sehr ich Mandela verehrte und die Leidenschaft der Revolutionäre nachvollziehen konnte – in diesen Verhandlungen hatte ich manches Mal große Mühe gehabt, keine Verachtung für meine Gesprächspartner zu entwickeln. Nicht aus politischen oder ethnischen Gründen, sondern weil sie durch ihren Hass vor unfairen Mitteln nicht zurückschreckten und mich immer wieder bis aufs Blut reizten. An diplomatischen Lösungen zeigten sie kein Interesse – die Strategie des Win-Win war ihnen fremd. Sie ließen ihrer Wut auf die weiße Oberschicht freien Lauf. Und ich bekam sie ab, obwohl ich mit all dem absolut nichts zu tun hatte. Schnell wurde mir klar, warum Gary auf diesen Teil seines Jobs keine Lust gehabt hatte. Er hatte lange genug in Südafrika gelebt, um zu wissen, was ihn bei diesen Verhandlungen erwartet hätte.

In jeder Gesprächsrunde legten die Männer Verhaltensweisen an den Tag, die in jeder normalen Verhandlung zum sofortigen Abbruch der Gespräche geführt hätten. Sie saßen mir mit acht, neun Mann gegenüber, die mich je nach Situation entweder kategorisch ignorierten oder kollektiv aufs Übelste beschimpften, während ich mit einem von ihnen zu reden versuchte. Manchmal taten sie plötzlich, als würden sie schlafen, während ich argumentierte. Jedes sachliche betriebswirtschaftliche Argument gegen eine überzogene Forderung wurde mir als diskriminierend ausgelegt. »Rassist!«, brüllten sie dann unisono. Und ich musste irgendwie wieder Ordnung in das Gespräch bringen, ohne angesichts dieser Anmaßungen selbst auszurasten. Diese Männer waren mit allen Wassern gewaschen. Kein Wunder: Sie waren von erfahrenen kommunistischen Aktivisten gecoacht worden, um in den Gesprächen maximal aggressiv auftreten zu können. Damit verfolgten sie das Ziel, dass ihr Gegenüber die Contenance verlieren oder am besten gleich seine ganze gute Kinderstube vergessen und ihnen dadurch einen Vorteil liefern möge.

Mein wichtigster Verhandlungspartner war der Betriebsratsvorsitzende unseres Hotels. Ernest besaß ein gewisses Verhandlungstalent, legte aber auch eine besonders ausgeprägte Aversion gegen die weiße Hotelleitung an den Tag. Ich erinnere mich noch an einen Dialog mit ihm gleich zu Beginn der Unterredungen. Bevor er Gespräche über die unternehmensweite Gehaltsstruktur überhaupt zuließ, wollte er erst einmal über sein eigenes Gehalt verhandeln:

»Carsten, ich bin doch hier der Night Switchboard Operator. Stimmt das?«

»Ja, Ernest, da sind wir uns einig.«

»Bist du einverstanden, wenn ich sage, dass es nachts dunkel ist?«

»Auch damit bin ich einverstanden, Ernest.«

»Würdest du das unterschreiben?«

»Das unterschreibe ich dir sofort.«

»Gibst du mir recht, Carsten, wenn ich sage, dass blinde Menschen alles um sich herum als Dunkelheit empfinden?«

»Ich bin zwar nicht blind, aber allgemein würde ich zustimmen, dass ein sehender Mensch Blindheit mit Dunkelheit assoziiert.«

»Würdest du mir auch das unterschreiben?«

»Auch das würde ich dir unterschreiben.«

»Dann, Carsten, musst du mir doch auch unterschreiben, dass ich als Mensch, der in der Dunkelheit arbeitet, nachts einem erhöhten Risiko ausgesetzt bin zu erblinden und deshalb eine Risikozulage von 20 Prozent auf mein Gehalt bekommen muss.«

»Nein, Ernest, das unterschreibe ich dir nicht.«

»Aber das ist doch logisch, Carsten! Du hast doch gerade gesagt, nachts ist es dunkel, und Blindheit empfindet man als Dunkelheit. Wer nachts arbeitet, wird also blind!«

»Ernest, so kommen wir nicht weiter.«

»Ja, das stimmt, so kommen wir nicht weiter. Die Bedingung, dass wir überhaupt über irgendetwas anderes verhandeln, ist deine Unterschrift dafür, dass die Night Switchboard Operators 20 Prozent mehr Gehalt bekommen.«

Und jetzt stellen Sie sich mal vor, Sie führen solche Gespräche wochenlang – unter Flüchen und Anschuldigungen wie »Rassist« und »Sklaventreiber« von der anderen Seite des Tisches, wo Ihnen die personifizierte Aggression wie eine Bank gegenübersitzt, und müssen sich trotzdem irgendwie einigen. Die Alternative: Das Hotel wird als Hochburg der Apartheid verschrien und im schlimmsten Fall von einem wütenden Mob niedergebrannt.

Jedes Mal, wenn meine Geduld in diesen Verhandlungen an ihre Grenzen stieß, ermahnte ich mich selbst: Diese Leute sind ihr Leben lang und über Generationen hinweg unterdrückt worden. Sie haben jedes Recht, wütend zu sein. Reiß dich zusammen, Carsten.

Letztlich gelang es uns, einen neuen Tarifvertrag auszuhandeln. Doch diese Zitterpartie, ständig an der Schwelle zur Eskalation, hat mich einiges über die dunkle Macht des Hasses gelehrt, der aus Vorurteilen entspringt.

Seitdem bin ich allergisch auf klischeehaftes Denken, denn ich habe erkannt: Was alle glauben, muss noch längst nicht stimmen. Ein Weißer kann gute Absichten haben, obwohl er weiß ist. Ein Schwarzer kann sich als unfairer Gegner entpuppen, obwohl er zur unterdrückten Minderheit gehört und sich mit Ungerechtigkeit auskennt.

Wir müssen nicht ins Extrem und nach Südafrika während der Apartheid schauen, um klischeehaften Mustern zu begegnen: ›Das einzige, was stört, ist der Kunde.‹ ›Alle Beamten sind faul, alle Politiker korrupt.‹ ›Alle Türken in Deutschland sind Schmarotzer.‹ Und so weiter, und so fort. Jeden Tag hören wir solche unreflektierte Vorverurteilungen bis hin zu gemeinen, menschenfeindlichen Diskriminierungen.

Seit Südafrika glaube ich nicht mehr an Schwarz und Weiß. Manchmal ist Schwarz weißer als Weiß. Und manchmal ist Weiß schwärzer als Schwarz. In Wahrheit ist die Welt einfach nur wunderbar bunt. Und je stärker wir uns darum bemühen, Menschen in farbige oder sonst wie beschriftete Schubladen zu stecken, desto mehr trübt sich unser Urteilsvermögen ein. Gerechtigkeit hat keine Farbe.

Genau deshalb empfinde ich bis heute so große Bewunderung für Nelson Mandela: Für seine Überzeugungen musste er mit dem Verlust seiner Freiheit bezahlen. Als das alles vorbei war und er am 11. Februar 1990 endlich aus der Haft entlassen wurde, wurde er gleich noch ein weiteres Jahr lang mit Hausarrest belegt. Und was tat er, der am meisten Anlass für Rachegelüste gehabt hätte? Er predigte keinen Hass gegen die weiße Oberschicht Südafrikas. Er, der sein halbes Leben im Gefängnis verloren hatte, stellte sich zwischen die verfeindeten Seiten und rief auf zur Versöhnung. Nie hat ein Mann mehr Größe bewiesen.

Ménage à quatre mit Happy End

Einer meiner größten Coups als Rooms Division Manager war es, ganze Heerscharen von Stewardessen ins Karos Indaba Hotel zu holen. Das meine ich rein professionell: Exklusiv-Vereinbarungen mit Fluggesellschaften gehören zu den besten Deals, die zur damaligen Zeit einem Hotel passieren konnten.

Die Crews von Langstreckenflügen, Piloten wie Flugbegleiter, müssen arbeitsrechtlich Ruhezeiten einhalten. Nach einem Langstreckenflug von Frankfurt nach Südafrika dürfen sie nicht direkt wieder zurückfliegen. Das gilt für alle Interkontinentalflüge. Alles andere wäre auch unverantwortlich. Wer möchte schon mit einem Piloten fliegen, der gerade erst einen Langstreckenflug hinter sich hat? Aus logistischen Gründen kam es damals relativ häufig vor, dass die Crews dann tagelang an einem Ort blieben, manchmal sogar eine Woche. Und für diese Übernachtungen oder Layovers hatte ich für das Karos Indaba mit zwei Fluggesellschaften Deals abschließen können, mit der Lufthansa und der Austrian Airlines. Und wegen der atemberaubend schönen Location, dem tollen Wetter und der Qualität des Hotels waren die Layovers in Johannesburg besonders bei Stewardessen beliebt.

Das gleiche galt für mich. Um meine Freizeitgestaltung musste ich mir keine Gedanken mehr machen, nachdem die Layovers zum festen Bestandteil unseres Programms geworden waren. An manchen Tagen hatte ich eher Schwierigkeiten, meine Dates überhaupt noch kollisionsfrei zu koordinieren.

Besonders kritisch wurde es, als Cora mich in Johannesburg besuchen kam. Cora war ein Mädchen, das ich noch in Frankfurt kennengelernt hatte. Vor meiner Abreise hatte ich versucht, sie davon zu überzeugen, mit mir nach Johannesburg zu kommen – vergeblich. Doch nachdem ich dort Fuß gefasst hatte, hatte sie beschlossen, mich zu besuchen. Mehr oder weniger unangekündigt. Offensichtlich hatte sie unsere Liaison noch nicht aufgegeben. Ich hing auch an ihr, nur: Ich war inzwischen in Johannesburg etabliert, und sie lebte in Frankfurt ... Wie standen da unsere Chancen? Meine Güte, ich war Mitte 20 und Hotelmanager mit einem Haus voller Stewardessen!

Coras Anruf, indem sie mir mitteilte, sie würde gerade in Frankfurt in einen Flieger nach Südafrika steigen, brachte mich in eine äußerst prekäre Lage. Ich war nämlich gerade nicht nur mit einer, sondern mit zwei Lufthansa-Stewardessen beschäftigt, deren Layover im Karos noch drei Tage dauern würde. Da ich die beiden schlecht aus dem Hotel werfen konnte, gab es nur eine Möglichkeit, die unausweichliche Katastrophe zu verhindern: Ich musste Cora bis zu deren Abreise vom Hotel fernhalten.

Mein inzwischen bewährtes Lebensmotto half mir dabei ungemein: »Not macht erfinderisch.« Anstatt Cora selbst vom Flughafen abzuholen, schickte ich ihr einen Fahrer und ließ sie ins zwei Stunden entfernte Sun City bringen, ein traumhaft schönes Resort mitten im afrikanischen Busch. Der irritierten Cora erklärte ich, sie solle es sich dort erst einmal zwei Tage gut gehen lassen, ich müsste in Johannesburg noch Ordnung in einige berufliche Angelegenheiten bringen. »Viel los hier gerade...«

Wer glaubt, dass das nicht gut gehen könne, der irrt: Cora blieb. Kurz darauf zog sie nach Südafrika. An die Scharen von Stewardessen verschwendete ich keinen Gedanken mehr. Es dauerte nicht lange, und ich beschloss, mich mit Cora zu verloben.

Ein Butler namens Barnes

Für diesen Anlass hatte ich hollywoodreife Ambitionen. Die waren gar nicht so unrealistisch, denn inzwischen war ich seit ungefähr zwei Jahren in Südafrika und gut vernetzt. Also rief ich einen Freund an, der das Hotel Johannesburg Sun & Towers führte. Heute gibt es dieses Haus nicht mehr, damals war es eines der besten Hotels im Land. Ich erklärte ihm, was ich vorhatte, und bat ihn um ein besonderes Zimmer.

Wir bekamen die Präsidentensuite – die größte Hotelsuite, die ich bis zum heutigen Tag bewohnt oder auch nur gesehen habe. Nicht nur die Ausdehnung war episch; sie erstreckte sich auf insgesamt 480 Quadratmetern auch noch über zwei Etagen, nämlich die beiden obersten des Hotels. Was mir sehr gelegen kam, denn im Laufe unseres Aufenthalts sollte sich meine Mutter zu uns gesellen. Die bevorstehende Verlobung schien mir die passende Gelegenheit zu sein, um ihr vorzuführen, was ich inzwischen aus meinem Leben gemacht hatte.

Meine Mutter war noch nie in Südafrika gewesen, auch sprach sie kaum ein Wort Englisch. Deshalb ließ ich sie am Flughafen abholen und zu uns ins Sun & Towers bringen. Als sie endlich in der Suite zu uns stieß, war sie bereits milde gestresst: Die Präsidentensuite erreichte man nur über einen separaten Security-Aufzug. Sie musste auf dem Weg nach oben also auch noch umsteigen. Natürlich erklärten die Mitarbeiter ihr, warum sie auf Umwegen durch die Korridore geschleust wurde, doch meine Mutter verstand ja kein Wort.

Bei unserer Begrüßung lenkte sie jedoch etwas ganz anderes ab: Zur Präsidentensuite gehörte, wie das in dieser Kategorie in Südafrika üblich war, ein Butler. Alle Butler waren damals Schwarze, so auch in unserem Fall. Pflichtschuldig übernahm er das Gepäck meiner Mutter und stellte sich dann dezent in einer Ecke des Raumes auf. Dort wartete er auf weitere Anweisungen, wie Butler das eben zu tun pflegen.

Meine Mutter irritierte das enorm – sie verstand nicht, warum der elegant livrierte und ausdruckslos dreinblickende Herr sich nicht wie das übrige Personal zurückzog, nachdem ihr Gepäck in ihre Zimmer gebracht worden war. Mit einem skeptischen Seitenblick in seine Richtung sagte sie:

»Wer ist dieser Mann da? Schick den mal weg …«

»Mama, der gehört zu dieser Suite und ist für uns da.«

»Ich will den aber nicht.«

»Das geht aber nicht. Wir können ihn nicht einfach wegschicken. Dann würde er seinen Job verlieren, weil er während des Diensts seinen Arbeitsplatz verlassen hat.«

Das leuchtete meiner Mutter ein. Also fand sie sich – für den Moment – mit seiner Anwesenheit ab und fragte nach seinem Namen. »Barnes«, antwortete ich. Meine Mutter wandte sich dem Butler zu und begrüßte ihn nun ebenfalls, um die Situation aufzulockern, mit allem, was ihr Englisch hergab:

»Hello, Mr. Barnes!«

Seine – von mir übersetzte – Antwort irritierte sie ein weiteres Mal, während ich mir ob Barnes' trockener Art kaum noch das Lachen verkneifen konnte:

»Not Mister. It's just Barnes.«

Was meine Mutter nicht wusste: Die Anrede »Mr.« war für Schwarze in Südafrika damals noch unüblich – nur Weiße wurden so angesprochen. Wäre er von seinen südafrikanischen Vorgesetzten dabei erwischt worden, wie er sich mit »Mr.« ansprechen ließ, hätte er vermutlich großen Ärger bekommen. Meine Mutter allerdings, eine zutiefst bodenständige Frau, fühlte sich zurückgewiesen – und mochte Barnes nun noch weniger.

Während wir Neuigkeiten aus der Heimat austauschten, blickte meine Mutter immer mal wieder hinüber zu Barnes. Ihn zu ignorieren, gelang ihr höchstens minutenweise. Meine Mutter hat in ihrem Leben immer alles selbst geregelt – ein Bediensteter war ihr schlicht unverständlich und unangenehm.

Um sich nach der Reise frisch zu machen, beschloss sie, ein Bad zu nehmen. Barnes setzte sich sofort in Bewegung, um Wasser in die Badewanne einlaufen zu lassen. Wobei »Badewanne« es eigentlich nicht trifft: Mit ihrer Größe wäre sie in einem normalen deutschen Haushalt eher als Swimmingpool bezeichnet worden.

Verärgert blickte meine Mutter mich an: »Ich kann mir mein Badewasser selbst einlassen.«

»Mama, lass den Mann seinen Job machen – dafür ist er da.«

Nach einer Weile (so ein Schwimmbecken will erst einmal gefüllt sein) kehrte Barnes zurück und fragte mich, ob meine Mutter einmal prüfen könne, ob ihr die Temperatur des Wassers genehm sei. Ich übersetzte, und meine Mutter folgte Barnes widerwillig in das großzügig verspiegelte und auf Hochglanz polierte Marmorbad. Sogleich schickte sie sich an, das zu tun, was jede Nicht-Präsidentengattin an dieser Stelle auch getan hätte: Sie streckte die Hand aus, um die Wassertemperatur in der Pool-Wanne zu fühlen. Als Barnes das sah, hob er die Hand, schürzte die Lippen und ließ ein »Tsk, tsk, tsk« vernehmen. Meine Mutter blickte ihn verständnislos an, doch Barnes blieb gelassen. Von einem Beistelltischchen nahm er ein Silbertablett und einen Whisky-Tumbler, tauchte das Glas in die Badewanne und hielt es ihr mit Wasser gefüllt auf dem Silbertablett hin, auf dass sie die Temperatur im Glas prüfen möge.

Meine Mutter sah Barnes an, als ob sie darauf wartete, dass er sich jeden Moment als Lockvogel einer Sendung mit versteckter Kamera outen und der Moderator aus der Wanne springen würde. Als nichts dergleichen geschah, blickte sie zur Bestätigung noch einmal zu mir, bevor sie völlig entnervt einen Finger in das Wasserglas steckte. Als sie nickte, reichte Barnes ihr sogleich ein flauschiges Handtuch für ihren nassen Zeigefinger, das er anschließend sofort gegen ein frisches austauschte.

Flehentlich wendete sich meine Mutter mir zu und sagte: »So, jetzt reicht's aber – baden möchte ich bitte wirklich allein.«

Barnes wohnte natürlich auch unserem Frühstück am nächsten Morgen bei. Als ich meiner Mutter die Bitte abschlug, ihn anzuweisen, den Kaffee abzustellen und uns in Ruhe frühstücken zu lassen, fügte sie sich ein weiteres Mal widerwillig in ihr Schicksal und ließ sich ihren Kaffee eingießen. Um in Erfahrung zu bringen, ob meine Mutter Zucker in ihren Kaffee wolle, hielt Barnes ihr die Zuckerdose hin, die sie ihm sogleich abnehmen wollte. Wieder hob er die Hand, schüttelte den Kopf und löffelte meiner Mutter den Zucker in die Tasse, wobei er sie nach jedem Löffel anblickte und auf ein Nicken wartete: noch einen? Anschließend goss er auf ein weiteres Nicken von ihr auch die Milch hinzu. Vom anderen Ende des Tisches aus beobachtete ich, wie sich die Miene meiner Mutter mehr und mehr verfinsterte. Ich ahnte es: Gleich flippt sie aus.

Und tatsächlich: Als Barnes einen Löffel zur Hand nahm und sich anschickte, ihr den Kaffee in der Tasse auch noch umzurühren, verlor meine Mutter die Contenance und schlug ihm auf den Handrücken, sodass ihm der Löffel aus der Hand fiel. »Jetzt reicht's, jetzt ist es genug!«, rief sie erbost aus.

Barnes war geschockt. Ich war amüsiert. Nachdem ich den entrüsteten Butler gebeten hatte, meine Mutter für die Dauer des Frühstücks nun lieber nicht mehr zu bedienen, kehrte wieder Ruhe ein. Für den Rest unseres Aufenthalts in der Präsidentensuite schlich er auf noch leiseren Sohlen umher als sonst und vergewisserte sich jedes Mal mit einem Blick zu mir, ob er seinen Aufgaben nachkommen durfte oder nicht. Freunde wurden Barnes und meine Mutter nicht mehr.

Aber Cora und ich verlobten uns.

Ein Lappen für alles

Möchten Sie in Ihrem Urlaub von einem Butler wie Barnes betreut werden? Geschmackssache. Was aber macht ein Hotel zu einem außergewöhnlichen Hotel? Man erkennt es an den Details und vor allem daran, wie die Mitarbeiter diese umsetzen. Es gibt eine Reihe von Luxushotels, die einmal etwas ganz Besonderes waren, vielleicht sogar einzigartig auf der Welt, und die man heute als »ganz okay« einstufen würde. Wie kann so etwas passieren? Weil man dort den Blick dafür verloren hat, was zählt. Meistens sind das die Hotels, in denen die Führung und damit auch die Angestellten sich nicht am Service messen lassen, sondern an der Zahl der Sterne auf der Plakette neben dem Eingang.

Auf die »kleinen Dinge« kommt es an. In die Details, die Feinheiten, muss man als Hotelier die meiste Liebe stecken – bei der Ausstattung, beim Leistungsangebot, bei den Extras, die nicht zum Standard gehören. Eine riesige Lobby, wie das Kempinski Gravenbruch sie zu bieten hatte, schindet Eindruck. Dort schlägt der Gast nach einem harten Tag aber nicht seine Zelte auf. Ein Rolls-Royce vor der Tür ist eine tolle Sache fürs Hochzeits-Business, aber was bringt er dem durchschnittlichen Gast? Ein Aufgebot von Weltstars macht ein Hotel vielleicht interessant, aber nicht wohnlicher. Wenn man sich als Hotelier auf die großen Gesten fixiert, es aber an Liebe zum Detail mangeln lässt, dann wird das Service-Erlebnis für den Gast vor allem: unpersönlich.

Eine 480-Quadratmeter-Präsidentensuite, wie ich sie in Johannesburg mit Cora und meiner Mutter bewohnte, ist vor allem ein Statussymbol. Einen persönlichen Butler zu haben genauso: ganz großes Kino, der Gipfel des Service. Oder? Meine Mutter sah das völlig anders. Sie fand das alles unpersönlich, denn sie fühlte sich als Gast entmündigt: Sie durfte ja nicht einmal ihren eigenen Kaffee umrühren! Stattdessen musste sie sich den Service-Gewohnheiten der südafrikanischen Upperclass anpassen.

Doch wie gibt man einem Gast das Gefühl, dass man an ihn gedacht hat? Dass einem nichts wichtiger ist, als ihn, ihn ganz persönlich, zufriedenzustellen?

Das aus meiner Sicht am besten geführte Hotel in Deutschland ist das Brenners Park Hotel & Spa in Baden-Baden. Der Direktor Frank Marrenbach, der gleichzeitig CEO der feinen Oetker Hotel Collection ist, ist in meinen Augen einer der besten Hoteliers der Welt – und ich bin froh, dass ich ihnen einen Freund nennen darf. Ich habe schon mehrfach in seinem Hotel übernachtet, und die folgende Szene hat sich ein ums andere Mal wiederholt.

Frank Marrenbach führt mich grundsätzlich persönlich in mein Zimmer im Brenners. Nicht nur mich, sondern so oft es geht jeden seiner Gäste. Das zeigt großen Respekt vor dem Gast: Die wenigsten Direktoren machen das. Die meisten schicken entweder einen Mitarbeiter mit oder lassen den Gast allein laufen (»Vierter Stock, dann links und den Schildern folgen«). Eine kleine Geste, um die der Direktor in Baden-Baden kein großes Aufhebens macht – für ihn ist sie einfach selbstverständlich. Und genau das sollte sie auch sein. Als Hoteliers sind wir Gastgeber. Wenn Sie Besuch von Ihrer Schwiegermutter bekommen, sagen Sie ja auch nicht: »Das Gästezimmer ist die Treppe hoch hinten rechts, wir sehen uns später!«

In dieses Zimmer zu kommen fühlt sich an wie nach Hause zu kommen. Ich betrete kein anonymes Hotelzimmer, das sich steril anfühlt. Nichts erinnert mich hier daran, dass in der Nacht davor ein anderer in dem Raum war und in der Nacht danach wieder ein anderer übernachten wird. Ich blicke mich um und stelle fest, dass alles für mich vorbereitet wurde.

Als Frank Marrenbach mir die Tür öffnet, ist das Licht schon an. Im Hintergrund läuft leise Musik. Auf dem Tisch liegt eine handgeschriebene Begrüßungskarte vom Direktor persönlich. Eine Blume, ein Obstkorb, ein Krug Wasser neben dem Bett – das alles wurde im Vorfeld organisiert und arrangiert.

Es ist perfekt. Bis auf eine Kleinigkeit. Und diese Kleinigkeit demonstriert mir den Unterschied zwischen professionellem Service und herzlichem Service: Eine der Stehlampen, die das Zimmer in warmes, indirektes Licht tauchen, brennt nicht.

Der Direktor hält inne. Geht hinüber in die Ecke, in der die Lampe steht. Und dann geht er in seinem Maßanzug auf die Knie und knipst diese Stehlampe an.

Ich möchte ihm wirklich nicht den Spaß verderben. Aber wie wahrscheinlich ist es, dass das jedes Mal passiert, wenn ich in diesem Hotel übernachte? Jedes Mal vergisst das Personal, eine Lampe anzuknipsen? Ich glaube es nicht. Ich glaube, dass Frank Marrenbach diesen Fehler inszeniert, damit er ihn an Ort und Stelle selbst beheben kann. Damit übermittelt er seinen Gästen eine Botschaft: »Sie sind mir wichtig. Ich will, dass Sie sich hier wohlfühlen. Deshalb achte ich auf die Details. Darum fällt mir auf, dass diese Stehlampe nicht brennt. Aus diesem Grund gehe ich, der Hoteldirektor, für Sie auf die Knie und knipse sie an. Ich bin für Sie da!«

Ganz gleich, ob die Stehlampe zur Inszenierung gehört oder nicht: Frank demonstriert mir damit ein ums andere Mal, was herzlicher Service bedeutet.

Die meisten Gäste in Fünf-Sterne-Hotels sind professionellen Service gewöhnt. Damit beeindruckt man aber heute niemanden mehr. Die Liebe zum Detail entscheidet darüber, ob jemand wiederkommt. Die Wärme und Herzlichkeit der Menschen, von denen man empfangen wird.

Aber woran erkennen Sie, ob ein Hotel liebevoll, also mit Blick fürs Detail geführt wird? Dazu eine kleine Geschichte meiner Freundin Sabine Hübner:

Reise ich als Vortragsredner zu einer Veranstaltung in einem Tagungshotel an, gehe ich direkt auf den ersten Mitarbeiter zu, der mir in der Lobby über den Weg läuft, und spreche ihn an: »Guten Tag, mein Name ist Carsten Rath, und ich möchte zur Tagung der Sparkasse. Wo muss ich hin?«

Seitens des Mitarbeiters gibt es drei mögliche Arten zu antworten:

1. »Oh, gute Frage. Weiß ich auch nicht – fragen Sie doch mal an der Rezeption.«

2. »Oh, das weiß ich nicht – darf ich Sie an die Rezeption begleiten? Dann fragen wir dort mal nach.«

3. »Die Veranstaltung findet im Goethe-Saal statt, Herr Rath – ich begleite Sie gern dorthin.«

Drei Antworten, ein großer Unterschied. Die erste Antwort hat mit Service wenig zu tun – die hätte ich auch von einem Passanten vor dem Hotel oder einem anderen Gast in der Lobby bekommen können. Die zweite Antwort zeigt mir immerhin, dass der Mitarbeiter oder die Mitarbeiterin sich um eine persönliche Betreuung bemüht. Scheinbar werden in diesem Haus die Mitarbeiter nur einfach nicht ausreichend gebrieft und auf solche Fragen vorbereitet. Der Führung ist es offensichtlich ziemlich egal, ob die Gäste sich herzlich willkommen fühlen oder nur höflich betreut.

Die dritte Antwort ist nicht nur professionell, sondern auch herzlich: Dieser Mitarbeiter erkennt den Service-Moment und ergreift seine Chance, im Kontakt mit mir im Namen des Hotels einen Eindruck zu hinterlassen. Er trifft in diesem Moment die Entscheidung, sich persönlich um mich und mein Anliegen zu kümmern – und nicht um etwas anderes. Er vermittelt mir, dass ich willkommen bin, dass er auf mich gewartet hat.

Ein hoher Anspruch? Gewiss. Aber ein Hotel, das nicht mit einem hohen Anspruch geführt wird, kann auch kein besonderes Hotel sein. Außergewöhnliche Hotels dürfen nicht gewöhnlich geführt werden!

Den nächsten Eindruck bekomme ich, wenn ich mein Zimmer betrete. Dieses Mal gibt es zwei Möglichkeiten:

1. Das Zimmer wurde standardmäßig vorbereitet – sauber, ordentlich, auf dem Kissen liegt vielleicht ein Stück Schokolade, und die üblichen Utensilien liegen an der richtigen Stelle.

2. In diesem Zimmer ist etwas anders als sonst. Irgendein Detail signalisiert mir: Hier hat jemand nachgedacht und sich nicht mit dem üblichen Standard zufriedengegeben. Irgendetwas in diesem Raum macht mir das Leben schöner, leichter, angenehmer.

Ich zum Beispiel hasse es, wenn die Fernbedienung hinter dem Fernseher liegt. Irgendein Schlauberger hat sich wohl einmal ausgedacht, dass die Fernbedienung in einem Hotelzimmer dort zu verstauen ist. Vielleicht liegt das daran, dass die Dinger schwer zu reinigen sind – und hinter dem Fernseher fällt das schmutzige Ding nicht auf. Aber wofür ist eine Fernbedienung denn da? Um mir den Gang zum Fernseher zu ersparen, wenn ich fernsehen will! Zu Hause liegt die Fernbedienung auf dem Tisch, damit ich sie sofort zur Hand habe. Und ein Hotel, indem ich sie auch genau dort vorfinde, ist mir sofort ein Stück sympathischer.

Noch so eine standardisierte Komfortbremse: Die zimmereigene Altpapier- und Werbesammlung. Als Dienstreisender arbeite ich meist in meinem Hotelzimmer, habe wenig Zeit und will gleich loslegen. Das gestaltet sich schwierig, wenn ich von der Arbeitsfläche des Schreibtisches erst einmal fünf Magazine, acht Flyer und zehn verschiedene Formulare herunterräumen muss, mit denen ich irgendwelche Angebote buchen kann. In meinem idealen Hotelzimmer wird der Schreibtisch nicht als Verkaufsauslage genutzt. Er ist mein Bereich, in dem ich arbeiten kann.

Kurzum: Die Einrichtung eines Hotelzimmers ist durchdacht, wenn die Dinge so arrangiert sind wie zu Hause.

Ganz nebenbei verrate ich Ihnen noch ein Geheimnis: Lassen Sie sicherheitshalber die Finger von den Gläsern, die Ihnen in einem gewöhnlichen Hotelbadezimmer zur Verfügung gestellt werden. Die Grundausstattung für die Reinigungskräfte besteht dort meist aus einem Lappen, mit dem die Oberflächen im Bad feucht zu reinigen sind. Richtig: aus einem Lappen für alle Oberflächen im Bad.

Eine Unverschämtheit? Respektlos? Da haben Sie recht.

Wenn Ihnen zu Hause ein Gast herzlich willkommen ist, dann reinigen Sie seine Gläser nicht mit demselben Lappen, mit dem Sie zuvor die Badewanne, das Waschbecken und … na, Sie wissen schon.

Der Gast sieht dem Glas nicht an, wo der Lappen vorher war. Es wirkt perfekt sauber. Das ist der Unterschied zwischen Perfektion und Herzlichkeit im Service: Perfektion kann man vortäuschen. Herzlichkeit nicht, denn das spürt der Gast.

Im Brenners werden übrigens alle Gläser täglich gegen frische ausgetauscht. So geht Service Excellence.

Operation misslungen, Patient lebt

Das Karos war ein hervorragendes Hotel, und Gary führte es so gut es nur ging. Doch nach zwei Jahren wusste ich genug, um zu erkennen: In einem Land voller Hass kann es keinen herzlichen Service geben. Butler Barnes war das beste Beispiel: Er beherrschte sein Handwerk bis zur Perfektion und ließ das in jedem Handgriff erkennen. Doch meine Mutter, der Gast, brauchte keine Perfektion. Mit herzlicher Empathie hätte sie viel mehr anfangen können – zum Beispiel, wenn sich Barnes zurückgezogen hätte, als er spürte, dass er nicht erwünscht war. Doch das durfte Barnes erst gar nicht, es hätte ihn in Schwierigkeiten gebracht. Tatsächlich sollten noch einige Jahre vergehen, bis der Service in Südafrika in den meisten Hotels auf einem Niveau ankam, das auch verwöhnte Gäste aus aller Welt zufriedenstellen konnte.

Ich war inzwischen überzeugt, dass ich dazu beitragen konnte. Als mir eine Stelle als stellvertretender Voreröffnungsdirektor in der Nähe von Kapstadt angeboten wurde, überlegte ich nicht lange, sondern schlug ein. Dieses Mal würde ich also nicht in einem fertigen, etablierten Hotel arbeiten, sondern durfte es erst mit erschaffen. Ein unvorstellbarer Karrieresprung für einen 25-Jährigen in dieser Branche. Er sollte zum Fundament meines Rufs als Voreröffnungsprofi rund um den Globus werden. Selbstredend bekam ich es dabei mit Herausforderungen zu tun, die ich noch nicht einmal erahnen konnte.

Zuvor hatte ich allerdings ein ganz anderes Problem: Die Bundeswehr hatte immer noch ein besorgniserregendes Interesse daran, mich einzuberufen. Ich war erst zwei Jahre im Ausland und musste bleiben, wenn ich dem Wehrdienst entgehen wollte. Also suchte ich mir einen Arzt, der mir attestierte, ich sei an Malaria erkrankt – was damals in Südafrika nicht so unglaubwürdig war. Ich hätte, versicherte der Arzt dem Kreiswehrersatzamt, eine der schwersten Formen der Krankheit überhaupt. Sie würde, da ich nun einmal infiziert sei, jedes Jahr wiederkehren. Sollte ich einberufen werden, wäre ich von Anfang an gehandikapt und nicht gerade eine Hilfe für die Sicherheit des Landes. Da ich mich frisch infiziert habe, sei ich darüber hinaus komplett transportuntauglich, könne also nicht in Deutschland vorstellig werden.

So leicht gaben sich die deutschen Bürokraten allerdings nicht geschlagen. Ein längerer Briefwechsel entspann sich, in dem alle möglichen Varianten erwogen wurden, um mich doch noch einer ordnungsgemäßen Musterung zuzuführen. Erst sollte ich in der Deutschen Botschaft in Pretoria vorstellig werden. Dann ließ man sich einfallen, mich mit einer Militärmaschine zu einem deutschen Stützpunkt nach Namibia bringen zu wollen, wo ein Stabsarzt mich untersuchen sollte. Schließlich ging mein Arzt aufs Ganze und schrieb: Hiermit kündige ich Ihnen schriftlich an, dass Herrn Raths Überlebenschancen im Falle eines Transports gen null gehen. Wenn Sie mir schriftlich geben, dass die Bundeswehr im Namen der Bundesrepublik Deutschland dieses Risiko für ihren Bürger Carsten Rath übernimmt, setze ich ihn in dieses Flugzeug. *Your choice.*

Da bekamen die Beamten in Koblenz dann doch kalte Füße – und beriefen mich nicht ein. Endgültig.

Und ich ging nach Paarl, um mitten in der Service-Wüste Südafrika, in den Gründerstädten der Sprache Afrikaans und Hochburg der Buren ein exklusives Luxushotel zu eröffnen – obwohl ich in Johannesburg ein unglaublich gutes Leben führte. Vielleicht eine Folge der virtuellen Malaria: Ich musste wahnsinnig geworden sein. In Wahrheit hatte ich mich einfach nur gewaltig in meinen Job verliebt. Noch hatte ich keine Ahnung, dass ich nach Service Excellence strebte, denn diesen Begriff gab es noch nicht. Dennoch hatte mich die Leidenschaft dafür gepackt. Und Cora kam mit.

Prinzessin auf dem heißen Stuhl

Hohe Ansprüche

Paarl liegt etwa 40 Kilometer vor Kapstadt in den Winelands. In dieser malerischen Kulisse, mit einem wunderbaren Blick über das Paarl Valley, wurde 1992 das Luxushotel Grande Roche eröffnet. Mit mir als stellvertretendem Direktor, verantwortlich für die Gastronomie und – seien wir ehrlich – alles andere. Das bringt der Job als Hotelmanager mit sich: Wenn es drauf ankommt, gibt es nichts, wofür man im Zweifel nicht verantwortlich wäre.

Das Grande Roche hatte von Beginn an nur den einen Anspruch: das beste Hotel Südafrikas zu werden, mit dem besten Restaurant und der besten Weinkarte des Landes. Das gelang uns tatsächlich – wir schafften es, die wichtigsten Auszeichnungen der südafrikanischen Gastronomie zu gewinnen: von Diners Club bis American Express. Michelin-Sterne gab es damals in Südafrika noch nicht.

Doch über diese bescheidenen Ansprüche der Eigentümer hinaus sah ich mich noch mit ganz anderen Herausforderungen konfrontiert. Das Konzept des Hauses stammte vom Investor persönlich, einem schwäbischen Unternehmer. Es umfasste alles, was ein Luxushotel braucht: Bei damals nur 24 Suiten (ein ausgesprochen kleines Grandhotel also) verfügte es über das exquisite Bosmann-Restaurant, die wunderbar atmosphärische Tarantella-Bar, zwei Pools, tolle Gärten und einen Ausblick auf die Weinberge. Kurz: ein Luxus-Retreat wie aus dem Bilderbuch.

Mit einem Haken. Der Investor hatte sich einen Traum

erfüllt und hinter das Hotel einen Festsaal und ein Amphi-
theater bauen lassen mit mehr als 200 Plätzen. Spektakuläre
Highlights für ein ohnehin schon imposantes Hotel. Allerdings nur, wenn das Haus über die Kapazitäten verfügt, solche Räumlichkeiten auch rentabel zu machen. Bei 24 Suiten
und einem Restaurant mit nur 40 Plätzen gestaltete sich das
jedoch schwierig.

Mir fiel also die Aufgabe zu, dafür zu sorgen, dass an den
Wochenenden zusätzlich mindestens ein Zehnfaches der durchschnittlichen Gästezahl den Weg ins Paarl Valley fand. Schwierig, aber nicht unmöglich: Dass man als Hotelmanager immer auch Eventmanager ist, hatte ich damals schon längst gelernt. »Wir brauchen Attraktionen«, sagte der deutschsprachige
Direktor Horst Frehse wiederholt.

Eine der Attraktionen war eine englische Komikerin, die in
den 80er-Jahren einen internationalen Ruf genossen hatte. Sie
stand für bissigen, schwarzen, britischen Humor auf hohem
Niveau. Hohes Niveau – das klang gut für mich. Britischer
Humor – auch das vielversprechend angesichts der kultivier-
ten, anspruchsvollen Zielgruppe des Grande Roche. Wo die
Gäste nur das Beste erwarten, muss auch das Entertainment
vom Feinsten sein.

Whisky aufs Haus

Anscheinend war ich immer noch ein wenig grün hinter den
Ohren. Mir die britische Lady erst einmal live anzusehen,
bevor ich sie unter Vertrag nahm, erschien mir überflüssig.
Schließlich war sie seit vielen Jahren ein Star; so berichtete es
mir jedenfalls ihr Agent.

Selten hatte ich mich so auf ein Event gefreut. Die Sterne standen günstig für uns: Ausgerechnet mit dieser Premiere fiel nämlich der Aufenthalt einer europäischen Prinzessin im Grande Roche zusammen, die gerade einige Tage Urlaub in Südafrika machte. Besser konnte es nicht kommen: Wir hatten eine prominente britische Entertainerin im Haus, und der europäische Hochadel war persönlich anwesend.

Da schienen mir auch die Sonderwünsche der Komödiantin nicht weiter ins Gewicht zu fallen:

Eine rundum verspiegelte Garderobe.

Eine eitle Entertainerin – na so was. Sie bekam ihre Spiegel.

Einen persönlichen Friseur.

Schon kostspieliger, wenn man bedenkt, dass eine ganze Reihe an Auftritten vorgesehen war. Doch wenn es weiter nichts war …

Eine Flasche Whisky.

Eine britische Komikerin, die sich vor dem Auftritt einen Drink genehmigt? Schockierend! Genehmigt, abgehakt, aber ganz ehrlich: Glaubte sie wirklich, vorab sicherstellen zu müssen, dass in einem Grandhotel Whisky vorrätig war?

Ein Hauch von … Etablissement

Die seltsamen Sonderwünsche hatte ich längst vergessen, als ich mich kurz vor Beginn der Premiere auf den Weg zu ihrer Garderobe machte, um den Star persönlich willkommen zu heißen. Von meinen Leuten wusste ich, dass sie seit etwa 90 Minuten im Haus war. Ich war gespannt auf diese Begegnung, denn ich ging davon aus, einer Grande Dame im Abendkleid zu begegnen. Ein Hauch von Chanel No. 5 in der Luft, ein reizender Augenaufschlag zur Begrüßung, einige geistreiche Pointen über das Hotelleben von ihr, ein paar Komplimente von mir mit auf den Weg in einen rauschenden Abend unter der südafrikanischen Sonne – »*pure class*« eben.

Ich klopfte, wartete auf die Bestätigung von der anderen Seite und öffnete die Tür. Was dann kam, glich eher einer dieser klischeehaften Filmszenen in schlechten Komödien: Der Hauptdarsteller erwacht aus einem schönen Traum und sieht sich mit der hässlichen Realität konfrontiert.

Im ersten Moment dachte ich, ich hätte mich in der Tür geirrt und jemand hätte mitten im Fünf-Sterne-Haus ein billiges Etablissement eröffnet. Es stank wie in einer heruntergekommenen Hafenspelunke in Jakarta. Die Luft konnte man schneiden – aus mehreren Gründen. Zum einen war der Friseur mit dosenweise Haarlack bemüht, das dünne, schwarz gefärbte Haupthaar der Lady zu einer beachtlichen Höhe zu toupieren. Sein Gesicht hatte vor lauter Leid schon eine grünliche Farbe angenommen. Als ich den Raum betrat, sah er mich halb flehend, halb resigniert an, als wollte er sagen: Womit habe ich das verdient?

Und dann der Rauch. Woher der kam, war offensichtlich: Der Aschenbecher auf dem Garderobentisch vor einem der Spiegel war so voll, als hätte ein Kneipenwirt einen ganzen Abend lang vergessen, ihn auszuleeren.

Als Madame sich – zur weiteren Ernüchterung des verzweifelten Friseurs – ohne Vorwarnung auf ihrem Stuhl nach vorn beugte, um ihr Aussehen in einem der mannshohen Spiegel zu prüfen, erhielt ich freie Sicht auf das, was vorher weitgehend von der Sessellehne verdeckt worden war. Unwillkürlich hielt ich die Luft an – ein gesunder Reflex in diesem Ambiente. Von einer arrivierten englischen Dame mittleren Alters hätte ich, zumal in Anbetracht des Anlasses, eine andere Garderobe erwartet als einen ledernen Minirock, Netzstrümpfe und ein, um es höflich auszudrücken, freizügiges Dekolleté, das dem unerbittlichen Gesetz der Erdanziehung streng folgte.

Die Hoffnung auf niveauvolle Abendunterhaltung hatte ich zu diesem Zeitpunkt aber noch nicht völlig aufgegeben. Doch der Anblick, der sich mir bot, hatte eher etwas von einer Schwarzwälder Wurst im Räuchernetz. Für mich erhärtete sich der Verdacht eines Nebengewerbes in unseren Räumlichkeiten.

Keine Panik, dachte ich, bestimmt gehört das alles zur Show.

Und plötzlich wieder Kellner

Gelegenheit, um meinen Schock zu überwinden und die Situation mit einer charmanten Begrüßung zu überspielen, bekam ich nicht, denn Madame geruhte zu sprechen. Mit einer Stimme, die genauso gut geräuchert war wie der Lachs, der gerade in der Küche für die 200 VIP-Gäste des Abends zur Vorspeise angerichtet wurde.

»Stell das Glas einfach da drüben auf den Tisch, Kleiner!«, krächzte es aus der Rauchwolke heraus.

Die Worte hauchten dem Gesicht des Friseurs zum ersten Mal ein wenig Leben ein. Er unterdrückte sichtlich ein Grinsen.

Gerade wollte ich anheben, um mich endlich vorzustellen, als sich einer unserer Kellner an mir vorbeischob. Er stellte ein Glas Gin auf den Tisch neben mir.

Halt, dachte ich noch. Gin? Wollte sie nicht …

Ja, sie wollte. Als ich den Tisch näher in Augenschein nahm, rutschte mir das Herz in die Hose. Denn da stand die bestellte

Flasche Whisky. Leer. Ich bekam sie nur noch für einen flüchtigen Moment zu sehen, bevor der Kellner sie verschwinden ließ.

Schlagartig wurde mir klar, warum der Getränkewunsch schon bei Vertragsabschluss auf dem Wunschzettel gestanden hatte. Nicht dass es bei ihrer Gage noch einen Unterschied gemacht hätte, dass die Gute in offenbar weniger als 90 Minuten eine Summe heruntergekippt hatte, mit der man wenige Kilometer von dem Hotel entfernt eine Großfamilie einen Monat lang durchbringen konnte. Doch da draußen warteten bereits Hunderte Gäste auf einen legendären Auftritt von Weltniveau.

Den würden sie bekommen, davon war ich überzeugt. Je nachdem, wie man »legendär« interpretierte.

Madame erwachte zum Leben, als sie das Klirren des Eises in ihrem Drink vernahm. Der Kellner, wer kann es ihm verdenken, suchte eilends das Weite. Als die Komödiantin sich nun – ich mochte dem Friseur schon gar nicht mehr in die Augen schauen – in meine Richtung drehte, erblickte sie also mich neben ihrem Gin.

»Ist bei euch der Geiz ausgebrochen, oder was? Habt ihr keine Flaschen?«

Die sympathische Äußerung wurde von einem noch sympathischeren Ritual begleitet: Mit fahrigen Handbewegungen fischte sie eine weitere Zigarette aus der Schachtel, riss den Filter ab und warf ihn achtlos zu Boden. Nachdem sie sich den Glimmstängel angezündet hatte – der Friseur riss panisch die Augen auf und machte mit dem Haarlack einen halsbrecherischen Satz nach hinten, um die Wurst im Räuchernetz nicht zu flambieren –, spuckte sie die Tabakkrümel, die sie sich beim ersten Zug aus der nun filterlosen Zigarette auf die Zunge gesaugt hatte, direkt neben den entsorgten Filter.

Mein Blick fiel unwillkürlich auf den Teppich. Den creme-farbenen Teppich. Auf dem sah es aus wie nach einer Nacht im New Yorker Studio 54 in den frühen Achtzigern. Der Filter, zahlreiche mehr von seiner Sorte, reichlich verstreute Asche und die Tabakkrümel hatten den teuren Teppich um ein Muster ergänzt, das kreisförmig um den Sessel verlief. Der Reinigungskraft, die hier zu Werke gehen würde, schuldete ich mehr als einen Drink.

Ich sah auch darüber hinweg, wild entschlossen, mir nun endlich Gehör zu verschaffen.

»Madame, darf ich mich vorstellen? Mein Name ist Carsten Rath, stellvertretender Direktor des Grande ...«

»... Grande Saftladen, wenn du mich fragst!«, entwaffnete sie mich. »Was soll die Zitrone in meinem Gin? Bring das in Ordnung«, dröhnte sie, mit nur dem Hauch eines Lallens, die Kippe im Mundwinkel, und wendete sich wieder dem Spiegel zu. Doch fertig war sie noch nicht. »... stellvertretender Direktor, so ein Blödsinn. Ich bin alt genug, um deine Mutter zu sein, Kleiner! Wem willst du hier was vormachen?«

Mit diesem beunruhigenden Hinweis verstummte sie wieder und konzentrierte sich aufs Rauchen. Der Friseur, mit zitternden Händen, machte sich erneut ans Werk. Nicht ohne mehrmals auf die rechte Hand seines Models zu schielen, um zu überprüfen, wann er den Sprühknopf betätigen konnte, ohne unser aller Leben zu riskieren.

Was soll's, dachte ich, soll mir recht sein. In diesem Moment wäre ich in der Tat lieber Kellner gewesen als stellvertretender Direktor dieses, nun ja, Fünf-Sterne-Saftladens, zu dem das Haus für diesen Abend in der Tat gerade zu werden drohte. Und ich wollte raus aus dieser Garderobe.

»Gewiss doch, Madame«, murmelte ich und war mit einem beherzten Schritt durch die Tür. Ein Hoch auf Queen Mum, ging mir durch den Kopf, als ich dem Kellner Anweisung gab, den Gin durch ein Glas Wasser – ohne Zitrone – zu ersetzen.

Mochten die Royals mit uns sein! Was uns da bald blühte, mochte ich mir zu diesem Zeitpunkt nicht ausmalen. Doch die Veranstaltung jetzt noch abzusagen oder gar die Prinzessin auszuladen, war unmöglich. Da mussten wir durch – komme, was da wolle.

Licht aus, Spot an, Desaster

Im Inneren des verglasten Festsaals, vor der spektakulären Kulisse eines südafrikanischen Sonnenuntergangs, deutete in diesem Moment noch alles auf einen durchschlagenden Erfolg hin. Die Sitzreihen waren voll bis auf den letzten Platz. Die Premiere hatte etliche Pressevertreter angelockt, die natürlich vor Freude in die Hände klatschten, als sie feststellten, dass sie zusätzlich die Anwesenheit einer Prinzessin aus Übersee würden vermelden können. Als Verantwortlicher war mein Platz in der ersten Reihe direkt an der Seite des Ehrengasts, und so geriet ich automatisch mit in den Fokus der Reporter und Kameras.

Die Show begann. Licht aus, Spot an, Auftritt der Komödiantin, gepflegter Applaus. Bemerkenswert, dachte ich noch, wie sie nach einer Flasche Whisky und weiß Gott wie vielen Gläsern Gin zur Ergänzung fast ohne Schlangenlinien zu ihrem Hocker in der Bühnenmitte fand. Als der Applaus abebbte, hob sie den Kopf und ließ still, aber eindringlich den glasigen Blick über die Stuhlreihen schweifen.

Und erfasste fast augenblicklich die Prinzessin.

Dem britischen Humor wird allgemein nachgesagt, dass ihm nichts heilig ist – außer der Monarchie. Sollte das jemals gestimmt haben, dann gilt das offenbar nur, solange der Promillewert ein bestimmtes Maß nicht übersteigt. Für den Bruchteil einer Sekunde blitzte in den grünen Augen der Grande Comédienne etwas auf, das nichts Gutes verhieß. Und dann kam es, wie es kommen musste:

»Oh, wie ich sehe, haben wir heute Abend royalen Besuch unter uns!«

Ich schickte ein Stoßgebet gen Himmel.

»Und ich kann es von hier aus sehen«, fuhr sie fort, »Ihre Majestät ist haaaaaaaaaaaarig!!! Überall!!! Von oooooooooooooben bis unten … Haare, Haare, Haare … Sogar auf Ihrer …« – Nein, das sagt sie nicht … doch, sie sagt es … – »Zuuuunge!«

Obwohl das Wort »Zunge« (*tongue*) im Englischen nur eine Silbe hat, gelang es Madame, es so in die Länge zu ziehen, dass sie ihre eigene Räucherzunge dabei noch ein kleines Tänzchen an der frischen Luft vollführen lassen konnte – zur Veranschaulichung ihrer grandiosen Pointe.

Im Publikum wurde es daraufhin sehr still. Außer der betrunkenen Entertainerin selbst schien niemand diese Bemerkung witzig zu finden. Allein aus der Gruppe der Pressevertreter war unterdrücktes Kichern zu vernehmen.

Doch Madame war noch nicht fertig. Offenbar war es in ihrer Garderobe eben nicht neblig genug gewesen, denn sie erkannte nicht nur die Prinzessin, sondern auch mich. Neben der Prinzessin.

»Na sieh mal einer an – Ihre Majestät hat sich mit einem Kellner angefreundet! Pass auf, Kleiner … du hast ja keine Ahnung, was dir blüht!«

Kurzzeitig erblindete ich. Denn wie auf Kommando zuckten plötzlich die Blitzlichter. Nahmen die Prinzessin ins Visier. Die Prinzessin und mich.

Mir wurde gleichzeitig heiß und kalt. Halt suchend umklammerte ich die Armlehnen. In diesem Moment wollte ich vieles sein: unsichtbar, taub und blind, genauso betrunken wie die Frau auf der Bühne – nur eines nicht, nämlich verantwortlich. Doch genau das war ich: Ich hatte hier den Hut auf. Was auch immer jetzt passieren würde, es würde auf mich zurückfallen.

Ich hatte diese Wahnsinnige mit dem grauenvollen Humor engagiert. Ich hatte die Presse ins Haus geholt. Schlimmer noch: Ich hatte die Prinzessin persönlich zu diesem Debakel eingeladen, als sie am Morgen eingecheckt hatte.

Schon machten sich die wildesten Szenarien in meinem Kopf breit: Eine Prinzessin, die vor Wut kochend aufspringt und den Schauplatz ihrer Demütigung verlässt. Fotografen, die ihr frohlockend hinterherlaufen. Titelseiten über die »haarige Prinzessin«. Erboste Anrufe aus einem europäischen Palast, in denen mein Kopf gefordert wird. Gerüchte, die sich in der Branche verbreiten wie ein Lauffeuer: »Habt ihr schon gehört, was sich der Rath in Südafrika geleistet hat?«

Mein Hotel auf der roten Liste aller Untertanen jener Krone, für alle Zeiten, schlimmer noch: aller Royals, ja aller Prominenten dieser Erde, die als Souvenirs aus dem Urlaub keine üblen Schlagzeilen mitbringen wollen.

Sonst rufe ich Bond

Nichts von all dem geschah. Na ja, fast nichts. Die Titelseiten gab es zwar, und über die kann im Palast niemand glücklich gewesen sein. Doch niemand forderte meinen Kopf. Keine erbosten Anrufe. Keine diplomatische Krise.

Und das habe ich ohne Zweifel jener Frau zu verdanken, die an diesem Abend wirklich royale Qualitäten bewies: der Prinzessin.

Doch zurück zum Moment des Schreckens: Als ich mich von meinem ersten Schock zu erholen begann, versuchte ich so unauffällig wie möglich die Reaktion der Blaublütigen zu prüfen. Ich holte mir Augenschmerzen bei dem Versuch, die Prinzessin von der Seite zu beobachten, ohne mich zu ihr zu drehen – bloß nichts anmerken lassen. Schließlich musste ich feststellen, welche Reaktion jetzt von mir gefordert war, ohne die Situation durch direkten Blickkontakt für sie noch peinlicher zu machen.

In brenzligen Situationen muss man ganz beim Gast sein. Was klischeehaft klingt, ist für einen Hotelier oberstes Gebot und absolut wörtlich zu nehmen: dem Gast jeden Wunsch von den Augen abzulesen.

Hätte der Blick der Prinzessin gesagt: »Bring mich unauffällig hier raus, und zwar auf der Stelle«, hätte ich einen Weg finden müssen, wie ihr Stuhl tatsächlich im Boden versinken konnte. Hätte er gesagt: »Kassier die Kameras ein, sonst rufe ich Bond«, hätte ich das bewerkstelligen müssen. Und hätte er gesagt: »Du bist fällig, mein Lieber!«, hätte ich auch dafür vollstes Verständnis gezeigt und ihr meinen Kopf auf dem Silbertablett präsentiert. »No comment.«

Doch der Blick der Prinzessin sagte – gar nichts. Sie verzog keine Miene, sondern blickte völlig ungerührt mit einem angedeuteten höflichen Lächeln zur Bühne, als ginge sie das alles nichts an.

Ich bewunderte sie dafür, wie sie royale Haltung bewahrte. Auch dann noch, als die Wahnsinnige auf der Bühne minutenlang weitere anzügliche Mutmaßungen über Menschen derselben außergewöhnlichen Haar- und Hautfarbe anstellte, bevor sie endlich von der Prinzessin abließ. Bis zum Schluss war der Prinzessin nichts davon anzumerken, dass sie auf dem heißen Stuhl thronte. Sie saß die Show einfach aus, bedankte sich am Ende sogar noch für die Einladung, als wäre nichts geschehen, und entschwand in ihre Suite. Auch zu den Schlagzeilen des nächsten Tages schwieg sie beharrlich – »no comment«.

Im Grande Roche sahen wir sie allerdings nie wieder.

5 | Peking

Und täglich droht der Gesichtsverlust

Die einzigen normalen Menschen sind die,
die wir nicht richtig kennen

Im Land der wehenden Fahnen

Peking: 20 Millionen Einwohner, geeint durch die kollektive Angst vor dem Gesichtsverlust. Etwas Schlimmeres kann einem Chinesen nämlich nicht passieren. Die Hauptstadt bedeckt eine Fläche so groß wie Thüringen, ist aber zehnmal so stark besiedelt – wer dort mit gesenktem Haupt unterwegs ist, verschwindet einfach in der Masse. 1993 war ich plötzlich einer von diesen 20 Millionen. Herauszustechen war damals für einen blonden Mann in Peking noch nicht schwer, zumal ich mit meinen 1,92 schon in die Knie hätte gehen müssen, um in der Menge unterzutauchen. Doch es sollte nicht lange dauern, bis auch mir der Gesichtsverlust drohte. In China darf man sich seiner Sache nie zu sicher sein.

Als ich in Peking ankam, gab es einerseits erste Anzeichen eines gesellschaftlichen Umbruchs in dem kommunistischen Land, andererseits stand die Stadt noch unter Schock. Keine vier Jahre war es her, dass das chinesische Militär den friedlichen Protest einer demokratischen Freiheitsbewegung auf dem Platz des himmlischen Friedens (Tian'anmen-Platz) und anderen Teilen der Stadt gewaltsam niedergeschlagen hatte. Die aufkeimende Hoffnung auf eine echte Revolution war an diesem Tag jäh erstickt worden. Bis heute ist unklar, wie viele Menschen damals starben, wie viele verletzt wurden – Hunderte, Tausende, niemand weiß es genau. Es war nicht das erste Mal in der über dreitausendjährigen chinesischen Geschichte, dass dieser Platz mit dem Blut der eigenen Bürger getränkt wurde, die nach Freiheit strebten. An diesem Ort hat China der Welt seine verschiedenen Gesichter gezeigt.

Das mulmige Gefühl, mit dem ich Tian'anmen zum ersten Mal betrat, wurde beim Anblick der alltäglichen Geschäftigkeit auf dem schier endlosen Platz erst einmal zurückgedrängt. An diesem Ort fühlt man sich sehr klein – und so soll es wohl auch sein. Die Chinesen tun viel dafür, dass Ausländer die Schokoladenseite der chinesischen Kultur zu sehen bekommen. So schlecht es der Mehrheit der Bevölkerung damals noch ging und vielen noch immer geht – die touristischen Orte wurden und werden aufwendig herausgeputzt. Inmitten der charmefreien, aber imposanten Wucht sozialistischer Architektur fühlte ich mich wie in ein zum Leben erwachtes Propaganda-Plakat versetzt. Hunderte Menschen verteilten sich über den Platz. Erwachsene hielten ein Schwätzchen, Kinder spielten, ein paar der damals noch spärlich gesäten Touristen ließen die Kameras klicken. Das Panorama der riesigen Fläche musste auch den stärksten Weitwinkel überfordern: von der Verbotenen Stadt auf der einen bis zum Mao-Mausoleum auf der anderen Stirnseite des Platzes. Überall blickte ich in freundliche, neugierige Gesichter; damals war man in Peking als großer Blonder noch eine kleine Attraktion. Heute ist das in den Großstädten Chinas längst nicht mehr so.

Lange blickte ich mich auf dem Tian'anmen-Platz um, und irgendetwas störte mich: Die ganz Kulisse fühlte sich gestellt an, zu aufgeräumt, zu sehr um den schönen Schein bemüht. Zunächst schob ich das auf meine Vorurteile. Doch nach einer Weile kam ich darauf, was hier – neben den sozialistischen Prachtbauten – so künstlich auf mich wirkte: An diesem Tag wehte kaum ein Lüftchen in Peking. Wie konnte es sein, dass jede chinesische Nationalflagge, die ich rund um den Platz herum entdeckte, im Himmel stand wie eine Eins und majestätisch im Wind wogte?

Es sollte noch eine Weile dauern, bis ich eine Erklärung für dieses Phänomen fand.

No sex, please

Mit ganz und gar nicht wehenden Fahnen war ich selbst in Peking angekommen. Nicht zuletzt, weil ich die Welt sehen wollte, war ich in die Hotelbranche gegangen. Doch China war nie weit oben auf meiner Liste gewesen. Ein bisschen fühlte der Ortswechsel sich an wie eine selbst gewählte Strafversetzung. Südafrika hatte mich verwöhnt. In dem ausgesprochen kleinen, exklusiven Hotel in Paarl hatte mir der Inhaber praktisch einen Freibrief erteilt. Ich hatte schalten und walten können, wie ich wollte, und der Erfolg des Hauses war mir zu Kopf gestiegen. In Südafrika hatte ich die Leiter nicht mehr höher hinaufklettern können. Die Folge waren zu viele Partys gewesen, zu viel Selbstbestimmung, zu viele Extravaganzen, zu viel von allem. Ich war ein wenig dekadent geworden, denn nichts hatte mich dort am Ende ernsthaft gefordert, niemand mich wirklich gefördert. Wenn ich nicht aufpasste, das hatte ich erkannt, würde ich in der Mittelmäßigkeit versumpfen. Ich wollte zurück in einen größeren Kontext, zurück zur Company, zurück zu Kempinski. Ich wollte mehr darüber lernen, wie ein wirklich großes Unternehmen geführt wurde.

Ich hatte meinen ehemaligen Chef Manfred Schönleben angerufen, der damals Generalbevollmächtigter bei Kempinski war, und ihm vorgeschlagen zurückzukommen. Sein Angebot hatte nicht lange auf sich warten lassen. Doch als ich gehört hatte, dass er mich nach Peking schicken wollte, war ich enttäuscht gewesen: Vom Luxus in den Kommunismus, vom offenen Himmel Südafrikas in den Smog der maoistischen Militärdiktatur?

Peking, das war damals eine wirklich exotische Wahl. Noch exotischer waren jedoch die Arbeitsbedingungen. Als mir die Personalchefin vor Ort, Claudia Sommer, meinen Arbeitsvertrag vorlegte, traute ich meinen Augen nicht: Keine chinesische Freundin – das war die erste Bedingung, die mir ins Auge stach. Mehr noch: kein Sex mit einer Einheimischen während der zweijährigen Vertragslaufzeit. Jeder Verstoß würde mit dem sofortigen Rauswurf aus der Company und aus dem Land geahndet werden. Das erschien mir problematisch, denn ich war inzwischen wieder Single. Cora hatte sich geweigert, mich nach China zu begleiten, und wir hatten unsere Verlobung gelöst.

Na großartig. Ich schaute Ms. Sommer ungläubig an und wartete darauf, dass sie lachen und mir sagen würde, das sei alles nur ein Scherz. Aber das tat sie nicht. Dafür erläuterte sie mir, wie die Personalleitung die Einschränkung der persönlichen Freiheit auszugleichen suchte, nämlich mit dem sogenannten R & R-Programm (Rest & Recreation). Nach jeweils sechs Wochen durchgehender Arbeit bekam man sechs Tage frei, zusätzlich zum regulären Urlaub. Und einen Flug auf Kosten des Hauses noch dazu – wahlweise nach Bangkok, Manila oder Hongkong. Ich konnte es kaum glauben: Offensichtlicher konnte der Zweck dieser Reisen ja wohl nicht sein. In Südostasien konnten die Angestellten treiben, was sie wollten – Hauptsache, sie fassten keine Chinesin im Mutterland an und trieben damit eine Familie in den Gesichtsverlust. Die Chinesen nahmen es sehr ernst mit der Tradition. So ernst, dass meine Arbeitgeber keine Skandale riskieren mochten.

Zuständе wie im alten Rom

Dass ich im Land der Kontrolle gelandet war, wurde mir kurz darauf überdeutlich vor Augen geführt. Einerseits begann die gefühlte Mauer zum Westen in den Köpfen langsam zu bröckeln, andererseits lebten die Menschen hier noch unter einem gnadenlos-grausamen diktatorischen Regime.

Gerade fand in Peking ein asienweites Leichtathletik-Turnier statt, das zur Vorbereitung auf die Bewerbung für die Olympischen Spiele im Jahr 2000 gehörte. Als ich gemeinsam mit einigen Kollegen die Einladung erhalten hatte, im Stadion dabei zu sein, hatte ich mich riesig gefreut − sportbegeistert war ich schließlich schon immer gewesen.

Doch schon wenige Minuten, nachdem wir unsere Plätze im Stadion eingenommen hatten, schlug unsere Vorfreude in Entsetzen um. Nichtsahnend beobachteten wir, wie einige Männer in Häftlingskleidung in die Mitte der Arena geführt wurden. Direkt gegenüber nahmen Männer in Uniform Aufstellung. Sie trugen Gewehre. Nur Sekunden später wurden wir Zeugen eines unfassbaren Verbrechens gegen die Menschlichkeit: Die Uniformierten richteten tatsächlich ihre Gewehre auf die Gefangenen und drückten ab. Ob es nur gespielt war und zur Abschreckung dienen sollte, oder ob es tatsächlich eine Hinrichtung war, erschloss sich nicht.

Nur langsam realisierten wir, was da vor sich zu gehen schien: Das Vorprogramm zur Sportveranstaltung bestand aus öffentlichen Hinrichtungen − wie es 2000 Jahre zuvor im alten Rom praktiziert worden war. Das gesamte Publikum war gezwungen zuzusehen, wie verurteilte Landesverräter den Tod durch Erschießen starben.

Mir wurde schlecht. Tagelang konnte ich nicht richtig essen.

An Schlaf war nicht zu denken, und noch lange Zeit danach fand ich nachts manchmal keine Ruhe, weil ich die Bilder nicht aus dem Kopf bekam. Genau das war der Sinn der Sache: Die öffentlichen Hinrichtungen waren eine Abschreckungsmaßnahme des kommunistischen Regimes. Bis heute rede ich mir ein, dass es nur eine erschreckend realistische Show war und die Hinrichtungen gestellt; sicher bin ich mir bis heute nicht.

Dieser Kontrast zwischen Öffnung und Rückständigkeit, Neugier und Vorbehalten, Hoffnung auf Freiheit und Angst vor Repressalien charakterisierte das Leben in China in den frühen Neunzigern. Ich war in einer Zeit des Wandels nach Peking bekommen, doch die Machtverhältnisse zwischen Volk und Regierenden waren noch immer klar verteilt. Der lange Arm der Mächtigen reichte bis ins Privatleben jedes Einzelnen hinein.

Im goldenen Käfig

In meinem Alltag war ich seltsam isoliert von der restriktiven Lebenswirklichkeit der Chinesen. Ich war in Peking, aber ich war auch nicht in Peking. Im Kempinski-Hotel lebten wir in unserem ganz eigenen, allerdings goldenen, Käfig. Das sogenannte Beijing Lufthansa Center, in das unser Hotel integriert war, kam mir wie eine Stadt in der Stadt vor. Es beherbergte das damals größte Shoppingcenter in China, einen Kindergarten, eine Schule, Hunderte Apartments, Restaurants, Bars, Squashplätze – und mittendrin das Hotel als Leuchtturm des Kapitalismus und der wirtschaftlichen Öffnung gen Westen. Außer ein paar Privilegierten, Politikern und Managern, die Geschäfte mit dem Westen machten, bekamen die Einheimischen all das nicht zu sehen – es sei denn, sie arbeiteten als Kellner oder Zimmermädchen im Hotel. Für diese wenigen Auserwählten fühlte sich der Weg zum Arbeitsplatz wohl jeden Tag an wie eine Grenzüberquerung in eine andere Welt, voll der Verheißungen von Wohlstand und Freiheit. Abends kehrten sie zurück in ihre ärmlichen familiären Verhältnisse. Die wohlhabende chinesische Mittelschicht, die heute die Hotels der Welt bevölkert, gab es damals noch nicht.

In dieser künstlichen Stadt, die viele Charakterzüge einer westlichen Enklave früherer Zeiten trug, war ich zu Hause – und mit mir auch die meisten anderen deutschen Expats, »Auswanderer«, die dem Ruf von Kempinski oder sonstigen westlichen Firmen nach Peking gefolgt waren. Viele Geschäftsreisende verließen das Lufthansa Center während ihres Aufenthalts gar nicht erst und gingen relativ unbekümmert ihren wirtschaftlichen Interessen nach. Uns Dauergästen war aber spätestens seit jener »Sportveranstaltung« bewusst, welche Wirklichkeit außerhalb des Centers in diesem Land noch herrschte.

Deshalb überrascht mich die rasante wirtschaftliche Entwicklung, die China inzwischen genommen hat, auch wenig. Die Motivation der Menschen, aus dem Kommunismus heraus an den Vorteilen des Kapitalismus teilzuhaben, muss enorm sein. Wie groß sie bei manchen schon damals war, erlebte ich am Beispiel von Deng Lang.

Jedem von uns Langnasen wurde in seiner Position ein »Deputy« zugeteilt – ein Chinese, der den jeweiligen Posten nach zwei Jahren übernehmen sollte. Natürlich wollten die chinesischen Mehrheitsteilhaber des Hotels uns Expats schnellstmöglich wieder loswerden – und bis dahin möglichst viel Knowhow mitnehmen, damit es auch ohne weiße Unterstützung lief.

Mein Deputy hieß Deng Lang, er war Anfang 40 und durch gute Beziehungen in der kommunistischen Partei an diesen Job gekommen. Sein Look war typisch für die damaligen Parteifunktionäre: kleine Statur, schlecht gekleidet und mit einer über die Glatze gekämmten Scheitelfrisur – ein Mao für Arme. Doch in seiner Arbeitsmoral war der Mann ein Totalausfall. Anfangs tat ich sein Verhalten noch als Anpassungsschwierigkeit an die marktwirtschaftlichen Prozesse eines westlichen Unternehmens ab, doch nach einigen Wochen bekam ich Zweifel, wie ernst er es mit diesem Job überhaupt meinte.

Deng Lang erschien jeden Tag gegen elf zur Arbeit. Dann ging er erst einmal zum Friseur im Lufthansa Center und ließ sich die Haare legen, um seine Glatze zu verdecken. War das erledigt, nahm er sein Mittagessen im Dragon ein, eines der beiden chinesischen Restaurants im Hotel, und tauchte erst zwei Stunden später wieder auf. Danach begab er sich direkt in sein Büro und schloss die Tür ab. Was er in den folgenden Stunden anstellte, wusste niemand. Erst eine Stunde vor Dienstschluss bekamen wir ihn wieder zu sehen, wenn er einen herrschaftlichen Rundgang durchs Hotel absolvierte. Anschließend machte er sich auf den Weg nach Hause.

Sein Verhalten stellte mich vor ein Rätsel. Der Job war eine riesige Chance für ihn; schon als mein Deputy verdiente er 180 Dollar im Monat, was für damalige Verhältnisse in China ein fürstliches Gehalt war. Außerdem brachte sein Verhalten ein Problem mit sich: Meine Beförderung hing laut Vertrag maßgeblich davon ab, dass ich meinen Deputy fit für den Job machte.

Natürlich nahm ich mir den Kerl mehr als einmal zur Brust. Ergebnis: Deng Lang lachte. Aus vollem Hals. Ich versuchte es sogar mit einem finanziellen Anreiz: Vor seinen Augen zerriss ich zwei Hundertdollarnoten, gab ihm von jeder eine Hälfte und sagte: »Die anderen Hälften bekommst du, wenn du es schaffst, in zwei Jahren meinen Job zu übernehmen.« Deng Lang verzog keine Miene.

Er war stets nett zu mir, aber für den Job interessierte sich dieser Chinese nicht die Bohne. Ich drang einfach nicht zu ihm durch. Bis ich einige Monate später ins Büro meines Vorgesetzten gerufen wurde, wo große Aufregung herrschte. Der Direktor begrüßte mich mit den vorwurfsvollen Worten: »Deng Lang hat gekündigt. Wie konnte das passieren?« Sein Unverständnis und das der chinesischen Mehrheitsteilhaber konnte ich gut nachvollziehen: Im kommunistischen China war Kündigung keine Option.

Das Mysterium wurde einige Zeit später aufgelöst: Wie sich herausstellte, hatte Deng Lang all seine »freie Zeit« dazu genutzt, ein äußerst erfolgreiches Biergarten-Restaurant einer bayerischen Traditionsmarke zu benchmarken. Betuchte Chinesen rannten diesem Laden die Türen ein – erfüllte es doch alle beliebten Klischees über den Westen. Deshalb hatte Deng Lang sich für seinen Job bei Kempinski nicht interessiert: Er hatte sein Geschäftsmodell entdeckt und die Monate der Anstellung bei uns dazu genutzt, den bayerischen Betrieb auszuspionieren.

Kurze Zeit später eröffnete Deng Lang einige Straßen weiter ein Biergarten-Restaurant, das das erfolgreiche Original in jedem Detail kopierte.

Die Eigentümer des echt bayerischen Restaurants wollten sich das natürlich nicht gefallen lassen und Deng Lang verklagen. Doch der blieb gelassen und beantwortete die Drohung mit den Worten: »Fuck you – sue me in China.« Er wusste: Es wäre völlig aussichtslos gewesen. Der Mann hatte seine Hausaufgaben gemacht. Und seine Rechnung ging auf: Sein Fake-Biergarten wurde, genau wie das Original, ein Renner bei der wachsenden Elite der Stadt. Deng Lang war der erste Chinese, der mit einem roten Ferrari durch Peking fuhr.

Eine Langnase für alles

Schnell merkte ich, wie bedeutsam das Gesicht eines Menschen in China tatsächlich war. So bedeutsam, dass man im Zweifel mehr als eines brauchte. Ständig hatte ich eine Rolle zu spielen, und die hatte vor allem mit meinem Aussehen zu tun. Anfangs hatte ich das Gefühl, ich wäre als Dressman eingestellt worden. Meine Qualifikation: groß, blond, deutsch. Für die Chinesen war ich in erster Linie eine »Langnase«. Und für so eine typische Langnase fand sich in Peking allerlei Verwendung.

Eigentlich war ich als stellvertretender Gastronomiechef eingestellt worden – drei Stufen unterhalb meiner vorherigen Anstellung als stellvertretender Direktor des Grande Roche in Paarl. Dafür arbeitete ich jetzt in einem 570-Zimmer-Hotel mit 18 Bars und Restaurants. Das Kempinski Peking war derart groß, dass wir uns auf Rolltreppen durch das Gebäude bewegten.

Mit einem Job als Führungskraft hatte meine Arbeit in diesem Palast jedoch oft wenig zu tun. Nicht selten beschränkte sich meine Verantwortung auf einen einzelnen Gast, dem gezielt eine Langnase als persönlicher Vorzeige-Kellner zugeteilt wurde. Für die chinesischen Mehrheitsteilhaber – Spitzenfunktionäre der staatlichen Gewerkschaft – war es ein Vergnügen, wenn sie ihren privilegierten Landsleuten demonstrieren konnten: Schaut her, ich kann mir sogar einen weißen Kellner leisten. Unter diesen Gästen war zum Beispiel die erste Frau in der chinesischen Regierung, Ministerin Hu. Ich habe noch ein Foto davon, wie ich hinter ihr stehe und ihr Wasser einschenke, während sie mich ganz verträumt anstrahlt.

Häufig kamen in dieser Zeit auch hochrangige deutsche Politiker nach China und residierten während ihrer Staatsbesuche im Kempinski. Am meisten beeindruckt hat mich Helmut Kohl, dem ich sozusagen als Butler zugeteilt wurde. Als ich ihm das erste Mal begegnete, war ich gleichzeitig stolz und nervös. Kohl gehörte zu jenen Ikonen der Bundesrepublik, die ich bewunderte, schließlich war ich praktisch unter seiner Kanzlerschaft erwachsen geworden. Ausgerechnet im kommunistischen China bekam ich es ganz persönlich mit ihm zu tun, nicht im Vorbeigehen, sondern in der privaten Atmosphäre seiner Suite. Dort ging ich während seines Aufenthalts ein und aus, und auch bei einigen Meetings in der Suite war ich ständig in seiner Nähe.

Zu meiner großen Überraschung war die Demut in unseren Begegnungen auf seiner Seite genauso stark ausgeprägt wie auf meiner, wenn auch aus ganz anderen Gründen. Der damalige Bundeskanzler hatte nämlich etwas mit meiner Mutter gemeinsam: Er konnte mit dem Konzept eines persönlichen Butlers herzlich wenig anfangen. Die Umstände um seine Person waren ihm regelrecht unangenehm. Im Gegensatz zu vielen anderen Politikern, die ich über die Jahre kennengelernt habe, erlebte ich Helmut Kohl als ausgesprochen unprätentiösen Menschen. Für einen Staatsmann, der gerade erst die größte westliche Revolution der Nachkriegszeit maßgeblich gestaltet hatte, reiste er mit erstaunlich leichtem Gepäck. Die Prägung des Kriegskinds machte sich bei ihm, im Gegensatz zu seinem Nachfolger, dem Brioni-Kanzler Gerhard Schröder, nach meinem Eindruck deutlich bemerkbar. Ich habe selten einen unkomplizierteren Gast gehabt als den Kanzler der deutschen Einheit.

Schweine in Peking

Von der Genügsamkeit eines Helmut Kohl hätten sich viele der Deutschen, die sich längere Zeit in Peking aufhielten, eine große Scheibe abschneiden können. Leider kamen damals nicht nur die angenehmen Seiten der westlichen Kultur in China an. Viele der Expats nutzten die Vorteile, die ihre weiße Hautfarbe mit sich brachte, hemmungslos aus. Manchmal fragte ich mich, warum China die Grenzen nicht gleich wieder dicht machte, so unangenehm führten sich manche der deutschen »Auswanderer« auf, wenn kein wichtiger Chinese ein Auge auf sie hatte. Viele von ihnen waren dazu noch leidenschaftliche Alkoholiker und hatten nach einigen Jahren in der Fremde jedes Maß verloren — kaputte Typen, von denen ich in Peking und später auch in Südostasien viel zu vielen begegnet bin.

Zwei von diesen mir unsympathischen Kerlen waren mein Chef, der Gastronomieleiter, und der Küchenchef. In der Grand Hotellerie ging es damals noch mehr als heute extrem hierarchisch zu — wer in einer entsprechenden Position war, meinte, er könne mit seinen Untergebenen mehr oder weniger umgehen, wie es ihm gefiel.

Erschwerend kam hinzu, dass der Gastronomiechef der wahnwitzigen Überzeugung war, ich sei von Kempinski eingeschleust worden, um ihn auszuspionieren und zu Fall zu bringen. Er war der paranoiden Überzeugung, dass seine Position mit einem treuen Diener der Company besetzt werden sollte. Und für den hielt er mich nun: Carsten, der Agent seiner Majestät. Die Wahrheit sah ganz anders aus. Die meiste Zeit über hatte ich alle Hände voll damit zu tun, mich in dieser feindseligen Atmosphäre zurechtzufinden und selbst nicht unter die Räder zu geraten. Wenn einer von uns beiden einen Grund hatte, um seinen Job zu fürchten, dann war ich das.

Denn dieser Chef tat vom ersten Tag an alles, um mich zu diskreditieren. Mich zu piesacken wurde zu seinem Hobby. Jeden Tag ließ er mich wissen: »Ich finde einen Weg, um dich loszuwerden.« Viel zu oft ging ich abends mit der Sorge ins Bett, dass morgen mein letzter Arbeitstag sein könnte. Ich war ständig unter Druck – der kleinste Fehler hätte ihm einen Anlass gegeben, um mich mit einem Tritt in den Hintern aus dem Hotel zu befördern.

Fast wäre es ihm gelungen. Ich war jung und in puncto Firmenpolitik unbeleckt – worauf ich mich mit der Verpflichtung in Peking wirklich eingelassen hatte, war mir vorher nicht klar gewesen. Bisher hatte ich mich immer durch harte Arbeit behaupten können. In der Situation, dass jemand strategisch gegen mich arbeitete und sich nicht im Mindesten für meine Leistung interessierte, war ich bis dahin nicht gewesen. Nicht einmal bei Klaus-Dietrich in Hinterzarten.

Zwei Wochen, nachdem ich die Stelle angetreten hatte, sollte das Hotel einen neuen General Manager bekommen. Ein solcher Wechsel war mit einer großen Zeremonie zur Verabschiedung des alten Direktors und Begrüßung seines Nachfolgers verbunden. Sogar der damalige Vorstandsvorsitzende der Kempinski Group, der Vorstand der Lufthansa und diverse ranghohe Chinesen waren an diesem Abend anwesend. Im Anschluss an die offizielle Zeremonie wurde im exklusivsten Saal des Hotels ein Gala-Dinner für die knapp 30 wichtigsten Gäste gegeben – einer bedeutender als der andere.

An diesem Abend sah der Gastronomiechef seine Gelegenheit gekommen, um mich loszuwerden, unterstützt vom Küchenchef. Eine halbe Stunde vor Beginn des Gala-Dinners rief er mich zu sich und eröffnete mir: »Übrigens, Carsten, du bist heute Abend der Banquet Manager. Du bist für dieses Dinner verantwortlich.«

Ich kippte fast aus den Latschen. Völlig irritiert entgegnete ich ihm: »Das ist ein Ding der Unmöglichkeit. Ich kenne das Menü nicht, ich konnte die Laufwege nicht mit den Kellnern trainieren, die Gäste sind mir unbekannt. In einer halben Stunde kann ich kein reibungsloses Gala-Dinner einstudieren oder auch nur organisieren. Das schafft keiner.«

Dieser letzte Satz erhellte sein Gesicht mit einem breiten Grinsen. »Genau«, sagte er, »das schafft keiner. Auch du nicht. Und deshalb wirst du dich heute schön vor den Vorständen blamieren.«

Ich geriet in Panik. Was sollte ich tun? Ich konnte doch nicht tatenlos zusehen, wie dieser Typ mich in die Pfanne haute! All die Jahre der Arbeit, alles, was ich bisher erreicht hatte, konnte in wenigen Stunden null und nichtig sein. Gerade erst war ich zu Kempinski zurückgekehrt – und nun stand ich kurz davor, meinen guten Ruf für immer zu verlieren. Wie hätte das denn ausgesehen: Kaum setzte man mich auf eine leitende Funktion in einem richtig großen Hotel, und schon versagte ich beim ersten Bankett? So würde es nach außen aussehen. Die Gäste an diesem Abend würden immerhin genau die Leute sein, die mein Schicksal in der Company mit einem Fingerzeig besiegeln konnten. Mich vor ihnen zu blamieren, würde mein Ansehen beim Kempinski-Vorstand ruinieren. Im schlimmsten Fall würde ich nie wieder einen Fuß auf den Boden bekommen.

Ich brauchte Unterstützung. Ich musste mit jemandem sprechen, dem ich vertrauen konnte. In meiner Verzweiflung machte ich hastig meinen Freund und Kollegen Sascha Kurz ausfindig, mit dem ich schon in Kapstadt gearbeitet und der mit mir nach Peking gekommen war. Sascha war als Restaurantleiter tätig. Inständig hoffte ich, dass er einen Ausweg wusste. Ich selbst stand so unter Schock, dass ich kaum noch klar denken konnte.

Sascha ließ mich nicht hängen. Er erkannte den Ernst der Lage sofort, dachte kurz nach und sagte dann: »Tja, Carsten, da müssen wir wohl die ganz harte Nummer fahren.« Noch wusste ich nicht, was er meinte – aber in dieser Situation war ich für jede Hilfe dankbar.

Er erläuterte mir, was er vorhatte. Wären wir genauso abgebrüht gewesen wie die beiden Expats, mit denen wir es zu tun hatten, hätte dieser Notfallplan uns wohl eine diebische Freude bereitet. Das Gegenteil war der Fall: Wohl fühlten wir uns beide nicht damit. Doch wir hatten keine Wahl: Das hier war Notwehr. Entweder würden wir über die Klinge springen oder die beiden selbst ernannten Fürsten von Peking. Einen Mittelweg gab es nicht. Wir mussten sie mit ihren eigenen Waffen schlagen. Mit ihrer vergifteten Politik kannten wir uns vielleicht nicht aus, mit der Gastronomie dagegen schon. Und so gingen wir mit einem flauen Gefühl im Magen und zittrigen Knien daran, unser Vorhaben in die Tat umzusetzen.

Und so sah Saschas Plan aus: In einer großen Hotelküche werden immer fünf Prozent mehr gekocht als notwendig. Im Normalfall reicht das als Reserve, falls etwas schiefgeht. Es sei denn, irgendetwas geht gewaltig schief.

Hastig teilten wir das Personal so ein, dass Sascha und ich mit den Kellnern gemeinsam bedienten – und zwar die wichtigsten Gäste. Jeder Kellner konnte nur zwei Teller tragen, weil die jeweils mit einer silbernen Gloche bedeckt und deshalb sehr schwer waren. Als der Hauptgang fertig war und wir in die Küche gingen, um die ersten Teller abzuholen, stießen mein Vorgesetzter und sein Küchenchef dort bereits mit einem Weißbier darauf an, dass sie mich, den vermeintlichen Spion der Company, bald los sein würden.

Der schicksalhafte Moment war gekommen: Auf dem Weg in den Saal scherten wir beide im Gang am Ende der Reihe der Kellner aus, bogen nach rechts ab und versenkten mit zitternden Knien die vier Teller, die wir trugen, einschließlich der Glochen in einer Mülltonne ein Stück abseits von der Küche. Dabei blickten wir uns ständig um – schließlich durften wir auf keinen Fall entdeckt werden. Bevor wir den Deckel zurück auf die Tonne legten, stopften wir noch einen vollen Müllsack hinein, um die Teller zu tarnen. Würde jemand das Versteck entdecken, bevor die Tonnen das nächste Mal geleert wurden, wären wir geliefert. Nachdem alles erledigt war, gingen wir zurück in die Küche. Ich sagte: »Chef, es fehlen vier Hauptgänge.«

Daraufhin flippte der Küchenchef völlig aus und brüllte uns an: »Das kann nicht sein! Ich habe die Teller durchgezählt!« Beim Anblick seines wutverzerrten Gesichts wurde mir angst und bange. Schließlich hatte ich so etwas noch nie gemacht – einen Kollegen zu sabotieren. Doch er selbst hatte mich dazu gezwungen. Ich selbst zwang mich, mir nichts anmerken zu lassen, und erwiderte so ruhig wie möglich: »Ich kann nur sagen, es fehlen vier Hauptgänge.«

Meine beiden Chefs wussten: Vier Portionen konnten sie aus der zusätzlich gekochten Reserve nicht zaubern. Jetzt hatten sie ein Problem. Und plötzlich waren sie es, die es mit der Angst zu tun bekamen.

Inzwischen standen draußen im Saal 26 Hauptgänge vor 26 Gästen – nur die vier ranghöchsten Gäste, darunter der Kempinski-Chef und der neue General Manager Bob Barsby, hatten noch nichts zu essen. Dass wir ausgerechnet diesen Gästen ihr Essen vorenthalten hatten, fiel nicht weiter auf: Um das Gesicht der anwesenden chinesischen Würdenträger gegenüber den Langnasen zu wahren, gebot es unsere Höflichkeit als Gastgeber, die chinesischen Gäste zuerst zu bedienen.

Als ich wieder in den Saal kam, nahm mich der Kempinski-Boss, der mich bereits aus Gravenbruch kannte, beiseite und sagte: »Carsten, das hier ist nicht gut. Das ist gar nicht Kempinski-like.«

Jetzt wurde es ernst. Wenn unsere Notwehraktion Wirkung zeigen sollte, mussten wir dafür sorgen, dass die Schuld für den Fehler nicht bei uns gesucht wurde, sondern beim Gastronomiechef. Wenn es uns nicht gelang, die Kempinski-Vertreter darauf aufmerksam zu machen, wo in diesem Haus das Problem lag, würden wir am Ende des Abends ohne Job dastehen – und die echten bösen Buben würden sich ins Fäustchen lachen.

Deshalb ging ich ging zu Bob Barsby, der an diesem Abend inthronisiert worden war, und sagte ihm leise ins Ohr: »Ich schlage vor, wir gehen mal gemeinsam in die Küche. Vielleicht können wir dort eine Lösung für dieses Problem finden.«

Der neue Chef folgte meinem Vorschlag. In der Küche fand er seinen Gastronomiechef und seinen Küchenchef vor: Hochrot im Gesicht und von der Situation überfordert saßen sie breitbeinig auf der Anrichte am Pass – jeder mit einem Weißbier am Hals. Dass das keine Ausnahme war, erschloss sich Bob Barsby auf den ersten Blick: Die Bierbäuche der beiden ragten in den Küchendunst, als hätten sie die vier fehlenden Teller samt Glochen selbst verschluckt. Da gab es für ihn nicht viel zu überlegen: Alkohol war den Angestellten während der Arbeitszeit streng verboten.

Natürlich gingen auch innerhalb meines Verantwortungsbereichs an diesem Abend ein paar Kleinigkeiten schief, denn ein Gala-Dinner eine halbe Stunde vor Beginn sauber zu organisieren und durchzuziehen wäre tatsächlich nicht möglich gewesen. Der Sabotageplan des Küchenchefs wäre also möglicherweise erfolgreich gewesen. Doch nach dieser Pleite interessierte sich für die kleineren Mängel im Service an diesem Abend kein Mensch mehr.

Bald darauf wurde mir der Job meines Chefs übertragen, und ich blieb für die restliche Laufzeit meines Vertrags Gastronomieleiter in diesem Haus.

Bob Barsby nahm sich seit diesem Abend meiner Fortbildung in Sachen Hotellerie persönlich an. Manchmal holte er mich aus meinem Büro ab, damit ich ihn auf seinen täglichen Hotelrundgängen begleiten konnte. Er war ein Detailfuchs und sah Dinge wie durch eine Lupe. Während wir durch das Hotel gingen, zeigte er mir alle möglichen Kleinigkeiten, auf die ich in Zukunft achten sollte: durchgebrannte Glühbirnen, volle Aschenbecher, Möbel, die nicht richtig standen. Selbst die Blume, deren Blüte dem Gast den Rücken zukehrt, fiel ihm auf und wurde sogleich neu arrangiert. Irgendwann drehte er den Spieß um und bat mich, ihn auf Details aufmerksam zu machen. Jedes Mal, wenn ich etwas übersah, stoppte er mich und sagte in seinem spröden englischen Humor: »If you look, boy, see! – Wenn du dich umschaust, dann sieh richtig hin!«

Von Bob Barsby habe ich gelernt, mit den Augen eines Grand Hoteliers zu sehen.

Die Nacht der langen Messer

Schon bald stellte ich fest, dass die Chinesen eigentlich sehr offene Menschen waren. Die bedrohliche Kulisse wurde lediglich durch das Regime aufrechterhalten. Wann immer ich es mit den Menschen direkt zu tun bekam, verliefen die Begegnungen nicht mehr und nicht weniger kompliziert als in vielen anderen Ländern.

Und das galt, allen Regelwerken und Arbeitsverträgen zum Trotz, auch für die Damenwelt. Es gab viele Frauen, die sich den westlichen Gästen durchaus nicht verschlossen und die sich in ihrer Neugier auch von keinem Vorurteil abschrecken ließen. Mit einer Chinesin bekam ich es – um es vorsichtig auszudrücken – besonders intensiv zu tun. Für ihre Zuneigung bezahlte ich eines Abends nämlich beinahe mit meinem Leben.

Una war ethnisch und auch sonst in jeder Hinsicht keine durchschnittliche Chinesin. Sie gehörte zum Stamm der Mosuo, eine vorwiegend im Südwesten Chinas angesiedelte Bevölkerungsgruppe tibetobirmanischer Sprache, deren Stammesstruktur matriarchalisch geprägt ist. Die soziale Organisation der Mosuo ist für unsere Verhältnisse, sagen wir mal: gewöhnungsbedürftig. Von der Ehe halten sie nicht viel. Sie praktizieren stattdessen eine Besuchsbeziehung – was das bedeutet, dazu komme ich noch. Die Mosuo sind der Überzeugung, dass Mann und Frau nicht als Paare zusammenleben sollten, sondern jeder nur mit Blutsverwandten unter einem Dach leben sollte. Es sind die Frauen, insbesondere die Mütter, die bei ihnen das Sagen haben; sie haben einen höheren Status als die Männer, die vor allem für schwere körperliche Arbeiten zuständig sind. Alles andere ist bei den Mosuo Frauensache.

Trotz ihrer bäuerlichen Herkunft hatte Una es weit gebracht. Immer schon hatte sie das mondäne Leben eines Stars führen wollen, das zu einer schönen Frau wie ihr passte. Und das war ihr dank ihrer unglaublichen Power auch gelungen. Zu diesem Zweck war sie sogar nach Kanada gegangen – wie auch immer sie das angestellt hatte im damals geschlossen kommunistischen China – und hatte sich dort mit ihrer Hartnäckigkeit, ihrer Schönheit und ihren Schauspiel- und Gesangstalenten aus eigener Kraft in die Filmbranche katapultiert. Nachdem sie ihr Ziel erreicht hatte, im Westen als Schauspielerin anerkannt zu werden, war sie nach China zurückgekehrt.

Das Rollenbild des Mannes, das in der Stammesgemeinschaft der Mosuo gepflegt wird, hatte Una allerdings im Westen nicht abgelegt. Bei den Mosuo müssen die Männer des Dorfes abends unter den Bäumen singen, damit die Frauen ihnen Einlass in die Baumhäuser gewähren – die sind nämlich ihnen vorbehalten. So etwas wie Treue kennen die Frauen in diesem Stamm nicht, außerdem sind allein sie es, die die Wahl haben. Was sich für viele Frauen hierzulande vielleicht verlockend anhört, wurde für mich zu einem echten Problem: Diese Unterordnung erwartete Una unglücklicherweise auch von mir.

Als ich sie kennenlernte, war sie bereits einer der größten weiblichen Topstars in China. Ich war von ihr fasziniert, und sicher übte das Verbot, intime Beziehungen zu Einheimischen aufzubauen, in meinem jugendlichen Leichtsinn einen gewissen Reiz auf mich aus. Hätte ich geahnt, was es mit Unas Herkunft auf sich hatte, hätte ich mich trotzdem nicht auf die Beziehung eingelassen. Leider war ich anfangs völlig ahnungslos, was das betraf. Wie sehr sie mich zu kontrollieren versuchte, fiel mir zwar schon bald auf. Doch es dauerte eine Weile, bis mir klar wurde, dass wir völlig unterschiedliche Vorstellungen von unserer Beziehung hatten. Wäre es nach ihr gegangen, hätte ich sämtliche Frauen aus der Belegschaft des Kempinski feuern müssen, um ihr keinen Anlass zur Eifersucht zu geben.

Unsere letzte Begegnung vor jenem verhängnisvollen Abend hatte in einem gewaltigen Streit geendet. Seitdem hatte Funkstille geherrscht; ich wusste nicht, wie ich ihr begreiflich machen sollte, dass ich nicht in Ketten leben konnte. Gleichzeitig hatte ich ein schlechtes Gewissen: Sie konnte ja nichts dafür, dass sie mit diesen – für meine Begriffe – seltsamen Vorstellungen von Beziehungen aufgewachsen war. Und auch nicht dafür, dass sie sich in mich verliebt hatte.

Einige Tage nach diesem Streit war ich zu einer Veranstaltung in der Deutschen Botschaft eingeladen. Bevor ich das Gebäude betrat, fiel mein Blick zufällig auf die deutsche Flagge über dem Eingang. Schlaff baumelte sie in der lauen Abendluft. Da fiel es mir wie Schuppen von den Augen: Die chinesischen Flaggen, die überall in der Stadt stramm an ihren Masten flatterten, wurden angeblasen! Mein Verdacht bestätigte sich, als ich mich später danach erkundigte: Jede Flagge an repräsentativen Orten hat ihre eigene Windmaschine. Mag Ruß in den Himmel steigen, bis man die goldenen Sterne auf rotem Grund nicht mehr erkennen kann: Das Symbol der kommunistischen Machthaber hat strammzustehen im Smog der Hauptstadt. Die Angst vor dem Gesichtsverlust macht in China nicht einmal vor den Fahnenmasten halt.

Und leider auch nicht vor Una. Ich begrüßte gerade die Frau des Botschafters, als sie mir plötzlich gegenüberstand. Sie sah mich an, als hätte ich sie gerade betrogen – allein dadurch, dass ich einer anderen Frau die Hand geschüttelt hatte. Sofort schickte sie sich an, unsere Auseinandersetzung fortzusetzen; scheinbar hatte sie förmlich auf diese Gelegenheit gewartet.

Praktisch mit Schaum vor dem Mund konfrontierte sie mich mit ihrer rasenden Eifersucht. Sie warf mir vor, ich sei auf Brautschau, anstatt mich um sie zu kümmern. Sie verfluchte mich in allen Tonarten. Ich versuchte ihr auszuweichen, damit die Szene nicht ausartete, doch sie ließ nicht locker.

Selbst als ich die Botschaft überstürzt verließ, um weiteres Aufsehen zu vermeiden, folgte sie mir. Sie war ganz offensichtlich noch nicht fertig mit mir. Als ich meine Schritte beschleunigte und sie mir dennoch auf den Fersen blieb, schwante mir langsam, dass ich es hier nicht mit normaler Eifersucht zu tun hatte. Für einen außenstehenden Betrachter mussten wir ein amüsantes Bild abgeben: Ein junger Mann von 1,92 Meter, der vor einer zierlichen kleinen Chinesin davonläuft. Doch ich wusste einfach nicht, wie ich mit der Situation umgehen sollte. Handgreiflich geworden war Una schon zuvor, und ich wollte um jeden Preis vermeiden, mich verteidigen und ihr womöglich wehtun zu müssen.

Dass ich nur die Wahl zwischen Flucht und Selbstverteidigung hatte, bestätigte sich, als ich mich umdrehte und erblickte, was sie bei sich trug. In diesem Moment wurden mir zwei Dinge klar: Una war gerade nicht bei klarem Verstand. Und: Hier ging es nicht mehr nur darum, eine Szene zu vermeiden. Das konnte richtig hässlich werden. Und das wurde es dann auch.

Una trieb mich in dieser Nacht, bewaffnet mit einem Messer und einer Schere, durch die halbe Stadt. Im Smoking und steifen Lackschuhen rannte ich um mein Leben durch das nächtliche Peking. Una stürmte im Cocktailkleid hinterher. Sie verfolgte mich bis in die Lobby des Kempinski, wo ich mich fälschlicherweise in Sicherheit wähnte. Doch genau dort erwischte sie mich schließlich. Bei einem Ausleger mit der Schere traf sie mich am Handgelenk, mit dem ich die Attacke abzuwehren versuchte. Dabei erwischte sie meine Pulsader. Im nachfolgenden Handgemenge flog meine Uhr, ein Geschenk meines Vaters, in hohem Bogen durch die Halle und ging zu Bruch.

Ich blutete wie verrückt. Innerhalb kürzester Zeit sah es in der Lobby aus wie in einem Schlachthof. Es war ein Uhr nachts, doch der Aufruhr war beachtlich. Die wenigen noch anwesenden Gäste stoben auseinander und beobachteten das Spektakel mit ungläubigen Blicken aus sicherer Entfernung.

Merkwürdigerweise war meine größte Sorge in dem Moment nicht, dass Una mich umbringen könnte, obwohl sie in ihrem Wahn eindeutig genau darauf aus war. Vielmehr hatte ich Angst, dass ich meinen Job verlieren würde. Immerhin lieferte ich mir hier mit einer wildgewordenen Chinesin im Kempinski Peking ein Duell um Leben und Tod wie in einem schlechten *Kill-Bill*-Abklatsch. Und die Frau war auch noch berühmt: Eine Strafverfolgung gegen sie, so viel war klar, würde es garantiert nicht geben. Würde diese Geschichte öffentlich werden, wäre ich das einzige Opfer und garantiert als Täter des Landes verwiesen worden.

Nach weiterem Gerangel und Geschrei kam Una glücklicherweise zur Besinnung, ließ von mir ab und verschwand. Wahrscheinlich war ihr bewusst geworden, dass dieser Ort dann doch zu öffentlich war, um mich dort hinzurichten.

Glücklicherweise hatte an diesem Abend Gordon Myers – der einfallsreiche Cheftechniker des Hotels, zu dem ich einen guten Draht hatte – Dienst als Duty Manager. Nachdem Una sich aus dem Staub gemacht hatte, holte er einen Notarzt aus der benachbarten deutschen Klinik, die zum Lufthansa Center gehörte. Während ich dort behandelt wurde, gelang es Gordon, die Spuren des Angriffs zu beseitigen und den Vorfall zu vertuschen.

Auf ihre eigene Weise kämpfte auch Una gegen den Gesichtsverlust an: Sie konnte nicht hinnehmen, dass ich mich ihr nicht bedingungslos unterordnen wollte. Einen meiner Nachfolger soll es noch schlimmer erwischt haben, wie mir Jahre später zu Ohren kam. Eines Nachts soll sie seine Wohnung angezündet haben, während er schlief. Glücklicherweise überlebte auch er die Affäre.

Und die Moral von der Geschicht´?

Niemand kann einem Menschen das Gesicht rauben, wenn er es nicht zulässt. In China konnte ich mich allen Widrigkeiten zum Trotz einmal mehr rasant hocharbeiten. Ich begegnete echten Freunden und Partnern fürs Leben. Ich lernte allerdings auch unmissverständlich, dass es Eifersucht, Intrigen, Charakterschweine, Verbrecher und Ausbeuter überall auf der Welt gibt. In der Welt der Hotellerie ist eben die Wahrscheinlichkeit um ein Vielfaches höher als anderswo, dass man neben all den wunderbaren Menschen auch den Verrückten im eigenen Haus begegnet. In China bekam ich eine Menge von beiden zu Gesicht.

Ein Hotel ist tatsächlich wie eine eigene kleine Welt − mit guten und mit schlechten Menschen. Mich eingeschlossen: Hotels haben das Gute und das weniger Gute in mir zum Vorschein gebracht, in Peking und in jeder anderen Stadt. Dafür liebe ich sie: Hotels sind Leben pur.

In China wurde ich gemobbt, unter Wert verkauft, von meinen eigenen Kollegen zum Abschuss freigegeben und wäre um ein Haar in der Lobby des Kempinski-Hotels verblutet. Doch ich durfte auch erleben, wie mein enger Freund Sascha bedingungslos zu mir stand, als ich ihn am dringendsten brauchte. Peking war ein hartes Pflaster, doch es war auch sehr gut zu mir.

Wenn man das Leben in vollen Zügen genießt und keine Herausforderung auslässt, macht man sich mindestens genauso viele Feinde wie Freunde. Und wenn man dabei auch noch Erfolg hat, gibt es immer einen, dem das nicht gefällt und der einem an den Kragen will. Das ist der Preis des Erfolgs. Bevor ich mit Mitte 20 ins Lufthansa Center gezogen war, hatte ich das nicht gewusst. Meine Zeit dort hat mich diese Lektion gelehrt, die mir bis heute schon oft den Hals gerettet hat.

6 | Dresden

Schweine und Diamanten

Sprachbarriere, die Erste:
Die »Schatzis« von Peking

Mit einem Paukenschlag endete mein anderthalbjähriger Auf-
enthalt in Peking: Einige Wochen, bevor mich der Ruf in neue
Kempinski-Hotels ereilte und nicht lange nach dem Debakel
mit Una, lernte ich eine junge Frau kennen, die alles verändern
sollte. Dieses Mal verstieß ich nicht gegen eine Vertragsklausel:
Susanne war Deutsche. Sie arbeitete damals als Management
Trainee im Kempinski Peking. Weil das Haus so riesig und die
Belegschaft so umfangreich war, waren wir uns bis zu jenem
Tag nicht begegnet.

Einen Tag vor einer Veranstaltung mit dem spanischen Bot-
schafter war ich gerade mit Sascha im Hotel unterwegs, um
Vorbereitungen für das Bankett zu treffen, als uns plötzlich
zwei Damen hektisch zuwinkten und lautstark nach uns riefen.
Es waren Susanne und ihre Freundin Veriola, die ebenfalls im
Hotel arbeitete. »Hallo«, begrüßte mich Susanne, »du musst
Carsten sein.«

Ich war gerade im Stress. Außerdem war ich irritiert, weil
die beiden so einen Wind gemacht hatten, auch ein wenig pi-
kiert ob der informellen Anrede. Genervt antwortete ich: »Soweit ich mich erinnere, waren wir nie miteinander im Sand-
oder einem anderen Kasten, also ist mein Name Herr Rath.
Und Sie sind bitte?«

Susanne warf mir einen scharfen Blick zu und erklärte, sie
sei zu mir geschickt worden, weil sie Spanisch spreche und ich
ja wohl nicht; sie solle an diesem Abend für den Botschafter

dolmetschen. Der reuige Blick, den ich ihr daraufhin schenkte, bewirkte rein gar nichts – reichlich unterkühlt besprachen wir den Ablauf der Veranstaltung und gingen dann wieder unserer Wege.

Weder Sascha noch ich ahnten in diesem Moment, das wir die beiden Frauen einmal heiraten würden.

Bevor ich Susanne näher kennenlernte, bekam ich erst einmal, was ich verdiente. Meine Geringschätzung rächte sich gleich am nächsten Morgen. Gerade war ich damit beschäftigt, ein Poster in einem der riesigen Glaskästen in der Lobby auszutauschen, in denen wir spezielle Angebote und Veranstaltungen bewarben. Der Kasten war etwa zwei mal drei Meter groß. Ich hatte geglaubt, ich könnte das mal schnell nebenbei machen, ohne Mitarbeiter dafür bereitstellen zu müssen. Damit hatte ich mich verschätzt. Die Glasscheibe, hinter die die Plakate gehängt wurden, war wahnsinnig schwer. Leider fiel mir das erst auf, als ich sie aus ihrer Halterung gelöst und keine Hand mehr frei hatte, um das Poster aufzuhängen. Ich ächzte unter dem Gewicht und begann mich nach Rettung umzusehen: Jemand musste das Plakat hinter die Scheibe schieben und mir dabei helfen, sie wieder einzusetzen.

Zu meiner großen Erleichterung entdeckte ich am anderen Ende der Lobby Susanne und Veriola und rief nach ihnen. Aus Gewohnheit tat ich das in Mandarin: »Xiǎojiě! Xiǎojiě!« In China ist das eine sehr höfliche Form der Anrede für eine junge Dame; man könnte das Wort mit »Fräulein« übersetzen.

Das Problem war nur: Die beiden sprachen kein Mandarin und verstanden daher, was sie hörten: »Schatzi, Schatzi!« Klingt ungefähr genauso – besonders, wenn man Mandarin mit einem deutschen Akzent spricht. Dazu wedelte ich auch noch mit der Hand, die ich mir mit Mühe freikämpfte, mit dem

Zeigefinger nach unten gerichtet – so wie man es in Deutschland eher mit einem Hund oder einem ungezogenen Kind tun würde. In China ist aber auch dies eine sehr höfliche Geste; die die beiden Damen freilich genauso missverstanden wie meinen Hilferuf. Sie sahen in mir nur den arroganten Typen vom Vortag, wie er sie mit dem Finger wedelnd und »Schatzi, Schatzi!« brüllend zu sich beordern wollte. Sie antworteten mit einem anderen Finger, den man wohl in den meisten Ländern der Welt gleich interpretieren würde, und freuten sich im Übrigen außerordentlich über meine Notlage.

Zum Glück kamen in diesem Moment einige chinesische Angestellte vorbei, die mir aus der Klemme halfen. Sobald die Scheibe aus meinen Händen war, blickte ich mich atemlos nach den beiden Frauen um, um mich zu erklären. Aber sie hatten sich aus dem Staub gemacht.

Und ich war verliebt. Eine Frau, die einem Macho-Vorgesetzten den Finger zeigt – an der musste was dran sein.

Danach ging alles ziemlich schnell. Nur Tage später lud ich Susanne zu meiner Geburtstagsparty ein. Zu meiner Überraschung erschien sie tatsächlich. Nach und nach konnte ich sie für mich gewinnen, und wir wurden ein Paar. Dann kam das Unglück im Glück: Mir wurde eine Stelle als Gastronomiechef im neu zu eröffnenden Kempinski Taschenbergpalais in Dresden angeboten – eine Beförderung in den damals »wilden Osten« Deutschlands.

Sprachbarriere, die Zweite: Jawort mal anders

Ich tat mein Bestes, um Susanne zu überreden, mich dorthin zu begleiten, doch sie machte aus ihrer Haltung zu diesem Umzug keinen Hehl: »Von Peking nach Dresden? Ich glaube, du spinnst!«

Zugegeben – wäre der Posten nicht so verlockend gewesen, hätte ich Dresden nicht in Erwägung gezogen. 1995, nur sechs Jahre nach dem Mauerfall, war Dresden nicht gerade das Mekka der Luxushotellerie. Doch ich würde wieder aufsteigen, dieses Mal innerhalb der Company, und konnte meinen Ruf als Voreröffnungsprofi für ein weltberühmtes Luxushotel weiter ausbauen.

Also ging ich nach Dresden, und Susanne blieb in Peking. Selbst nach dem Ende ihres Engagements dort konnte sie sich nicht vorstellen, nach Dresden zu ziehen – sie hatte zuvor auf Teneriffa gelebt und wollte dorthin zurück. Ich hatte allerdings keineswegs vor aufzugeben. Wenn ich mir etwas in den Kopf gesetzt habe, dann lasse ich nicht locker. Und diese Frau hatte ich mir ganz gewaltig in den Kopf und zum ersten Mal in meinem Leben auch in mein Herz gesetzt.

Jeden Tag rief ich sie von Dresden aus in Peking an. Am ersten freien Wochenende flog ich sofort nach Peking, um Susanne zu besuchen. Eine Wahnsinnstat: Freitagabend in den Flieger, von Samstag auf Sonntag in Peking, am Sonntagabend wieder zurück und direkt aus dem Flieger zum Dienst im Taschenbergpalais. Die gleiche Prozedur wiederholte ich am folgenden Wochenende. Dann sagte ich zu ihr: »Einmal tue ich mir das noch an, aber dann kommst du mit nach Dresden und wirst meine Frau.«

Susanne beeindruckte meine Hartnäckigkeit. Sie zog zu mir nach Dresden, und kurze Zeit später heirateten wir im Standesamt Radebeul. Es war ein sonniger Tag in dem verschlafenen Städtchen bei Dresden, und die sächsische Standesbeamtin gab sich alle Mühe, sich für uns verständlich auszudrücken. Ich fühlte mich in diesem Landstrich deutlich wohler, als ich erwartet hatte, und wollte das bei meiner Hochzeit auch durch einen regionaltypischen Anstrich zum Ausdruck bringen. Susanne hätte mich wohl erwürgt, wenn ich sie in meinen Plan eingeweiht hätte, aber ich konnte mir den Gag einfach nicht verkneifen.

Die Standesbeamtin fragte mich: »Wollen Sie, Carsten Rath, die hier anwesende Susanne Metzen zu Ihrer rechtmäßig angetrauten Ehefrau nehmen, so antworten Sie bitte mit ›Ja, ich will!‹«

Ich tat, wie mir geheißen: »Nu glar!«

Die Standesbeamtin strengte sich redlich an, ihre Gesichtszüge unter Kontrolle zu halten. Man sah ihr an, dass es in ihrem Kopf arbeitete: Geht das so? Kann man das als Jawort gelten lassen, oder muss ich ihn zur Ordnung rufen? Sie ließ Fünfe gerade sein. Plötzlich war ich verheiratet – und meine frisch Angetraute hatte alle Mühe, in diesem feierlichen Moment nicht loszuprusten.

Ein paar Jahre später heiratete Sascha Veriola. Soweit ich weiß, hat er sein Jawort allerdings auf Hochdeutsch gegeben.

Auferstanden aus Ruinen

Ich war zurück in Deutschland – allerdings in einem anderen Deutschland als dem, das ich gekannt hatte, als ich Ende der 8oer-Jahre ausgewandert war. 1995 war Dresden noch längst nicht die hübsche Stadt, die sich heute bei Touristen zu Recht großer Beliebtheit erfreut. Die sächsische Hauptstadt verfügte kulturell über genau eine Institution, die Besucher aus aller Herren Länder anlockte: die Semperoper, in direkter Nachbarschaft vom Taschenbergpalais gelegen. In der Semperoper ging die internationale Elite der klassischen Musik ein und aus, als hätte es die deutsche Teilung, den Eisernen Vorhang und das kommunistische Diktat über den Kulturbetrieb nie gegeben. Der Glanz dieses einen geschichtsträchtigen Gebäudes färbte auf die ganze Stadt ab.

Im Rest von Dresden waren die architektonischen »Glanzleistungen« von 40 Jahren Sozialismus noch allgegenwärtig. Die Straßen bestanden selbst im Zentrum fast ausschließlich aus Kopfsteinpflaster, das allenthalben aufgerissen war. Abgesehen vom barocken Zwinger, dem Schloss August des Starken, das per Liebesbrücke mit dem Sitz der Gräfin Cosel verbunden war, dem Grünen Gewölbe (der einstigen Schatzkammer), dem Taschenbergpalais und einigen anderen halbwegs intakten Architekturdenkmälern war die Gebäudesubstanz nicht nur grau, sondern in weiten Teilen auch kaputt. Das galt insbesondere für das weltberühmte Wahrzeichen der Stadt, das nach Bombenabwürfen der Alliierten am 13. und 14. Februar 1945 komplett zerstört wurde: die Frauenkirche.

Die Ruine des Sakralbaus, dessen Geschichte bis ins 11. Jahrhundert zurückreicht, ragte in den Himmel über der Altstadt wie ein Mahnmal; nur ein schwarzer Stumpf hatte die Kriege und politischen Ordnungen des 20. Jahrhunderts überdauert. Die Bemühungen um den Wiederaufbau waren bereits in vollem Gange, doch noch war unklar, ob man die Mittel dafür überhaupt würde aufbringen können. Überall in der Stadt wurden auf eine Initiative des berühmten Trompeters Ludwig Güttler Armbanduhren verkauft, in deren Zifferblätter winzige Fragmente der alten Kirchenmauern eingebracht waren. Der Erlös trug dazu bei, dass ein Jahr nach meiner Ankunft in Dresden der Wiederaufbau offiziell beginnen konnte.

So erschrocken ich über den Zustand der geschichtsreichen Stadt war, so fasziniert war ich von meiner neuen Nachbarschaft: Die Menschen hatten sich in dieser grauen Betonwüste ihren Mut und ihr charmantes Mundwerk bewahrt. Den Spirit von August und Gräfin Cosel spürte ich täglich. Und doch hegte ich Zweifel: War es hier wirklich schon an der Zeit für einen luxuriösen Hotelneubau? Konnte die Semperoper allein dafür sorgen, dass sich ein solches Unterfangen lohnte? Würden die Menschen der Stadt, die das Gegenteil von Luxus gewöhnt waren, einen solchen Ort für die Schönen und Reichen überhaupt annehmen?

Meine Zweifel wurden schnell zerstreut: Dresden war im Aufbruch, und das galt auch für seine Menschen. Das Taschenbergpalais war Stadtgespräch, lange bevor es eröffnet war, und wir konnten uns vor Bewerbern für die verschiedenen Service-Bereiche kaum retten. Elbflorenz schickte sich an, sich wieder einen Namen in der Welt zu machen – und wir von Kempinski durften diese erstaunliche Entwicklung miterleben. Während die Stadt wieder herausgeputzt wurde, bauten wir das Taschenbergpalais auf. Für eine gewisse Zeit waren wir hautnah dabei, als ein neues Kapitel in der Geschichte dieser geschundenen Stadt geschrieben wurde.

Es sind genau solche Ereignisse, die ein Hotel zu etwas Besonderem machen: Die berühmtesten Häuser weltweit sind Orte, die nicht nur Geschichten, sondern auch Geschichte in sich tragen. Für kurze Zeit Teil dieser Geschichte zu sein, ist eine der schönsten Facetten meines Berufs.

Fünf-Sterne-Baucontainer

Ein neues Hotel aus der Taufe zu heben ist aber erst einmal Blood & Sweat & Tears. Der Luxus, den das Hotel später verströmen wird, existiert bis zur Eröffnung nur in der eigenen Fantasie. Tatsächlich arbeiteten wir in Dresden zunächst nicht etwa im Hotel – denn daran wurde noch gebaut –, sondern in Baucontainern in der Nähe des historischen Palais, in denen sich die Planungsbüros befanden. Unser Alltag war stressig: Personal musste gefunden, eingestellt und trainiert werden. Die Ausstattung wollte geplant, bestellt und realisiert sein, und zwar vom Löffel bis zur Uniform. PR- und Marketingmaßnahmen waren zu ersinnen und rechtzeitig in die Tat umzusetzen. Jeder Ablauf musste festgeschrieben werden. Das alles geschah – wie bei jeder Eröffnung – unter massivem Termin- und Kostendruck, ganz zu schweigen von den strengen Qualitätsrichtlinien der Kempinski-Gruppe. Mit der unendlichen Zahl von To-dos und Details ist man als Voreröffnungsprofi monatelang täglich beschäftigt und mehr als ausgelastet.

Die wirkliche Magie eines Fünf-Sterne-Hauses lässt sich jedoch nicht aus Zahlen und Bauplänen ablesen und folglich auch nicht dort hineinschreiben. Das ist die große Herausforderung bei der Planung eines neuen Hotels: Alles soll funktionieren wie ein Schweizer Uhrwerk, doch als Pre-Opening Manager und zukünftiger Gastronomie-Direktor des Hotels musste ich vor allem kreativ sein. Den Gast mit Speisen und Getränken, mit besonderen Veranstaltungen und vor allem mit Herzlichkeit zu überraschen ist keine Aufgabe, die man anhand einer Checkliste abarbeiten könnte. Ich blickte den ganzen Tag auf eine Baustelle und musste doch bei jedem kleinen Schritt das fertige Produkt visionieren. Was in dieser Phase schiefläuft, lässt sich später im laufenden Betrieb nur noch mit Mühe und hohen Kosten korrigieren.

So ist das Voreröffnungs-Business: Es ist eine wunderbare Chance, eine großartige Herausforderung, aber auch der größte Stress, den man sich in unserem Gewerbe antun kann.

Liebe im Fahrstuhl

Auch die Zusammenarbeit in einem solchen Projekt ist extrem intensiv. Tag und Nacht hat man mit denselben Leuten zu tun, und alle stehen permanent unter Strom. In Dresden verband mich mit einem meiner Kollegen auf der Führungsebene ein besonders schwieriges Verhältnis. Beide waren wir ehrgeizig, beide hatten wir ein Händchen für Führung und beide waren wir in unseren jeweiligen Verantwortungsbereichen auf Perfektion bedacht. Ansonsten waren wir sehr unterschiedlich. Er war ein kühl kalkulierender Stratege und Rhetoriker, der bei Bedarf jeden an die Wand reden konnte und von dieser Fähigkeit auch reichlich Gebrauch machte. Mehr als einmal ärgerte ich mich schwarz darüber, wie er hinter den Kulissen die Fäden politisch nach seinem Gutdünken zog und seine beruflichen Konkurrenten – mich eingeschlossen – auflaufen ließ, wenn sie seinen Plänen im Weg waren. Dagegen bin ich ein ganz anderer Typ Führungskraft. Ich führe meine Konflikte mit offenem Visier, selbst wenn das mal lauten Streit bedeutet. Und lieber setze ich meinen Charme ein als den rhetorischen Dampfhammer, um Menschen von mir und der gemeinsamen Vision zu überzeugen. Entsprechend gerieten wir immer wieder aneinander und ließen keine Gelegenheit aus, uns gegenseitig Streiche zu spielen – nicht zuletzt, um zwischendurch Dampf abzulassen. Am Ende waren wir auch Konkurrenten für den nächst höheren Job – wir beide wollten Hoteldirektor werden.

Eines späten Abends – die Innenausbauten des Hotels waren bereits in vollem Gange –, vernahm ich bei einem Rundgang über die Baustelle seltsame Geräusche aus der zukünftigen Lobby. Zunächst glaubte ich an Einbrecher oder einen Arbeiter in Schwierigkeiten. Besorgt ging ich auf die Suche nach der Geräuschquelle. Schnell stellte ich fest, dass das merkwürdige Stöhnen aus einem Bauschacht nach oben drang. Ich befürchtete das Schlimmste – war ein Arbeiter in den Schacht gefallen und hatte sich verletzt? Als ich nach unten auf eine Plattform im ersten Kellergeschoss blickte, entdeckte ich dort stattdessen meinen ungeliebten Kollegen. Ich hatte ihn in flagranti mit einer Mitarbeiterin des Hotels ertappt. Die beiden hatten offensichtlich eine Leiter in den Schacht gestellt und waren hinunter in dieses Versteck geklettert, um sich zu vergnügen. Die Liebenden waren so miteinander beschäftigt, dass sie mich nicht bemerkten.

Da außer ihnen und mir um diese Uhrzeit niemand mehr im Hotel war, sah ich meine Chance gekommen, meinem Kollegen eine Lektion zu erteilen – gerade am Vortag hatte ich mich mal wieder so richtig über ihn geärgert.

Meine Mission war schwierig: Ich musste die Leiter aus dem Schacht ziehen, bevor das Pärchen reagieren konnte – und dabei vor allem unerkannt bleiben. Letzteres gelang mir nur bedingt. Sobald der hocherhitzte Kollege bemerkte, was da vor sich ging, hatte er mich schon im Verdacht: »Carsten, stell sofort die Leiter zurück!« Ich aber war längst dabei, mich aus dem Staub zu machen. Mein Büro lag ein Stockwerk weiter oben; mittlerweile hatten wir die Baucontainer verlassen können und unsere Büros im Hotel bezogen. Dorthin begab ich mich, und erst eine halbe Stunde später ging ich wieder nach unten und ließ einige inzwischen eingetroffene Security-Leute die Leiter wieder an Ort und Stelle verbringen, um die beiden Gefangenen aus ihrer misslichen Lage zu befreien.

Dass sich unser Konkurrenzkampf daraufhin noch verstärkte, liegt auf der Hand. Doch unser schwieriges Verhältnis spornte mich auch an. Die wechselhaften Arbeitsbeziehungen in der Hotellerie sind nichts für schwache Gemüter, aber mit der richtigen Einstellung können sie gerade deshalb der gemeinsamen Sache nützen. Immer wenn ich es mit schwierigen Kollegen oder Partnern zu tun hatte, führte das letztlich dazu, dass ich meine Sache noch besser machte.

Keine Lust auf Bürokratie

Mit dem Kollegen in Dresden war es ein bisschen wie damals mit Klaus-Dietrich im Hugenottenhof: Je intensiver unser Konflikt war, desto mehr wollte ich es ihm beweisen. Diese Einstellung, die ich in Dresden bewusst zu kultivieren begonnen hatte, ist meiner Meinung nach ein Charakterzug echter Service-Persönlichkeiten. Sie lässt sich nämlich auch auf den Kunden übertragen: Je »schwieriger«, also anspruchsvoller der Gast ist, desto mehr kann man an ihm wachsen. Jeder stellt andere Ansprüche, deshalb kann man herzlichen Service oft nicht vorausplanen. Fünf-Sterne-Hoteliers sind aus diesem Grund besonders flexibel, denn die meisten Kunden sind routinierte Gäste mit vielen Vergleichsmöglichkeiten. Sie sind naturgemäß anspruchsvoller als der durchschnittliche Kunde eines Budget-Hotels, der in erster Linie auf den Preis schaut.

Letztlich spielt die »Liga« jedoch keine Rolle, wenn es um besonderen Service geht. Herzlichkeit kostet in der Regel nämlich gar nichts. Nur ein Hotel, das auch die »schwierigen« Gäste begeistern kann, ist ein wirklich gutes Hotel. Und das hat nichts mit der Anzahl der Sterne zu tun: Auch ein Drei-Sterne-Hotelgast wird dorthin zurückkehren, wo man sich flexibel, persönlich und herzlich um ihn kümmert.

Zum ersten Mal hatte ich mich als Rezeptionist in Gravenbruch mit Unternehmens- und Service-Prinzipien beschäftigt. Seit ich erkannt hatte, dass ich in diesem Beruf aufsteigen und einmal zu den Besten zählen wollte, sog ich auf, was die großen Business-Denker zu sagen hatten. Das erste Buch, das ich dazu las, war Tom Peters' Klassiker *In Search of Excellence* (dt.: *Auf der Suche nach Spitzenleistungen*). Später wurde das Buch des amerikanischen Unternehmensberaters, der auch als Berater im Weißen Haus tätig war, stark kritisiert, unter anderem, weil nicht alle der als beispielhaft dargestellten Firmen sich nach einigen Jahren tatsächlich großartig entwickelt hatten. Doch bei seinem Erscheinen 1981 war es bahnbrechend.

Einige von Peters' Prinzipien waren für mich wegweisend. Als ich begann, Service nicht nur zu planen und durchzuführen, sondern über konkrete Service-Strategien nachzudenken, wurden vor allem drei von Peters' Prinzipien für mich prägend, und ich formulierte sie für mein Aufgabenfeld um:

1. Schnelle Entscheidungen und Problemlösungen verhindern, dass die Bürokratie überhandnimmt.
2. Service-Persönlichkeiten sind nahe am Kunden und bereit, von seinen Bedürfnissen zu lernen.
3. Besondere Unternehmen zeichnen sich durch Autonomie und Unternehmergeist auf allen Ebenen aus.

Bei diesen – hier bereits angepassten – Prinzipien stieß ich in Dresden nicht zum ersten Mal an Grenzen. Das traditionell sehr hierarchische Hotelmanagement bietet wenig Spielraum für Innovation und Entscheidungsfreiheit, insbesondere auf den unteren Ebenen. In Johannesburg und Kapstadt hatte ich ungewöhnlich viel Freiheit genossen. Als Voreröffnungs-Manager für die »Company« Kempinski jedoch begann sich in mir zunehmend ein Unbehagen zu rühren, das im Laufe der Jahre immer stärker wurde und das ich nie wieder ganz abschütteln konnte – oder wollte. Dieses Unbehagen bezog sich auf die Gremienkultur, die vielen großen Unternehmen, zumal innerhalb von Konzernen, eigen ist.

Im Gegensatz zu meinen Engagements in Südafrika konnte ich Entscheidungen kaum schnell und autonom treffen. Zu vieles, bis hin zu geringsten Details, musste im Führungsgremium besprochen und mit einem Konsens verabschiedet werden. Nicht einmal über das Geschirr konnte ich als Gastronomie-Direktor selbstständig entscheiden. Zu oft kam es vor, dass etwa mein Kollege, der Fahrstuhlvögler, den ganzen Laden aufhielt, weil er anderer Meinung war und wir endlos über Kleinigkeiten debattieren mussten. Basisdemokratie im Unternehmenskontext, das liegt mir nicht.

Jedes Mal, wenn Hierarchie und Bürokratie ihren Tribut forderten, musste ich an Tom Peters denken. Auch heute stelle ich noch fest, dass das Wissen aus den Achtzigern in den Führungsetagen vieler Unternehmen bis heute nicht angekommen ist. Rasche Entscheidungen und Problemlösungen? Unmöglich, wenn man sich immer erst rückversichern oder eine Genehmigung einholen muss. Service nahe am Kunden? Davon kann keine Rede sein, wenn alle Entscheidungen von Gremien konsensiert werden, deren Mitglieder ihren Bürosessel platt sitzen und gar nicht am Gast arbeiten. Autonomie und Unternehmergeist? Schwer aufrechtzuerhalten, wenn man keine Entscheidungsbefugnis hat und mit neuen Ideen stets ausgebremst wird – egal ob als Manager oder als Concierge.

Ein Beispiel, das ich selbst erlebt habe: Beim Einchecken in einem großen Berliner Fünf-Sterne-Hotel bat ich die Rezeptionistin um ihre Hilfe bei einem kleinen Problem – ich hatte das Netzteil für meinen BlackBerry vergessen. Also fragte ich, wie ein »schwieriger« Kunde das so tut: »Kann ich hier irgendwo mein Handy aufladen?«

Eine Kleinigkeit, simpel zu lösen. Und als Kunde im Terminstress wünscht man sich eine einfache, schnelle Lösung. Allerdings war die nette junge Dame als Service-Persönlichkeit gefragt. Eigenständig hatte sie eine Entscheidung zu treffen und Abhilfe zu schaffen. Doch das war ihr nicht möglich. Stattdessen bekam ich eine höfliche Abfuhr: »Es tut mir leid, aber ich kann Ihnen nicht weiterhelfen, ein BlackBerry-Ladegerät habe ich nicht. Gerne kann ich Ihnen ein Apple-Ladegerät leihen ...«

Hoppla, da wurde mir doch glatt der Service verweigert. Dabei war mein Anliegen beileibe nicht exotisch. In jedem größeren Hotel schlagen ständig Dienstreisende auf, die ein Netzteil vergessen haben. In einem Fünf-Sterne-Haus wäre es deshalb nicht zu viel verlangt, ein paar Standard-Ladegeräte parat zu haben. Außerdem gibt es in jedem größeren Hotel sogenannte Springer, Mitarbeiter, die flexibel eingesetzt werden können, wenn es irgendwo brennt. Früher hießen sie Laufburschen, dann Hausdiener, heute oft Pagen. Manchmal fallen solche Aufgaben auch in die Verantwortung der Concierges oder Gepäckträger. Die nette Rezeptionistin hätte mir also anbieten können, jemanden loszuschicken, der mir rasch ein Netzteil besorgt. Natürlich hätte sie es mir auf die Rechnung setzen dürfen.

Das hätte allerdings drei Dinge vorausgesetzt:

1. Unbürokratische Entscheidungen: Sie müsste befugt oder noch besser ermutigt worden sein, solche Entscheidungen zu treffen, ohne sich bei einem Vorgesetzten rückversichern zu müssen.

2. Nahe am Kunden: Jemand hätte ihr irgendwann vermitteln müssen, dass solche Details im direkten Kundenkontakt über die Wahrnehmung der Service-Qualität entscheiden.

3. Autonomie und Unternehmergeist: Das Management dieses Hotels hätte seine Angestellten ermächtigen müssen, jedem Kunden den Service zu bieten, den er gerade braucht – flexibel, persönlich und herzlich.

Stattdessen bekam ich eine Standardantwort. Ein Dauerbrenner in dieser Kategorie ist folgende Ausflucht, die Sie bestimmt auch schon gehört haben: »Da muss ich erst meinen Vorgesetzten fragen.« Das nervt. Es kostet Zeit. Man lässt Sie im Ungewissen. Vielleicht findet sich gar keine Lösung. Im Zweifel kann der Mitarbeiter im Einzelfall gar nichts dafür, aber das Hotel ist soeben in Ihrem Ansehen gesunken. Es hat eine Chance verpasst.

Genau wegen solcher Folgen standardisierten Service-Denkens war ich als angestellter Hotelmanager oft genervt von der Gremienkultur, die mir das Leben schwer machte: Wo viele mitreden, kommt oft am wenigsten dabei heraus. Und wo träge Führungsgremien entscheiden, entscheidet nicht der Mitarbeiter – und schon gar nicht im Sinne des Gastes. Beschlüsse dauern zu lange oder bleiben unterwegs irgendwo hängen.

Mitarbeiter, die nahe am Gast arbeiten, verfügen über zu wenig Entscheidungsfreiheit, wenn es darauf ankommt, nämlich im Kundenkontakt. Stattdessen folgen sie starren Richtlinien. Was darin nicht vorkommt, fällt eben durchs Raster. Dabei sind es genau diese Situationen, die der Gast als besonderen Service wahrnimmt. Innovation und Service-Qualität werden durch genau den Apparat eingeengt, der eigentlich dafür da ist, beides sicherzustellen. Die Katze beißt sich selbst in den Schwanz.

Mit fortschreitender Karriere hatte ich darauf immer weniger Lust, schon in Dresden gingen mir die sogenannten professionellen Standards oft gehörig auf die Nerven. Deshalb nahm ich mir meine Freiheiten, wo ich nur konnte, und ließ mir so oft wie möglich so viel Verantwortung wie möglich übertragen.

Heute erwarte ich von meinen Mitarbeitern, dass sie genau diesen Geist in sich tragen. In den Kameha-Grandhotels und in unserer Kameha-Gastronomie in Frankfurt arbeiten Menschen, die bereit sind, in ihrem Verantwortungsbereich Entscheidungen zu treffen. Mehr noch: die Spaß daran haben. Sie wissen, dass für den Gast letztlich nur relevant ist, was ihn direkt betrifft. Die Kollegin an der Rezeption kann viel besser entscheiden als ich oben im Chefbüro, was der gestresste Dienstreisende braucht, der gerade vor ihr steht. Und deshalb schickt sie bei Bedarf jemanden los, der das Netzteil besorgt, ohne vorher bei mir oder ihrem direkten Vorgesetzten nachzufragen. Warum? Weil das den Kunden glücklich macht. Weil sie so dafür sorgt, dass er wiederkommt. Und das macht mich glücklich.

Dass auf meinem Weg zur Service Excellence auch hier und da mal etwas schiefging, will ich allerdings nicht verheimlichen. Wer eigenständig Entscheidungen trifft und vom Standard abweicht, greift auch mal daneben – *no risk, no success.* Wer nie Fehler macht, hat sich nicht genug getraut. Aus den kleinen und großen Desastern lernen wir am meisten. Und deshalb erzähle ich Ihnen von einem Silvesterabend, der es in sich hatte.

Bei diesem Silvesterbankett sollte sich die Elite jener Stadt im funkelnagelneuen Bankettsaal versammeln. Und nicht nur das: Auch mein damaliger Chef war vor Ort.

So sehr er meine Tätigkeit in den verschiedenen Häusern schätzte, in denen ich inzwischen gearbeitet hatte, so nervös machte es ihn auch, dass ich an diesem Abend am Ruder war. Der Grund dafür war genau derselbe, warum er mich als Voreröffnungsprofi eingesetzt hatte: meine Kreativität. Mit langweiligen Standardkonzepten, das wusste er, konnte er bei mir nicht rechnen. Ich habe zum Beispiel einmal bei einem Bankett die Kellner auf Rollschuhe gestellt, und in Peking hatte ich als besonderes Highlight für eine Veranstaltung kurzerhand eine Eisbahn in den Innenhof bauen lassen. Solche Aktionen versprachen einerseits Aufmerksamkeit, andererseits stellten meine waghalsigen Ideen aber auch ein gewisses Risiko dar, wenn mal etwas schiefging.

Seine Anweisung für das Silvesterbankett formulierte der Direktor deshalb eindringlich: »Wir wollen einen klassischen Silvesterabend, Carsten. Schlag nicht über die Stränge, und involviere mich bei allen Ideen.«

Ein Grundkonzept war schnell gefunden: Die Idee des »Glücksbringers« sollte sich durch den ganzen Abend ziehen. Das war alles schön und gut, mir aber zu langweilig. Mit einer Deko auf Kleeblatt-Basis konnte ich mich noch anfreunden, aber den anspruchsvollen Gästen ein paar Utensilien zum Bleigießen auf die Tische zu stellen, war mir zu wenig. Also ließ ich meiner Kreativität freien Lauf: Ich wollte das Motto buchstäblich zum Leben erwecken. Und diese Freiheit ließ ich mir von meinem Chef zusichern: »Die Interpretation des Mottos ist meine Sache!«

Zunächst klappte alles wunderbar. Den alten Brauch des Bleigießens inszenierte ich aufwendig, indem ich einen echten Bleigießer engagierte. Er ging während der Gala vor den Augen der Gäste seinem Handwerk nach und goss veritable Blei-Souvenirs für die Anwesenden. Mit seiner Arbeitskluft, seiner Bleikelle und dem großen eisernen Kessel bildete er einen spannenden Kontrast zur edlen Deko, zu den Männern der Gesellschaft in ihren Smokings und zu den Damen, die ihre feinsten Abendroben und Schmuckstücke zur Schau stellten. Teil der illustren Gesellschaft war auch ein hochrangiges Politiker-Ehepaar.

Alles schien perfekt: Die brandneuen Kronleuchter des Saals funkelten mit den Diamantgeschmeiden der Damen um die Wette. Es war ein rauschendes Fest in stilvollem Ambiente, wie mein Direktor es sich gewünscht hatte – jedenfalls bis kurz vor Mitternacht.

Für den großen Moment hatte ich mir etwas Besonderes einfallen lassen. Getreu dem Glücksbringer-Motto hatte ich den Bankett-Manager überredet, sich als Schornsteinfeger zu verkleiden – standesgemäß mit Zylinder und Ruß im Gesicht. Kurz vor Mitternacht sollte er durch den Saal spazieren und die Gäste mit einem rußigen Finger an der Nase berühren, weil das nach alter Sitte Glück bringen soll. Doch damit nicht genug: Um dem Auftritt die Krone aufzusetzen, sollte ihn ein Glücksferkel begleiten. Und zwar ein echtes.

Leider war das Ferkel, das der Küchenchef für diese Aufgabe besorgt hatte, von dieser niedlichen Idee wenig angetan. Als der Bankettchef ihm in der Küche wie einem Hund eine Leine um den Hals legte, um es in den Saal zu führen, trat das Schweinchen in den Streik. Sämtliche Streicheleinheiten und gutes Zureden konnten nichts bewirken: Mit aller Kraft stemmte das Tier die Haxen in den Boden und quiekte wie am Spieß.

Was tun, so kurz vor dem großen Auftritt? Bei einer Fünf-Sterne-Silvestergala erwarten die Gäste um Mitternacht ein Highlight. Wir hatten auf die Schnelle keine Alternative parat. Allein wollten wir den Bankett-Oberkellner nicht rausschicken, denn der war alles andere als ein Charmebolzen und fühlte sich ohnehin schon denkbar unwohl in seiner Rolle.

Da kam der Küchenchef in der Hitze des Gefechts auf die geniale Idee, das Ferkel mit einer Flasche Bier »locker zu machen«. Das funktionierte zwar nur bedingt, aber immerhin konnte der Bankett-Oberkellner das benebelte Tier nun an der Leine in den Saal führen. Die Hoffnung auf ein Happy End währte nur für einen Moment: Beim Anblick der Menschenmassen und unter den Klängen von Carl Orffs *Carmina Burana*, die ich bei dramatischen Anlässen immer gern spielen ließ, wurde die arme Sau panisch und fing wieder an zu brüllen. Die Katastrophe folgte auf dem Fuße: Das Schweinchen quiekte noch ein letztes Mal, kollabierte und schied dahin. Und was tut ein Schwein unwillkürlich, wenn es stirbt? Es entleert sich.

Da lag es also, das Glücksbringer-Ferkel, auf dem glänzenden Parkett des Festsaals, inmitten seiner eigenen Hinterlassenschaften – krepiert an einem Herzinfarkt. Mit dieser Nebenwirkung hatte keiner von uns gerechnet. Und das Politiker-Ehepaar hatte die besten Plätze – mit hervorragender Sicht auf die Ereignisse.

Nach einigem Aufruhr nahm das Fest zwar wieder seinen geplanten Verlauf – zum Glück hatten viele der Gäste das Unheil gar nicht bemerkt –, die Blicke allerdings, die mein ehemaliger Chef mir schenkte, nachdem er die VIPs einigermaßen beruhigt hatte, können Sie sich vorstellen. Nach einem gewaltigen Donnerwetter am nächsten Tag leistete ich persönlich Abbitte beim Politiker-Paar.

Seitdem denke ich zweimal nach, bevor ich ein Motto zum Leben erwecke: Noch ein armes Schwein möchte ich mir nicht aufs Gewissen laden.

Trotzdem: Schwein gehabt

Gegen Ende meines Engagements in Dresden – das lange Zeit zuvor verschiedene Ferkel muss mir aus dem Jenseits verziehen haben – hatte ich richtig Schwein und bekam eine Stelle als stellvertretender Hoteldirektor in Berlin angeboten. Und zwar nicht irgendwo in Berlin, sondern mitten im Zentrum der Macht, im Schoße der Metropole, im Dunstkreis einer Legende: Meine nächste Eröffnung sollte das legendäre Hotel Adlon am Pariser Platz werden.

Diese Berufung setzte allen bisherigen Herausforderungen die Krone auf: Gelang das Abenteuer Adlon, wäre es die Wiederauferstehung einer Legende, ein Highlight der Luxus-

Hotellerie, ein Wahrzeichen der neuen alten Hauptstadt, geboren aus dem Geiste einer glorreichen Vergangenheit – und ich durfte daran mitwirken. So vielversprechend diese Vision war, so anspruchsvoll war sie auch: Der Mythos Adlon war praktisch in Vergessenheit geraten. Sollte die Mission scheitern, dann würde der Luxustempel am Pariser Platz ein spektakuläres Millionengrab für die Kempinski-Gruppe werden. Adlon, das hieß: alles oder nichts.

Es wird Sie kaum noch überraschen, dass ich keine Sekunde zögerte, die Herausforderung anzunehmen.

Doch damit nicht genug: Nur wenige Wochen vor unserem Umzug nach Berlin unternahm ich mit Susanne einen Wochenendausflug nach Leipzig. Auch diese sächsische Perle entwickelte sich so schnell, dass man förmlich dabei zusehen konnte. Nirgends konnte man dem Geist der friedlichen Revolution von 1989 so nahe kommen wie hier: Wir besichtigten das Gewandhaus, das Dirigent Kurt Masur im Herbst 1989 für die »Gewandhausgespräche« geöffnet hatte. In diesen Runden wurde damals erstmals öffentlich von Bürgern und der politischen Opposition über die Zukunft der DDR diskutiert. Wir schlenderten über den Nikolai-Kirchhof, wo die Montagsdemonstrationen ihren Anfang genommen hatten. Und wir nahmen uns endlich einmal Zeit für uns, denn davon hatten wir in den Voreröffnungswirren in Dresden seit unserer Hochzeit herzlich wenig gehabt.

Und als ob der Ruf ins Adlon nicht genug der frohen Kunde war, machte Susanne an diesem Tag in Leipzig mein Glück mit einer weiteren frohen Botschaft perfekt: Sie war schwanger.

Kein Zweifel: Vor uns lagen turbulente Zeiten.

7 | Berlin

Am Puls einer Legende

Zwei Geburten, eine schwer

Von den zwei Geburten, die ich in Berlin erlebte, war unser Sohn David zweifellos die unkompliziertere. Obwohl ich zugeben muss, dass ich als Vater diesbezüglich leicht reden habe …
Von der Sekunde an, als David seiner Mutter und mir in der Berliner Charité zum ersten Mal unüberhörbar zu verstehen gab, dass wir jetzt zu dritt waren, war er mir immer eine Inspiration. David animierte mich auch, dieses Buch zu schreiben.

Die andere Berliner Geburt, die Wiedergeburt des Mythos Adlon, gestaltete sich deutlich schwieriger, denn das Adlon ist mehr als ein Hotel. Jedes besondere Haus ist reich an Geschichten, doch in kaum einem anderen auf der Welt steckt so viel Historie wie im Adlon. Und auch: so viel Geld. 17 Millionen Goldmark hatte das »alte« Adlon gekostet, als es am 23. Oktober 1907 von Kaiser Wilhelm II. eröffnet wurde. Heute entspricht diese Summe etwa 350 Millionen Euro. Die erste Phase in seiner Geschichte erinnert ein bisschen an die Berliner Renommierprojekte von heute: Es kostete einen Heidenschotter, und viele Berliner konnten den Kasten zunächst einmal nicht ausstehen. Für den Bau war nämlich das beliebte Palais Redern abgerissen worden, dessen Fassade vom preußischen Architekturgroßmeister Karl Friedrich Schinkel höchstselbst gestaltet worden war. Und dann so einen modernen Klotz für die Schönen und Reichen, mitten auf dem Gravitationspunkt der preußischen Kultur, dem Pariser Platz? Der stolzen Quadriga auf dem Brandenburger Tor vor die Nase gesetzt, dem alten Fritz zum Spotte? »Dit is mir nüscht, wa!«, wird so mancher alte Berliner geschimpft haben, als der Bau genehmigt wurde.

Schuld waren, was sonst, der ewige Klüngel der Mächtigen und das liebe Geld. Kaiser Wilhelm hatte den Verkauf des schönen alten Palais, das nun weichen musste, nur aus einem Grund genehmigt: Dessen Eigentümer, ein gewisser Graf Redern, hatte seinen gesamten Besitz innerhalb einer Woche beim Zocken durchgebracht (wie damals üblich noch mit Karten und Würfeln anstatt Wertpapieren und Devisen) und konnte das Baudenkmal daraufhin nicht mehr unterhalten.

Das Adlon hatte einen genauso schweren Stand wie heutige Renommierprojekte. Die Presse bejubelte den Bau zwar als »Symbol für den Eintritt ins 20. Jahrhundert«, doch das Volk war weniger begeistert. Wenn etwas Neues entsteht, wo etwas Altes weichen muss, regt sich Unmut bei den Menschen. Bis sie den Wert des Neuen erkennen, ist es oft schon wieder alt. Wir Deutschen tun uns schwer damit, den Staub aus alten Standards zu klopfen: Jedes architektonische Wagnis gilt der Allgemeinheit erst einmal als ungehobelter Betonklotz oder beschämend traditionsfeindlicher Glaskasten. Kein Neubau ohne Bürgerinitiative, die ihn zu verhindern sucht. Von den kulturkonservativen Bestandswahrern in den Behörden in diesem Land mal ganz zu schweigen, wo selbst der Häuslebauer in Kleinstädten sich peinlich genau an eine lokalbehördlich festgelegte Farbpalette zu halten hat, wenn er seine Fassade streicht. Der Aufbruch zu neuen Ufern ist in Deutschland mit vielen Stolpersteinen gespickt.

Erst als es als eines der besten Hotels seiner Zeit längst etabliert war, wurde das Adlon auch in der öffentlichen Wahrnehmung zu einer Erfolgsgeschichte, nämlich während der Weimarer Republik. Verantwortlich dafür zeichnete ein Mann, dem ich aus bereits geschilderten textilen Gründen persönlich nur bedingt gewogen bin: Gustav Stresemann. Ausgerechnet er, als Staatsmann und Friedensnobelpreisträger eine äußerst populäre Figur in den 20er-Jahren, steigerte die Beliebtheit des Adlon durch seine häufigen Besuche. In diesem Hotel spielten damals nämlich täglich Geigenvirtuosen auf, um dem kulturellen Erbe des Standorts ein standesgemäßes Flair zu verleihen.

Stresemann prägte mit dem nach ihm benannten Outfit den Style der jungen Republik – ein Trendsetter, sozusagen. Damals konnten Politiker diese Rolle tatsächlich noch ausfüllen, heute gelingt ihnen das eher selten.

Nachdem Stresemann und andere Granden das Eis gebrochen hatten, entwickelte sich das Adlon zum Treffpunkt der High Society der 20er-Jahre. Gerhart Hauptmann, Autorenikone dieser Zeit, war lebenslang Stammgast. Thomas Mann machte dort auf dem Weg nach Stockholm Station, wo er seinen Literatur-Nobelpreis entgegennahm. Auch die internationalen Stars ließen nicht lange auf sich warten. Greta Garbo und Marlene Dietrich residierten bald ganz selbstverständlich im Adlon, wenn sie im Land weilten, Letztere soll sogar genau dort entdeckt worden sein. Persönlichkeiten des öffentlichen Lebens wie Startenor Enrico Caruso und das Jahrhundertgenie Albert Einstein trugen zur Abnutzung der berühmten hölzernen Treppe bei, die für das heutige Adlon exakt in Marmor nachgeformt wurde. Der große Charlie Chaplin soll vor dem Hotel einmal seine Hosen verloren haben, nachdem Fans ihm die Knöpfe von den Hosenträgern gerissen hatten.

Keine 20 Jahre nach seiner Eröffnung war das Adlon eine lebende Legende, das pulsierende Zentrum der Weimarer Republik, der Hotspot des europäischen Gesellschaftslebens in den Roaring Twenties.

Als in der Nacht zum 3. Mai 1945 das Hotel bis auf einen Seitenflügel ausbrannte, nachdem es den größten Teil des Zweiten Weltkriegs nahezu unbeschadet überstanden hatte, begrub es die Sorglosigkeit seiner Epoche mit sich. Zu krass war der Kontrast der Nachkriegsjahre, zu schwer die Bürde des Wiederaufbaus, als dass man sich nostalgischen Schwelgereien über das Leben hingeben wollte, das für einen kurzen Augenblick - ruhmreicher Geschichte hinter diesen Mauern getobt hatte. Nachkriegsdeutschland hatte andere Sorgen. Und auf dieser Seite des Brandenburger Tors, wenige Meter vor der sozialistischen Demarkationslinie, war auch in den folgenden vier Jahrzehnten kein Platz für fröhliche Dekadenz. 1984 ließ das DDR-Regime schließlich auch den verbliebenen Seitenflügel abreißen.

Als 1995 der Grundstein für das neue Adlon gelegt wurde, waren all die Geschichten, die sich um das alte Adlon rankten, praktisch in Vergessenheit geraten. Der Mythos lebte – nicht mehr. History repeating itself: Einmal mehr schien dieses Projekt vielen überflüssig, um nicht zu sagen: wahnwitzig.

In der Tat wirkten die Pläne merkwürdig dekadent in ihrem Luxus, jedenfalls gemessen an der Atmosphäre, die so kurz nach der Wiedervereinigung in Berlin herrschte. Zwar hatte der Prachtboulevard Unter den Linden, an dessen Spitze das Hotel liegt, seinen historischen Glanz und seine internationale Ausstrahlung nicht verloren – nicht einmal nach der kulturellen und politischen Vereinnahmung durch das sozialistische DDR-Regime. Doch kosmopolitischer Luxus auf Weltniveau bildete tatsächlich einen seltsamen Kontrast zum Berlin der 90er-Jahre. Der viel kleinere und von der DDR-Hauptstadt Ost-

Berlin umzingelte Westteil der Stadt tat sich lange Zeit schwer damit, seinen Enklaven-Charakter abzulegen. Das neue Berliner Leben fand im Osten statt. Ganze Stadtteile waren von wohlhabenden West-Berliner Jugendlichen zu Partyzonen umfunktioniert worden; vermutlich gab es damals mehr besetzte Häuser als Hotels in der Stadt. Berlin war ein großer Abenteuerspielplatz, das Symbol einer neuen politischen und kulturellen Freiheit, der Beweis, dass nichts unmöglich war, das Mekka der bunten, schrillen Techno-Ära. Arm, aber sexy, wie der ehemalige Berliner Oberbürgermeister Klaus Wowereit später einmal gesagt hat, war Berlin schon damals. Der Mann muss es wissen, erwarb er sich doch selbst einen Ruf als Party-Bürgermeister.

Und dann so ein Luxustempel für die Schönen und Reichen, wo doch kaum genug Geld da war, um die graue Betonwüste im Osten der Stadt auf Vordermann zu bringen? Dit is mir nüscht, wa!, dachten sich einmal mehr viele Berliner. An diesem Ort, dem so viel wichtigere Aufgaben bevorstanden als die Reanimation einer verstaubten Ikone, mutete die Idee eines neuen Adlon an wie pure Nostalgie. Wie sollte man den Menschen das bloß verkaufen?

Ich hatte es nicht anders gewollt: Ich steckte mittendrin in diesem Drama der jüngeren Hotelgeschichte mit offenem Ausgang. Klar war damals nur eines: Ein Scheitern kam nicht infrage.

Mission: Impossible – Wie man eine Legende neu erschafft

Waren die Kritiker – im Gegensatz zum Volksmund – dem alten Adlon vor der Eröffnung 1907 immerhin sehr gewogen gewesen, hatten wir es bei der Wiedergeburt des Hotels teilweise mit weniger geneigten Stimmen zu tun. Ein Berliner Politiker bezeichnete den Bau als »Architektur der röhrenden Hirsche«, ein Architekt gar als »geschmacklos und primitiv«. Michael Rabe, der damalige Sprecher der Fundus-Gruppe, die das Projekt finanzierte, fand treffende Worte dafür, warum nicht einfach der alte Palast in Pomp und Plüsch unverändert wiederhergestellt wurde: »Die Gäste von damals gibt es nicht mehr. Heute soll hier jeder seinen Tee trinken können, ohne sich an einem livrierten Zerberus vorbeschleichen zu müssen.«

All diese Stimmen wurden erst um die Eröffnung gesammelt, doch bis dahin hatten wir noch einen weiten Weg vor uns. Und viel stärker als bei anderen Hoteleröffnungen, die ich bis dahin erlebt hatte, war der Erfolg dieses Weges vom Erfolg des Images abhängig, das wir dem Adlon geben würden – also den Public Relations.

Was Generaldirektor Jean K. van Daalen und Pressesprecherin Sabine Held (die diesen Job bis heute großartig macht) damals in Sachen Öffentlichkeitsarbeit leisteten, kann gar nicht genug gewürdigt werden: Es gelang ihnen, dem alten Mythos neues Leben einzuhauchen, ihn in unsere Zeit zu übertragen und dabei eine belastbare Brücke in die Zukunft zu schlagen. Sie belebten nicht einfach die alte Legende wieder, sondern schufen eine neue, ohne den Ursprungsmythos zu verbrämen. Dafür bauten sie auf dem alten Glanz auf und schafften es, den

Schwung des Aushängeschilds der Weimarer Republik auf das neue »inoffizielle Gästehaus« der Berliner Republik zu übertragen. Das Meisterstück in Sachen Hotel-PR!

Da die Schwierigkeit dieser Mission vor allem darin bestand, dass die alte Legende praktisch vergessen war, mussten die Initiatoren eine Erfolgsgeschichte unserer Tage inszenieren, ohne den Eindruck zu erwecken, man glaube in Berlin, die Welt und die Welt der Hotellerie hätten sich nicht verändert.

Tatsächlich war es genau der Charme des »alten Berlins«, mit dem sich im Ausland am meisten Aufmerksamkeit auf das Adlon ziehen ließ. »Man sagte mir, dies sei das kulturelle Zentrum Berlins gewesen«, wurde ein amerikanischer Gesandter nach dem Grand Opening zitiert. Für Berlin-Touristen, jedenfalls die kulturinteressierten, ist genau dieses grandiose Erbe des Adlon Grund genug für einen Besuch.

Für die modernen Kosmopoliten dagegen ist es viel anziehender, dass das Adlon alle Annehmlichkeiten eines hochmodernen Fünf-Sterne-Hotels bietet, also eine Hotellerie der Spitzenklasse auf dem Niveau des 21. Jahrhunderts. Für sie dachten wir uns deshalb allerlei Extras aus, die selbst in Fünf-Sterne-Häusern nicht selbstverständlich sind: Im Adlon geht der Komfort so weit, dass jeder Gast zum Beispiel sein eigenes Haus-Handy erhält – und das 1997, als kaum jemand ein privates Handy besaß. Damit ist er nicht nur erreichbar, er kann auch rund um die Uhr mit einem Griff in die Tasche des Bademantels alles bekommen, was er braucht – Anruf genügt. Und das dürfen Sie wörtlich nehmen. In einem Hotel wie dem Adlon ist es schwer, etwas zu ersinnen, das die Angestellten nicht für Sie tun können.

Die Servicequalität war bereits im alten Adlon exzellent gewesen – für die damalige Zeit. Zum Beispiel gibt es die

Legende, dass der junge Johannes Heesters auf frisch gemolkene Kuhmilch schwor. Diese Vorliebe wurde im Adlon angeblich folgendermaßen bedient, wenn der Tenor im Hause weilte: Jeden Morgen wurde seine Milch direkt unter seinem Fenster aus einer eigens dafür herangeschafften Kuh abgemolken.

Eine Kuh vor dem Fenster wird sich heute kaum noch jemand wünschen. Auch wenn manche Tugenden in der Hotellerie zeitlos sind; grenzenlose Service-Qualität ging kurz vor dem Anbruch des neuen Jahrtausends mit ganz anderen Anforderungen einher. Michael Rabe hatte recht: Die Gäste von damals gibt es heute nicht mehr, aber dafür neue, aus aller Welt, für die das Reisen auf höchstem Niveau Alltag ist. Bei aller Tradition galt es vor allem, diese Menschen anzulocken.

Der Spagat, den wir bei der Imagearbeit zu leisten hatten, war deshalb immens: Immer wollte die rechte Dynamik gewahrt sein zwischen Historie und Zeitgeist, Mythos und Service-Praxis.

Dass wir mit dieser doppelten Strategie, dieser Synthese von Legende und Vision, tatsächlich Erfolg hatten, zeigte sich an prominenten Stimmen, die bei der Eröffnung zu vernehmen waren – vom damaligen Bundespräsidenten Roman Herzog über den ehemaligen Regierenden Bürgermeister von Berlin Eberhard Diepgen bis hin zu einem der Nachfolger jener bedeutenden Autoren, die früher im Adlon residiert hatten: Walter Jens. Letzterer stellte das neue Adlon in seiner Festrede anlässlich der Eröffnung in eine Reihe mit den historischen Ikonen der Hotellerie, die die großen Hotelliteraten – Thomas Mann, Agatha Christie oder Joseph Roth – seinerzeit beschrieben hatten.

Roman Herzog schnitt an diesem Tag nicht nur das rote Band am Haupteingang durch, er machte das Adlon bereits ei nige Tage später zu einem Fixpunkt des politischen Berlins. In unserer Lobby, die wir eigens dafür ausräumten, hielt er jene Rede, die ihm viel Popularität beschert hatte und die bis heute mit ihm, aber eben auch mit der Berliner Republik assoziiert wird: »Durch Deutschland muss ein Ruck gehen.« Und das zu einem Zeitpunkt, als noch nicht jeder es selbstverständlich fand, dass die deutsche Hauptstadt wieder Berlin hieß.

Der damalige brandenburgische Ministerpräsident Manfred Stolpe hob in seiner Ansprache beim Grand Opening direkt auf die Bedeutung des Adlon ab, die vom ersten Tag an zur Neuinszenierung des Mythos gehört hatte und an der jahrelang hart gearbeitet worden war: Das neue Adlon sei mit der neuen Bedeutung Berlins als europäischer Metropole genauso verwachsen, wie es das alte war, nur dass die Europäische Union heute politische Realität sei, während Europa damals noch von historischen Fronten durchzogen war. Das Adlon sei »genau das, was eine zentraleuropäische Metropole braucht«, betonte Stolpe. Eberhard Diepgen fügte hinzu, das Hotel sei »ein Symbol für den Wandel Berlins«.

Am besten jedoch formulierte es Karl Theodor Walterspiel. Mit seinen Worten gab er die Richtung für das vor, was folgen sollte. Das Vorstandsmitglied der Kempinski AG hatte schon im Jahr 1989 die Initialzündung dafür gegeben, das Adlon zum Flaggschiff der Gruppe zu machen. Er kannte das alte Adlon noch aus Erzählungen seines Vaters und wusste auch, dass Hedda Adlon Verträge mit Kempinski abgeschlossen hatte. Die Witwe von Lorenz Adlon hatte sich damit nach dem Krieg finanziell abgesichert.

Als dann 1989 die Mauer in Berlin fiel, erinnerte sich Karl Theodor Walterspiel daran, von diesen Verträgen gehört zu haben, und fand sie tatsächlich im Archiv. In den Dokumenten war festgelegt worden, dass Kempinski über Ankaufsrechte für die Firma Adlon und das Grundstück am Pariser Platz verfügte, falls dort jemals wieder ein Hotel errichtet werden sollte. Und so nahm ein beispielloses Unterfangen seinen Lauf, das schließlich im Grand Opening des neuen Adlon gipfelte.

Bis zu diesem Abend trugen alle kleinen Schritte auf dem langen Weg zum neuen Mythos Adlon Walterspiels Philosophie Rechnung: »Ein Hotel ist immer das Produkt seiner Zeit und könnte niemals erfolgreich sein, wenn man rückwärts schaut. Wir müssen nach vorne blicken. Aber ich sage auch: Hotels dieser Art wird es so lange geben, wie es Theater gibt. Und Theater wird es so lange geben, wie es kultivierte Menschen gibt. Sie können zu jeder großen Stadt dieser Welt eine Hoteladresse nennen, die nur dorthin gehört, und so gehört das Adlon nach Berlin.«

Schall und Rauch und Grandezza

Der 23. August 1997 ging in die Annalen der Hotelgeschichte ein: Das Grand Opening des Adlon war bis dato ohne Frage die wichtigste Hoteleröffnung in der Geschichte der Bundesrepublik Deutschland.

So wie 1907 Kaiser Wilhelm das erste Haus eröffnet hatte, würde auch der Neubau vom amtierenden Staatsoberhaupt eröffnet werden: Bundespräsident Roman Herzog, zum ersten und bisher einzigen Mal in der Geschichte der Bundesrepublik Deutschland. Sabine Held, unsere einzigartige Pressesprecherin, hatte dafür gesorgt, dass jede wichtige Zeitung und jeder große Fernsehsender der Republik, ach was sage ich, Europas und der USA dabei sein würden. 1000 VIPs standen auf unserer

Gästeliste. Jeder, der in der Republik Rang und Namen hatte, war eingeladen, und viele Vertreter aus Politik, Wirtschaft und Medien folgten unserem Ruf – ausländische Prominente eingeschlossen. Schon das alte Adlon hatte sich durch seine Internationalität ausgezeichnet, und dieser Ruf sollte dem Haus auch in Zukunft vorauseilen.

Im und um das Adlon herum herrschte an diesem Tag eine Betriebsamkeit wie am Nachmittag vor der Oscar-Verleihung um das Dolby Theatre in Los Angeles – Ausnahmezustand. Wir hatten so ziemlich alles zu bieten, was auch die Oscar-Verleihung auszeichnet: den roten Teppich. Die Stars. Die atemberaubende Kulisse. Die Limousinen. Die Kameramänner und Fotografen. Kaviar und Champagner. Und eine richtig große Story.

Für uns vom Hotel war der Großteil dieses Tages alles andere als glamourös, sondern Knochenarbeit unter höchster Anspannung. Die letzten Vorkehrungen für 1000 VIPs sollten getroffen werden. Sämtliche Hotelangestellte bewegten sich in atemberaubendem Tempo von A nach B, egal ob Koch, Concierge oder Kellner.

Und wir vom Management mittendrin. Das Jackett hatte ich an diesem Tag schon nach zehn Minuten Dienst abgelegt und die Hemdsärmel hochgekrempelt. Schlaf hatte ich ohnehin schon seit Tagen nur noch sporadisch bekommen. Mein Handy klingelte praktisch ununterbrochen. An allen Ecken und Enden gab es Baustellen. Ich war voll auf Adrenalin – aber ich war auch der, der kühlen Kopf bewahren musste, denn ich trug die operative Verantwortung.

Irgendwann war es so weit: Der große Moment stand unmittelbar bevor. Der Pariser Platz bis zum Brandenburger Tor war für die Eröffnungsfeierlichkeiten abgesperrt worden. Der rote Teppich war ausgerollt, alle Protagonisten in und um das Hotel auf ihren Plätzen. Die Anspannung, die in der Luft lag, konnte man regelrecht anfassen.

Die Krönung der Zeremonie sollte das große Feuerwerk sein, das die Nachricht von der Eröffnung in bunten Farben an den Berliner Himmel tapezieren würde – ein Moment für die Ewigkeit, begleitet von den Klängen von Carl Orffs *Carmina Burana*. Jeder, der der Zeremonie beiwohnte, sollte in den Berliner Himmel schauen und eine Gänsehaut bekommen. Das, und nicht weniger.

Drüben, im Westen der Hauptstadt, irgendwo hinter dem Brandenburger Tor, verlieh die Abendsonne der ganzen Szenerie eine zusätzliche Dramatik. Bald würde die Dämmerung weit genug fortgeschritten sein und das Feuerwerk die Feierlichkeiten einläuten.

Doch da war plötzlich noch etwas hinter dem Brandenburger Tor, das durch die staatstragende Atmosphäre auf dem Pariser Platz schnitt wie eine Vuvuzela durch die Nationalhymne: eine chaotische Menschenmenge mit Transparenten. Eine Demonstration. Eine Tausende Menschen starke, quietschbunte und lautstarke Demo, die wie eine Kontrastfolie zu dieser Seite des Brandenburger Tors wirkte. Was da auf West-Berliner Seite paradierte, gehörte natürlich nicht zu unserer Inszenierung. Das war etwas ganz anderes, der Soundtrack einer anderen Welt, einer Subkultur, so deplatziert wie eine zerrissene Jeans auf dem Wiener Opernball. Das Spektakel, das hinter dem Brandenburger Tor seinen Lauf nahm, störte nicht nur die Wiedereröffnung des Adlon, es drohte sie zu ruinieren.

Wem wir den unerwünschten Nebenschauplatz zu verdanken hatten, wusste ich: Die Betreiber der Hanfparade hatten sich den Tag der Adlon-Eröffnung für ihr eigenes Event erwählt, um für ihre Demonstration zugunsten der Legalisierung von Marihuana möglichst viel Aufmerksamkeit abzugreifen. Natürlich hatten wir von dieser »Konkurrenzveranstaltung« schon im Vorfeld erfahren. Allerdings hatten wir gehofft, dass beide Ereignisse an diesem Tag friedlich koexistieren könnten. Quasi nur durch die Bögen und Mauern des Brandenburger Tors getrennt. Kulturelle Kontraste gehören in Berlin nun mal zum Lokalkolorit – wat soll's, wa? Die Parade der Hanfenthusiasten war eine genehmigte Veranstaltung, wir hätten ohnehin wenig dagegen ausrichten können.

Unglücklicherweise bestätigten sich nun, kurz vor Beginn unserer Feierlichkeiten, meine schlimmsten Befürchtungen: Auf der anderen Seite des Brandenburger Tors interessierte man sich herzlich wenig für die festliche Stimmung auf der Ostseite des Platzes. Gerade hatte ich erfahren, was eingeschleuste Sicherheitskräfte auf der anderen Seite des Tors in Erfahrung gebracht hatten: Die Demonstranten gedachten pünktlich zum Beginn des Feuerwerks ihre Boxen aufzudrehen und so richtig den Punk loszulassen.

Wir mussten handeln. Die Frage war nur: Was tun?

Gegen das Desaster, das hier gerade heraufzog, erschien mir sogar der Platz an der Seite jener europäischen Prinzessin erstrebenswert, die in Südafrika von der betrunkenen Comédienne aufgemischt worden war.

Ich ging zu einem der mir bekannten Sicherheitsleute, schnappte mir seinen Feldstecher und nahm die Gegenveranstaltung genauer in Augenschein. Bei dem Anblick, der sich mir bot, rutschte mir das Herz in die Hose: Die Smoker hatten riesige Boxentürme errichtet – direkt hinter dem Brandenburger Tor. Der stolzen Quadriga mussten schon beim Anblick die Zügel vibrieren. Langsam wurde ich wütend: Eindeutig legten die Jungs auf der anderen Seite es gezielt darauf an, unsere Veranstaltung maximal zu stören.

Was unternimmt man, wenn einem alle Felle davonzuschwimmen scheinen, weil irgendwelche Störenfriede auf Krawall gebürstet sind? Man spricht mit denen, die sich mit Sabotage auskennen und sie zu unterbinden wissen.

Von diesen Top-Sicherheitsexperten, die von Berufs wegen Staatsbesuche und öffentliche Veranstaltungen mit Politprominenz schützen, hatten wir an diesem Tag reichlich auf dem Potsdamer Platz – ich war praktisch von ihnen umzingelt. Einer der Einsatzleiter, der sicher schon ganz andere Super-GAUs erlebt hatte, hörte sich meine verzweifelte Frage an, lächelte verschlagen und machte dann selbstverständlich nicht folgende Andeutung:

»Wenn das unsere Veranstaltung wäre, würden wir jemanden schicken, der knips-knips macht.«

Worauf ich selbstverständlich nicht fragte: »Was soll das denn heißen, knips-knips?«

Und natürlich erwiderte er nicht: »Wir würden die gar nicht stören. Wir würden ihnen einfach den Strom abzwicken. Da es eine genehmigte Veranstaltung ist, wäre das zwar grenzwertig. Allerdings ist hier eine brenzlige Situation abzusehen, bei der wir früher oder später ohnehin eingreifen müssten.«

Wir diskutierten noch eine Weile das Vorgehen und einigten uns auf eine minimal-invasive Lösung.

Wenige Minuten später war die einzige Musik, die an diesem Abend auf dem Pariser Platz aus den Boxen dröhnte, Carl Orffs *Carmina Burana*. Dieser Klassiker verlieh dem grandiosen Feuerwerk – um es mit den Worten ihres Schöpfers zu sagen – die angemessene »Grandezza«.

Als die Demonstranten ihrerseits die Regler hochdrehten,

passierte – nichts. Aus unerfindlichen Gründen hatten sie keinen Saft auf ihren Verstärkern. Wie sie das fanden, kann ich nicht sagen. Aus meiner Warte war die friedliche Koexistenz an diesem Abend jedenfalls ein voller Erfolg.

Roman Herzog schnitt gemeinsam mit Jean K. van Daalen, genannt Gianni, das Band durch und schritt über den roten Teppich, gefolgt von Jean, mir und von 1000 VIPs. Ein rauschender Abend nahm seinen Gang, und wir hatten es geschafft: Das Adlon war eröffnet, und niemand war uns in die Parade gefahren.

Mit harten Bandagen

Bei der Eröffnung und noch einige Jahre danach waren die Küche des Adlon und insbesondere das hauseigene Restaurant Lorenz Adlon das Reich von Karlheinz Hauser, einem früheren Schüler von Eckart Witzigmann. Später verdiente sich das Haus sogar Michelin-Sterne. In Karlheinz' Küche verbrachte ich viel Zeit, denn ein Ausnahme-Hotel wie das Adlon steht und fällt auch mit der Qualität seiner Gastronomie. Karlheinz Hauser war eine Schlüsselfigur bei der Wiederauferstehung des Mythos Adlon, und es tat stets gut, sich mit diesem jungen, aber erfahrenen Haudegen auszutauschen und zu beobachten, mit welcher unbeirrbaren Geradlinigkeit er diese Herausforderung meisterte.

Doch es war nicht nur Karlheinz, der mich regelmäßig in die Küche zog. Ich liebe Hotelküchen, und das liegt nicht nur daran, dass es in einer Grandhotel-Küche immer etwas Leckeres zu verkosten gibt, sondern auch an der Atmosphäre, die dort herrscht – und an den Menschen, die in ihr arbeiten.

Hochklassige Küchen gehören zu den letzten verlässlichen Orten auf dieser Welt. In ihnen herrscht eine ungeheure Disziplin; jeder und jedes hat seinen Platz, und nur selten wird von dieser Ordnung abgewichen. Die Abläufe einer professionellen Küchencrew sitzen perfekt. Jeder weiß, was er zu tun hat, und kann jeden Handgriff mit schlafwandlerischer Sicherheit ausführen. Nicht nur handwerklich, sondern auch mental vollbringen Spitzenköche Höchstleistungen. Sie müssen in der Lage sein, extrem intelligent mit Ressourcen umzugehen – nicht nur mit den Lebensmitteln, sondern auch mit den Fähigkeiten ihrer Mitarbeiter und nicht zuletzt ihrer eigenen Arbeitskraft. Tage, oft Wochen und manchmal sogar Monate im Voraus müssen sie den Überblick haben und disponieren können, welches Menü bei welchen Veranstaltungen aufgetischt werden soll, welche Kapazitäten und welche Rohstoffe dafür bereitstehen müssen. Frische Lebensmittel von höchster Qualität kann man nicht auf Vorrat lagern; sie müssen in dem Moment verfügbar sein, wenn sie gebraucht werden, und das – wegen der Kalkulation – in genau der richtigen Menge.

An kaum jemanden in einem Grandhotel werden so hohe persönliche Ansprüche gestellt wie an den Küchenchef. Neben all den genannten Qualitäten muss er also noch extrem stressresistent sein. Und das ist ein weiterer Grund, warum ich mich so gern in Hotelküchen aufhalte: Die professionelle, perfektionistische Arbeitsweise führt zu einer hochkonzentrierten Atmosphäre. Selbst bei größter Hektik, wenn der Chef auch mal Anweisungen brüllen oder jemanden zurechtweisen muss, herrscht in der Küche eine Stimmung, die auf mich eine geradezu blutdrucksenkende Wirkung ausübt. Selbst wenn gerade das ganze Hotel dem Wahnsinn verfällt – auf den unerschütterlichen Takt in der Küche ist Verlass.

Als ob diese Stellenbeschreibung noch nicht genügend Kompetenzen enthalten würde, müssen Spitzenköche zudem kreative Genies sein. Das geht schon bei den Basics los: Der Zwang zur konstanten Qualität bei der Verarbeitung frischer Lebensmittel sorgt für eine ungeheure Qualität in der Dienstleistung: Auf jede Abweichung kann solch eine Küche reagieren, jeder Planänderung weiß sie mit einer Kursänderung zu begegnen, um am Ende doch Perfektion auf den Teller zu bringen. Im Gourmet-Segment erreichen die Anforderungen an die Qualität noch ganz andere Dimensionen: Sterne-Küchenchefs gehen mit den ständig wechselnden und stetig steigenden Ansprüchen um und halten Schritt. In der Spitzengastronomie ist nicht einmal der Stern aus dem letzten Michelin-Guide lange etwas wert; er muss regelmäßig aufs Neue erkämpft werden. So etwas wie Durchhänger oder Schaffenspausen rächen sich in dieser Szene sofort. Und das gilt nicht nur für die Küchenchefs, sondern in gewissem Maße auch bereits für die aufstrebenden Nachwuchsköche. Ein Spitzenkoch erfüllt die Anforderungen an einen Handwerksmeister, einen Top-Manager und einen Ausnahmekünstler gleichzeitig – und das oft sieben Tage die Woche, das ganze Jahr über, mit sehr wenigen, sehr kurzen Erholungsphasen. Ein Restaurant ist immer nur so gut wie das letzte Essen, das der Gast dort genossen hat.

Diesen Job kann nicht jeder machen, denn er setzt neben der seltenen Kombination an Fähigkeiten auf höchstem Niveau und einer unerschöpflichen Energie auch ein hohes Selbstvertrauen voraus. Köche, insbesondere Spitzenköche, sind deshalb fast immer krasse Typen. All die Energie, die in so einer Küche kursiert, all die Leidenschaft und der aufgestaute Leistungsdruck suchen sich oft ungewöhnliche Ventile. Eigentlich ist es nicht überraschend, dass die Gruppendynamik in einer Truppe von Ausnahmetalenten schon mal bizarre Züge annimmt.

Einmal wurde ich in einer solchen Küche Zeuge eines Rituals, wie es selbst der amerikanische Filmemacher Quentin Tarantino nicht abgedrehter hätte inszenieren können.

Ich erinnere mich, in eine Küche gekommen zu sein, um mich für ein Gala-Dinner am nächsten Abend kurz mit einem der Stellvertreter des Küchenchefs zu besprechen, wie es Routine ist bei größeren Events: die Menüfolge diskutieren, die Zeitfenster für die Gänge abstimmen, den Bedarf an Personal im Service klären.

Der Stellvertreter, der an diesem Abend Dienst hatte, und ich waren mitten im Gespräch, als ich mir plötzlich sicher war, seltsame Geräusche zu hören. Wahrgenommen hatte ich die Laute schon die ganze Zeit, hatte sie aber wohl unterbewusst als Teil des Geräuschkulisse abgetan, die in einer Hotelküche an der Tagesordnung ist: Unzählige Geräte summen oder zischen vor sich hin, Pfannen werden auf Herdplatten geknallt, Messer geschärft, Kellen an Topfrändern abgeklopft, Kräuter gehackt, und zwischendurch immer wieder Bestellungen oder Anweisungen in die Weite des gekachelten Raums gebrüllt. Da ist es gar nicht so leicht für das Gehör, ein Geräusch zu isolieren, das nicht so recht in diesen Klangbrei hineinpasst.

Als es jedoch gerade mal ein wenig ruhiger war, weil der Strom an Bestellungen für diesen Abend langsam abebbte, nahm ich das Geräusch deutlicher wahr. Ich löste meinen Blick von meinen Notizen und bedeutete meinem Gesprächspartner mit einer Geste, für einen Moment innezuhalten. Dann hörte ich es: ein leises Wimmern, irgendwo aus dem hintersten Winkel der Küche. Ein wenig klang es wie das resignierte Jammern eines Hundes, der von seinem Herrchen zu lange allein gelassen worden ist und hinter der Wohnungstür auf seine Rückkehr harrt.

Besorgt sah ich mich um – hatte sich womöglich einer der Köche oder Küchenhilfen bei der Arbeit mit einem scharfen Messer verletzt? Oder litt hier womöglich ein noch lebendiges Tier, das der Schlachter nicht richtig erwischt hatte?

»Hörst du das?«, fragte ich den Stellvertreter. »Da ist so ein Wimmern ... Hat sich einer von euren Leuten wehgetan? Oder habt ihr jemanden gefeuert und du lässt den heulend in der Ecke sitzen?«

»Nee, habe ich nicht. Wer hier rausfliegt, geht sofort.«

»Aber das musst du doch hören!«, entgegnete ich besorgt. »Das kann ja dem härtesten Kerl dauern, dieses Wimmern! Willst du nicht mal nachsehen?«

»Mach dir keinen Kopf, Carsten, hier unten sind alle bei bester Gesundheit. Also für den Zwischengang ...«

Mochte es dem Stellvertreter egal sein, ob hier jemand unbemerkt verblutete, mir war es nicht gleichgültig. Außerdem kam mir sein Verhalten verdächtig vor. Gerade als er das Gespräch wieder auf die Menüfolge bringen wollte, hörte ich das Wimmern erneut. Dieses Mal war es etwas lauter als zuvor, aber immer noch konnte ich nicht mit Sicherheit sagen, ob es menschlichen Ursprungs war oder irgendein seltsames Küchengeräusch, das ich nicht kannte. Sorge und Neugier gewannen die Oberhand: Ich begann die Küche abzusuchen.

Es dauerte eine Weile, bis es mir gelang, das Wimmern zu verorten. Schließlich hatte ich es auf die vom Eingang aus gesehen entlegenste Ecke der riesigen Küche eingegrenzt. Doch dort gab es keine Arbeitsplätze. Ich konnte weder einen in die Ecke gekauerten Mitarbeiter noch ein heulendes Tier entdecken – die Quelle des Geräuschs blieb unsichtbar.

Mein Blick fiel auf die Tür zum Kühlraum, die sich genau in dieser Ecke befand. Was auch immer da leise vor sich hin wimmerte, es musste in diesem Raum sein. Und tatsächlich wurde das Geräusch lauter, als ich mich der Tür näherte. Ich atmete tief durch und riss die Tür an ihrem riesigen Hebel mit einem Ruck auf.

Es dauerte einen Moment, bis ich einen Durchblick hatte, denn aus dem kalten Raum drangen dicke Nebelschwaden. Der Anblick, der sich mir bot, als ich langsam etwas erkennen konnte, ließ mir den Atem stocken.

Dort, mitten zwischen Schweine- und Rinderhälften und anderem Kühlgut, baumelte einer der Köche. Sein Wimmern verstummte in dem Augenblick, als ich die Tür aufgerissen hatte. Stattdessen blickte er mich nun, zu Tode erschrocken, aus weit aufgerissenen Augen an. Zu meiner Erleichterung war er offensichtlich bei bester Gesundheit, allerdings in Panik. Und ich konnte es ihm nicht verdenken.

Der Koch war ein Brocken von einem Kerl: fast zwei Meter groß, muskulös und ziemlich großflächig tätowiert. Das konnte ich sehen, weil er trotz der niedrigen Temperaturen im Kühl-raum nicht etwa seine Kochuniform trug, sondern lediglich ei-nen aus Leder und Nieten gefertigten Harnisch. Seine Hände waren über dem Kopf mit Handschellen gefesselt, und an die-sen baumelte der Koch von einem der massiven Fleischerhaken. Selbst wenn er sich eigenständig vom Haken hätte befreien können, wäre er immer noch gefangen gewesen: Wie in den meisten älteren Kühlräumen ließ sich auch in diesem die Tür nur von außen öffnen.

Wie angewurzelt stand ich da, während um mich herum die Küchenkräfte völlig ungerührt weiter ihre Arbeit zu ver-richten schienen. Inzwischen hatte sich der Stellvertreter, der mir mit einigem Abstand gefolgt war, neben mir eingefunden. Als ich mich langsam von meinem Schock erholte, drehte ich mich zu ihm um und erwartete in seinen Augen dieselbe Fassungslosigkeit zu sehen, die ich gerade spürte. Doch er blickte mich völlig ungerührt an. Als er meinen Gesichtsausdruck sah, machte sich auf seinem Gesicht sogar ein kleines Grinsen breit. Offenbar wusste er nicht nur davon, dass sein Kollege an einem Fleischerhaken von der Decke des Kühlraums baumelte, er vermittelte sogar den Eindruck, als ob das genau so gehörte.

Eigentlich wollte ich die Antwort gar nicht wirklich hören, aber ich musste fragen: »Was zum Henker ist das denn bitte?«

»Das ist einer meiner Köche«, antwortete er völlig entspannt.

»Danke, das sehe ich auch. Was ich nicht verstehe, ist: Warum hängt er bei 8 Grad praktisch nackt in einem S/M-Kostüm von der Decke?«

»Mach dir keine Sorgen, Carsten. Der will das so. Der Kerl braucht das.«

»Und woher weißt du das? Wer hat ihn denn da aufgehängt?«

»Das war ich. Er hat darum gebettelt, wie immer. Es motiviert ihn.«

»Ach so, das motiviert ihn. Und wie lange hängt er schon da?«

»Nicht lange genug.« Und mit diesen Worten griff er nach der Tür zum Kühlraum, warf sie ohne einen weiteren Blick auf den Masochisten am Haken wieder zu und setzte in unserem Gespräch genau dort wieder an, wo wir zuvor aufgehört hatten – beim Zwischengang.

Nachdem ich noch eine Weile ungläubig auf die Tür des Kühlraums gestarrt hatte, fing ich mich wieder. Offensichtlich gehörte das hier wirklich so. Darauf ließ mich die Tatsache schließen, dass sich außer mir niemand um uns herum auch nur im Geringsten darum scherte. Dieses kleine S/M-Spielchen schien Bestandteil der gewöhnlichen Motivationsroutine in dieser Küche zu sein, jedenfalls zwischen den beiden, und niemanden schien das zu kümmern. Anderswo veranstaltet man Gallup-Feedback-Runden oder schickt die Mitarbeiter auf Incentive-Reisen, hier hängte man sie bei Bedarf abends in den Kühlraum.

Meine Meinung, dass ich zu diesem Zeitpunkt schon alles gesehen hatte, was man in einem Hotel erleben kann, musste ich an dieser Stelle revidieren. Zugegebenermaßen brauchte ich eine Weile, um mich an den Gedanken zu gewöhnen. Doch letztlich kam ich zum gleichen Schluss wie schon so oft, wenn mich meine Kollegen oder meine Gäste mal wieder überrascht hatten: Ja, warum denn eigentlich nicht? Manchmal sind die härtesten Jungs die feinsten Kerle.

Deshalb zog meine Entdeckung auch keinerlei Konsequenzen nach sich – abgesehen davon, dass ich mich nach diesem Abend vom Kühlraum fernhielt. Beide Köche waren Spitzenkräfte. Ihre Leistung und die Qualität dieser Küche waren über jeden Zweifel erhaben, ihre Kreationen sorgten regelmäßig für Lobeshymnen. Wenn die beiden sich auf diese Weise gegenseitig bei Laune hielten und zu Spitzenleistungen antrieben und auch der Küchenchef damit kein Problem hatte, warum sollte ich das unterbinden? Ganz im Gegenteil: Und wenn die gesamte Küchencrew aus einem S/M-Club rekrutiert und abends zur Motivation in die Kühlkammer gehängt wurde – mir sollte es recht sein. Wer bin ich, über andere zu urteilen? Was ein Dienstleister am Gast nicht darf, das darf ich bei meinen Mitarbeitern genauso wenig.

Das Hotelgewerbe ist nicht ohne Grund eine der buntesten

Branchen, vielleicht sogar die bunteste, die es gibt: Service hat viel mit Akzeptanz oder wenigstens Toleranz zu tun. Nur wer sich von Vorurteilen und diskriminierendem Verhalten freimachen kann, vermag wirklich jedem Gast mit dem gleichen Respekt zu begegnen. Und das können nun einmal die am besten, die aus eigener Erfahrung wissen, was es bedeutet, von anderen Menschen so akzeptiert zu werden, wie man ist. Auch dieses Menschenrecht gehört, solange dabei niemand zu Schaden kommt, zu meiner Philosophie von kompromisslosem Service: Jedem Tierchen sein Pläsierchen.

Welcome, Mr. President!

Im Adlon erlebte ich den prägendsten Service-Moment meines Lebens. Er wurde mir von einem Menschen beschert, der ebenfalls nicht als Kind von Traurigkeit bekannt ist. Bis heute ist Bill Clinton einer der beliebtesten Präsidenten, den die Vereinigten Staaten von Amerika je hatten – trotz seiner Affäre mit der Praktikantin Monica Lewinsky.

Kein Geringerer als jener Präsident der USA hatte sich also im Adlon angekündigt – während eines Staatsbesuchs im Mai 1998 war er unser Gast. Von allen hohen Gästen, die ich schon beherbergt hatte, war er der höchstrangige. Ich bekam Gänsehaut, als ich das hörte.

Ein Bill Clinton reserviert natürlich nicht einfach ein Zimmer und kommt vorbei, wenn er die Berlin-Rundfahrt hinter sich hat. Man schreibt nicht den Namen in die Reservierungsliste und macht dann Dienst wie gewohnt. Ein Staatsbesuch dieser Dimension muss auch in einem Hotel, das als inoffizielles Gästehaus der Bundesrepublik bezeichnet wurde, vorbereitet werden. Es ist ein Ausnahme-Ereignis, der größte anzunehmende Ernstfall – höher geht's nicht mehr.

Bei einem Besuch des amerikanischen Präsidenten reden nicht nur die Chefetage des Hotels und der halbe Sicherheitsapparat der Republik mit, sondern ebenso die Berater des Staatsgasts. In stundenlangen Besprechungen planten wir Wochen im Voraus jeden einzelnen Schritt, jedes einzelne Detail. Das meiste davon wurde von den Amerikanern geregelt, die die deutschen Sicherheitskräfte und alle Beteiligten zu Assistenten degradierten: die Wege innerhalb des Hauses, die der Präsident zurücklegen würde. Die Zimmerausstattung, bis hin zum einzelnen Handtuch. Die Mahlzeiten, genau abgestimmt auf Bill Clintons Vorlieben. Die Dekoration ebenso. Und so weiter und so fort. Wir ließen nichts aus, was man in einem Hotel nur irgend bedenken kann.

Zu den Vorbereitungen gehörte natürlich auch, dass das Hotel schon Tage vor Clintons Anreise von den deutschen und amerikanischen Sicherheitsbehörden zum Hochsicherheitstrakt erklärt wurde. Alle Zufahrtsstraßen zum Pariser Platz wurden nach und nach gesperrt und alle Gully-Deckel im Umfeld des Hotels versiegelt, damit dort keine Bomben platziert werden konnten.

Standardmäßig sollte die Präsidentensuite mit Panzerglas kugelsicher gemacht werden, um vor Attentätern zu schützen. Bei uns ist das nicht nötig, dachten wir, denn sämtliche VIP-Suiten in den oberen Stockwerken waren ja schon mit zehn Zentimeter dickem Panzerglas ausgestattet. Doch das war dem Secret Service nicht genug. Sogar unser kugelsicheres Glas wurde ersetzt – gegen panzerfaustresistentes. Außerdem wurde jeder Raum – nicht nur die Suiten der präsidialen Reisegruppe – mit Spürhunden und Detektoren durchsucht.

Auch persönlich bekamen wir die Sicherheitsvorkehrungen zu spüren: Lebenslauf und Umfeld aller Mitarbeiter des Hotels wurden von amerikanischen Agenten durchleuchtet.

Bei den Vorbereitungen stimmten wir uns ständig mit dem Verantwortlichen des Weißen Hauses, dem Bundespräsidialamt und den Sicherheitsbehörden ab. Nach wochenlanger Planungsarbeit waren wir am Tag von Clintons Ankunft auf alles vorbereitet. Nichts, aber auch gar nichts blieb dem Zufall überlassen.

Leider konnte man dasselbe von den Offiziellen nicht behaupten. Roman Herzog sollte den Präsidenten bei dessen Ankunft auf dem roten Teppich vor dem Haupteingang des Adlon begrüßen. Auf diesen Moment hatten sich auch alle Journalisten eingerichtet, denn das war das Bild für die Abendnachrichten: Anhand des Begrüßungsrituals zweier Staatsoberhäupter wird gern die Atmosphäre der Beziehung zwischen den Ländern versinnbildlicht.

So standen wir alle bereit: Bundespräsident Roman Herzog, Adlon-Direktor Jean K. van Daalen, einige Führungskräfte des Hotels, darunter auch ich, unzählige mehr oder weniger auffällige amerikanische und deutsche Sicherheitskräfte und natürlich, links und rechts des roten Teppichs, Dutzende Fotografen. Alle warteten auf den amerikanischen Präsidenten, und keinen ließ die Vorstellung kalt, diesem Moment beiwohnen zu dürfen – eine Inszenierung wie in einem Hollywood-Film.

Bis es in dem Knopf knackte, den ich in meinem Ohr trug, und ich eine Durchsage von einem der amerikanischen Koordinatoren bekam: »Der Präsident wird nicht vor dem Haupteingang vorfahren. Er wird das Hotel durch die Tiefgarage betreten.«

Schade, dachte ich – dann wird es wohl nichts mit der Begrü-
ßungszeremonie auf dem roten Teppich. Aber was man nicht
ändern kann, kann man nicht ändern – Widerworte wollte
ich nun wirklich nicht an den Secret Service richten, der eine
Begrüßung vor dem Hotel offensichtlich für ein potenzielles
Sicherheitsrisiko hielt.

Mit dieser Neuigkeit ging ich zu meinem Ansprechpartner
bei der Organisation, um ihm diese Planänderung mitzutei-
len: »Ich habe eben eine Durchsage von den Amerikanern bekommen. Bitte teilen Sie dem Bundespräsidenten mit, dass der
Präsident am Eingang vorbeifahren und in der Tiefgarage aus-
steigen wird.«

Dem Hauptverantwortlichen entgleisten die Gesichtszüge.
Die Begrüßung vor dem Eingang war Teil seiner Inszenierung.
Durch den geänderten Ablauf fühlte er sich offensichtlich von
den Amerikanern düpiert. Als er sich einige Sekunden später
wieder gefangen hatte, baute er sich vor mir auf, als sei ich
schuld an seiner Misere. Mit zusammengekniffenen Augen sah
er mich an – er kam mir vor wie eine schlechte John-Wayne-
Parodie – und entgegnete mit maximalem Pathos: »Passen Sie
mal auf, da vorn steht der Bundespräsident der Bundesrepublik Deutschland. Es wurde verabredet, dass der Präsident der
Vereinigten Staaten hier aussteigt. Schauen Sie sich mal um,
schauen Sie mal nach oben – überall auf diesen Dächern liegen deren Scharfschützen. Dieser Platz ist sicher. Hier soll die
Begegnung laut Ablaufplan stattfinden, und genau hier wird
der Präsident der Vereinigten Staaten vom Bundespräsidenten begrüßt. Und jetzt verkriechen Sie sich wieder in Ihrem
Kellerloch.«

Von so viel aufgeblasener, starrsinniger Arroganz konnte
man nur genervt sein. Die Entscheidung war gefallen, und

keiner von uns würde am neuen Plan der Amerikaner etwas ändern können. Also sagte ich zum Verantwortlichen, der langsam rot anlief: »Sie müssen hier nicht den Platzhirsch machen. Ich teile Ihnen nur mit, was mir der Amerikaner gerade ins Ohr geflüstert hat, und daraus müssen wir jetzt alle das Beste machen.«

Ich mag mich täuschen, aber ich glaube mich zu erinnern, dass er an dieser Stelle begann, aus den Ohren zu dampfen. Bevor er mich ein weiteres Mal daran erinnern konnte, mit wem ich es zu tun hatte, fuhr ich fort: »Wenn der Ami sagt, der Präsident hält hier nicht, dann hält er hier auch nicht. Da kann der Papst nackt mit dem Weihrauchfass am Eingang stehen – der Präsident wird vorbeifahren.«

Da konnte der Mann nicht mehr an sich halten: »Ist Ihnen bewusst, von wem wir hier sprechen? Das ist der Bundespräsident der Bundesrepublik Deutschland, der da steht, und …«

»Ich weiß, wer da steht, aber das ist nicht mein erster Staatsbesuch. Ich sage es Ihnen noch einmal: Wenn der Ami sagt, Bill Clinton hält nicht, dann hält er nicht. Kommen Sie damit klar.«

Kam er nicht. Jedenfalls nicht rechtzeitig. Ich wusste, was jetzt passieren würde: Gleich würde die Limousinen-Flotte des US-Präsidenten vorbeifahren, nach rechts in die Behrenstraße abbiegen und in der Zufahrt der Tiefgarage verschwinden. Damals war diese Strecke noch zugänglich, weil die Britische Botschaft noch nicht da bzw. gesichert war. Und wenn Sekunden später Bill Clinton aus dem Auto steigen würde, würde dort niemand stehen, um ihn zu begrüßen – kein Bundespräsident und auch sonst niemand.

Das konnte ich nicht zulassen. Quer durchs Hotel rannte ich in die Tiefgarage. Kaum war ich dort angekommen, bog der

Tross von Limousinen, unter denen auch die des Präsidenten war, in die eigens für Staatsbesuche gebaute Tiefgarage ein, deren Lift direkt in die Präsidentensuite führt.

Als Bill Clinton umringt von Bodyguards ausstieg, stand ich dort als einziger Vertreter des Hotels, ja, der Bundesrepublik. Für mehr als ein »Welcome, Mr. President«, während ich den Aufzugknopf betätigte, bekam ich in diesem Moment allerdings keine Gelegenheit, denn schon war Clinton inmitten seines Trupps im Lift verschwunden.

Schließlich kam es dann doch noch zum Shakehands der beiden Staatsoberhäupter, nachdem in großer Hektik ein Treffpunkt innerhalb des Hauses festgelegt worden war. Der Hauptverantwortliche legte seinen zerknirschten Gesichtsausdruck an diesem Abend trotzdem nicht mehr ab.

Keine Zigarre für Bill Clinton

Dem verunglückten Begrüßungsritual folgte das große Staatsbankett zu Ehren des Präsidenten. Klar, dass wir alles auffuhren, was das Adlon an Service und Küche hergab: Dieser Abend sollte alle meine bisherigen Erfahrungen und Erwartungen an Glamour, Exklusivität und Luxus übertreffen. Es sollte die Nacht der Service Excellence werden. Die Gästeliste verlangte den höchstmöglichen Anspruch: Bundeskanzler Helmut Kohl, Bundesratspräsident Gerhard Schröder und unzählige weitere Prominente aus Politik, Wirtschaft und Showbusiness würden an diesen Tischen sitzen und Clinton beim Essen zusehen. Der Bundespräsident selbst hatte die Gästeliste abgesegnet.

Bevor das Bankett begann, schritt ich immer wieder die eingedeckten Tische in dem riesigen Ballsaal ab, die wir in den Farben der US-Flagge dekoriert hatten: Rot, Weiß und Blau. Jeder Dessertlöffel lag hier millimetergenau an der richtigen Stelle, als wäre mit einer Schablone eingedeckt worden.

Auf die Planung des Menüs hatten wir im Vorfeld so viel Zeit verwendet, dass es mir bis heute in Erinnerung geblieben ist. Als Vorspeise gab es Bachsaibling und Zander, als Zwischengang Taube mit Mandeln und Trüffeln. Milchkalbsrücken wurde zum Hauptgang gereicht.

Zum Abschluss des Banketts war geplant, den Gästen einen Zigarren-Service anzubieten – bei einem Dinner dieser Größenordnung eigentlich Standard. Doch es kam nicht dazu. Warum? Weil sich bei dieser Gelegenheit zeigte, wie genau es meine Mitarbeiter mit dem Wort »persönlich« nahmen. Noch während des Desserts kam Oberkellner Michael auf mich zu, nahm mich beiseite und sagte: »Carsten, angesichts der delikaten Situation um die Clintons wegen der Affäre mit der Praktikantin sollten wir heute vielleicht lieber keine Zigarren anbieten.«

Recht hatte er. Wir ließen den Zigarrenservice ausfallen. Auf Pressefotos von Bill Clinton mit Zigarre war niemand von uns scharf – am allerwenigsten sicher der Präsident selbst.

Nach dem Dessert war das Bankett also beendet. Normalerweise ist das der Moment, wo Ruhe einkehrt – die VIPs reisen zügig ab oder ziehen sich auf ihre Suiten zurück. Mit diesem Verhalten rechneten wir auch bei Clinton und waren nun froh, dieses grandiose Ereignis mit Glanz und Gloria gemeistert zu haben. Keine Unfälle, keine Zwischenfälle, keine Schlagzeilen – ein Präsidentenbankett, wie es im Buche steht, konnten wir uns auf die Fahnen schreiben. Geschafft, bewältigt. Goldmedaille!

Nicht an diesem Abend. An diesem Abend war alles anders. Einmal mehr hatte der Präsident der Vereinigten Staaten andere Pläne. Nach dem Ende des Banketts stand plötzlich sein persönlicher Assistent vor mir und richtete folgende Bitte an mich: »Mr. Rath, würden Sie bitte Ihre Abteilungsleiter zusammenrufen und Sie alle sich aufstellen?«

Das klang seltsam, dennoch rief ich zügig alle Abteilungsleiter zusammen. Wie gewünscht nahmen wir vor dem Ballsaal Aufstellung. Gespannt standen wir da und warteten, was nun wohl geschehen würde.

Und dann geschah es: Der mächtigste Mann der Welt kam gleichermaßen würdevoll und entspannt aus dem Ballsaal und schritt tatsächlich die Reihe ab. Es mag sich anhören, als wollte der Präsident eine Parade abnehmen. In Wahrheit lieferte er ein Paradestück der Service Excellence ab.

Clinton ging nämlich nicht einfach nur an uns vorbei und lächelte, er blieb tatsächlich bei jedem Einzelnen stehen und bedankte sich persönlich. Bei jedem Abteilungsleiter. Zu Karlheinz Hauser sagte er: »Vielen Dank für das fantastische Essen – ein wahrer Hochgenuss.« Die Hausdame bedachte er mit den Worten: »Vielen Dank für die wunderbare Dekoration und die Blumenarrangements, es sieht alles wirklich großartig aus.« Auch für den Oberkellner Michael fand er lobende Worte: »Ihr Service ist exzellent, und Ihre Aufmerksamkeit und Herzlichkeit sind außergewöhnlich.«

Und dann, ganz am Ende der Reihe, war ich dran. Der Präsident der Vereinigten Staaten stand vor mir und schaute mir direkt in die Augen. Während er mir mit seiner Rechten einen festen Händedruck schenkte, legte er die Linke auf meine Schulter und sagte: »Carsten – great job. Well done. You run a fabulous hotel. Thank you very much!«

Ich war wie vom Donner gerührt – die Ehrfurcht muss mir ins Gesicht geschrieben gewesen sein. Der mächtigste Mann der Welt kannte meinen Namen! Und hatte mich gelobt! Um mich, den Ex-Tennisspieler ohne relevanten Schulabschluss, zu loben, lässt er sämtliche Staatsgäste und VIPs im Saal sitzen!

Später, als ich den Abend mit Karlheinz Hauser auswertete, stand ich noch immer ganz unter diesem Eindruck: »Stell dir vor, Charly, Bill Clinton hat fünf Minuten nur mit mir geredet. Ist das zu fassen? Fünf Minuten lang war er nur für mich da!«

Charly lachte und holte mich wieder auf den Boden der Tatsachen zurück: »Carsten, ich war dabei. Es waren eher fünf Sekunden.«

Minuten, Sekunden – es machte keinen Unterschied. Hängen geblieben war diese Erkenntnis: *Das* ist Service Excellence. Diese fünf Sekunden ungeteilter Aufmerksamkeit und Achtsamkeit, diese fünf Sekunden exklusiver Präsenz und ultimativer Wertschätzung. Diese fünf Sekunden herzlicher Verbundenheit, in denen ich mich fühlte wie der einzige Mensch, der für Clinton zählte. Nur Bill und ich – so geht Wertschätzung, die Basis von Service Excellence!

So sollte sich ab sofort auch jeder meiner Gäste fühlen. Ich erhob die Fünf-Sekunden-Regel zu einem Grundprinzip meiner Service-Philosophie. Für mich waren meine fünf Sekunden mit Bill Clinton der Beginn einer neuen Service-Ära, des »Post-Clinton-Abschnitts« meiner Karriere.

Fünf Sekunden herzlicher Verbundenheit – das ist es, was den Unterschied macht zwischen einer ganz normalen Dienstleistung und Service Excellence. Der Moment der Wahrheit. Eine Methode, die wir jederzeit anwenden können, überall, bei jeder Gelegenheit, wann immer wir eine Chance dafür sehen. Fünf Sekunden nur beim Gast zu sein – mehr braucht es nicht, um den Unterschied zu machen. So jedenfalls ist mir die Geschichte des Aufenthalts vom mächtigsten Mann der Welt in Erinnerung geblieben.

Der Stoff, aus dem Legenden sind

Die alte und die neue Legende, die verrückten Figuren dieser Stadt und dieses Hotels, das historisch gewachsene und zugleich radikal vorausblickende Selbstverständnis dieser Stadt, ihrer Macher, ihrer Verrückten und ihrer Poeten, die Begegnung mit Bill Clinton und das Ringen um einen historischen Moment – das ist mein Mythos Adlon. Mehr konnte ich von keinem Hotel, keiner Station meines Lebens erwarten: In Berlin war mein Sohn geboren worden – und der Kern meiner Service-Philosophie. Was für eine Bilanz!

Es heißt, Berlin sei die dynamischste Stadt der Welt. Ich möchte nicht widersprechen. Berlin ist nicht die schönste, nicht die politisch wichtigste, nicht die wirtschaftlich erfolgreichste Stadt, in der ich je gelebt und gearbeitet habe – aber möglicherweise tatsächlich die dynamischste, weltoffenste und wandlungsfähigste.

Auch aus heutiger Sicht hat Karl Walterspiel in meinen Augen recht behalten: Das Adlon gehört nach Berlin. Und dit is jut so.

Es ist nicht alles Gold, was glänzt

Große Worte machen noch keine Grand Hotels

Was macht man als Hotelier, nachdem man das Adlon eröffnet hat? Diese Station im Lebenslauf ist schwer zu toppen. In puncto Renommee und Bekanntheit möglicherweise gar nicht – jedenfalls in Deutschland. Unabhängig davon, ob das Adlon nun in jeder Disziplin das beste Hotel in Deutschland ist; es ist wohl das einzige Hotel in der Bundesrepublik, das praktisch jeder kennt.

Für einen international tätigen Hotelier gab es Ende der 90er-Jahre allerdings noch eine Karrierespritze, die sogar diese Erfahrung übertreffen konnte: einen Anruf von Ritz-Carlton aus Amerika. Damals konnte der Konzern noch unangefochten die Krone der Hotellerie für sich beanspruchen.

Viele halten Ritz-Carlton deshalb für eine amerikanische Erfindung – doch César Ritz war in Wahrheit ein Schweizer Hotelier. Er gründete und führte Anfang des 20. Jahrhunderts das weltberühmte Ritz in Paris und das Carlton Hotel in London. Zum ersten Mal in Kombination tauchten die beiden Namen auf dem Kreuzfahrtschiff *Amerika* auf: Dort gab es ein Restaurant unter diesem Namen. Das erste »Ritz-Carlton Hotel«, das unter diesem Doppelnamen firmierte, wurde schließlich 1911 in New York City, Madison Avenue und 46. Straße, eröffnet – auf dieses Haus wird heute oft die vermeintlich amerikanische Herkunft der Marke zurückgeführt. Tatsächlich handelte es sich bei diesem Hotel um ein Joint Venture von César Ritz und einer US-Managementfirma. Ritz selbst betrieb zu diesem Zeitpunkt bereits eine ganze Reihe von Hotels in Europa.

Nach dem Tod von César Ritz 1918 kaufte der amerikanische Manager des New Yorker Hauses, Albert Keller, die Marke und machte daraus das Franchise-Unternehmen Ritz-Carlton Hotel Company, L.L.C. Der Erfolg des Flaggschiffs in New York ermöglichte eine zügige Expansion. Nach der ersten Neugründung unter der neuen Firma in Boston 1927 folgten rasch zahlreiche Häuser in mehreren amerikanischen Großstädten.

Die Ritz-Carlton Hotels revolutionierten das Gastgewerbe in Amerika grundlegend, indem sie Hotels zu einem Ort des Luxus und zum Inbegriff des gediegenen Lifestyles machten. Der Kern des Erfolgs war eine Vision von César Ritz. Er stand für ein neues Service-Verständnis nach europäischem Vorbild, das der amerikanischen Hotellerie bis dahin unbekannte Standards brachte: In jedem Zimmer gab es private Bäder. Für die Einrichtung und Dekoration wurden statt der schweren traditionellen Brokate und Webstoffe leichte Stoffe verwendet. Statt riesiger, zugiger Empfangshallen, die allein mit Größe protzten, wurden bei Ritz-Carlton kleinere Lobbys bevorzugt. Sie sorgten schon beim Betreten der Hotels für eine gemütlichere, intimere Gasterfahrung. Die öffentlichen Bereiche des Hotels wurden außerdem ausgiebig mit frischen Blumen dekoriert, um buchstäblich »mehr Leben in die Bude« zu bringen.

Sogar an die Bekleidung der Angestellten wurden höhere Maßstäbe angelegt: Die Kellner trugen zu ihren schwarzen Uniformen einheitlich weiße Krawatten, die Oberkellner schwarze; das übrige Personal erkannte man an Tagesanzügen. Diese Kleiderordnung sollte für ein formelleres, professionelles Auftreten im Service sorgen.

Die Gastronomie wurde der größten Revolution unterworfen: In allen Ritz-Carltons wurden À-la-carte-Dinner nach Art des berühmten französischen Kochs Auguste Escoffier eingeführt. Er hatte in den Hotels von César Ritz in Paris und London gekocht und mit seiner Gourmet-Anhängerschaft zum großen Erfolg des Pariser Hauses beigetragen. In Amerika waren bis zur Gründung von Ritz-Carlton in Hotels feste Menüs ohne Auswahlmöglichkeiten üblich gewesen. Vor Ritz-Carlton hatte im Hotel zu speisen also bedeutet: Friss oder stirb. Die Symbiose von Hotellerie und Gastronomie auf höchstem Niveau war – zumindest auf Amerika bezogen – ein Novum.

Diese und viele weitere Neuerungen, die mit den Ritz-Carlton-Hotels Einzug in die Hotellerie fanden, gehören noch heute zu den Standards in Fünf-Sterne-Häusern. Deshalb gelten César Ritz und seine unternehmerischen Erben als die großen Pioniere der Luxus-Hotellerie. Mit dieser Marke war ein Nimbus verbunden, den nie wieder eine andere Hotelkette erreichte. Seit 1998 ist die Marke Ritz-Carlton im Besitz der Marriott International.

Heute gibt es mehrere große Luxus-Ketten (Four Seasons, Mandarin Oriental, Peninsula, um nur einige zu nennen), die in puncto Service-Qualität und Ausstattung auf Augenhöhe mit den Ritz-Carltons von damals sind. Ende der 90er-Jahre war das noch anders. Deshalb wartete jeder Hotelier mit Hoffnungen auf eine internationale Spitzenposition auf einen Anruf aus der Firmenzentrale in Buckhead, Atlanta (heute: Chevy Chase bei Washington). Doch bis ich diesen Anruf – vermittelt von einem Headhunter – schließlich bekam, sollte es noch ein wenig dauern. Er ereilte mich in London, wo ich einige schwer verdauliche Lektionen lernte.

In der britischen Hauptstadt nämlich musste ich vor meinem Ruf zu Ritz-Carlton schmerzlich erfahren, dass auch in der Hotellerie nicht alles Gold ist, was glänzt. Die Station London wurde für mich zu einer Kontrastfolie für das, was danach kommen sollte: Als müsste ich, bevor ich die bekannteste Hotelmarke der Welt zu meinem Lebenslauf hinzufügte, noch einmal erfahren, worin der Unterschied liegt zwischen großen Worten und großen Hotels.

Savoy attitude

1998 zog ich mit Susanne und meinem Sohn, dem kleinen David, nach London. Meine Erfahrung mit der britischen Hauptstadt war zuvor eine eher ernüchternde gewesen. Als ich noch in Frankfurt-Gravenbruch als Rezeptionist gearbeitet hatte, war meine damalige Freundin Cora für einen Hotel-Job nach London gegangen. Als ich sie dort zum ersten Mal besuchte, wollte ich unbedingt das berühmte Savoy Hotel sehen. Das Hotel war schon vor seiner Renovierung und Neueröffnung eine Klasse für sich. Jeder junge Hotelfachmann mit Ambitionen auf die große Karriere hegte insgeheim den Traum, dort einmal zu arbeiten. Ich entschied mich bekanntermaßen für Südafrika und habe es nie bereut. Aber neugierig war ich doch: Ich wollte mit eigenen Augen sehen, was an diesem Hotel so besonders sein sollte.

Meine Besichtigung fiel relativ kurz aus; genau genommen beschränkte sich meine Savoy-Erfahrung im Wesentlichen auf den Besuch der sanitären Anlagen im Erdgeschoss. Danach fühlte ich mich nämlich dermaßen deplatziert in diesem Hotel, dass ich den Ort meiner Schande schleunigst wieder verließ.

Was war passiert? Ich war dem Toilettenbutler begegnet. Und der schlug bei mir eine Saite an, die schon die überheblichen Concierges in Gravenbruch bespielt hatten.

Als ich die Toiletten im Savoy betrat, war ich zuerst einmal völlig erschlagen von dem Anblick: Das war keine Toilette, das war ein Wellness-Tempel in schwarzem Marmor. Es schien mir fast unangemessen, hier meine Notdurft zu verrichten; so viel Luxus hatte ich zuvor nie gesehen, geschweige denn in einer Toilette.

Zu meinem Unbehagen trug zusätzlich die Tatsache bei, dass hier ein Butler seinen Dienst verrichtete, der besser gekleidet war als ich. Als ich mir die Hände gewaschen hatte, war er sogleich mit einem frischen, flauschig-weichen Handtuch zur Stelle, das er mir nach Gebrauch wieder abnahm und in einen Wäschekorb warf. Währenddessen bewunderte ich das Arsenal von Drogerie-Artikeln, die vor dem riesigen, selbstverständlich vollkommen streifenfreien Spiegel aufgereiht waren: Parfums, Lotionen, Haarwachs von exklusiven Marken in allen Variationen. Daneben lag eine Auswahl an Kämmen und Bürsten bereit, damit Mann die Toilette bestens gestylt wieder verließ. So machte das der gepflegte Geschäftsreisende der Upperclass wohl, dachte ich, bevor er sich im Salon des Hotels wichtigen Geschäften widmete.

Da wollte ich natürlich in nichts nachstehen, der Butler musste ja nicht wissen, dass er es mit einem Provinzjungen zu tun hatte, der gerade erst ein paar Monate hinter dem Kempinski-Rezeptionstresen hinter sich hatte. Also griff ich nach einer der Bürsten und begann meine 8oer-Jahre-Föhnfrisur gewissenhaft in Form zu bringen.

Doch der Butler hatte mich durchschaut. Im Spiegel fing ich seinen gleichermaßen schockierten wie amüsierten Blick auf, noch bevor er in bemühtem Oxford-English zu sprechen anhob: »Boy, you're not half as smart as you look like. This brush is for your dandruff.«

Ich hatte nicht nach einer Haarbürste, sondern nach der Bürste gegriffen, mit der man Schuppen von den Anzugschultern entfernte. Jetzt sah ich im Spiegel nicht nur die Belustigung im Gesicht des Toilettenbutlers, sondern auch, wie mein eigenes hochrot anlief. Rasch legte ich die Bürste beiseite, bedankte mich im Vorbeigehen und verließ schnellen Schrittes und mit gesenktem Haupt die Marmortoilette und das Savoy.

Diesem Mann verdanken es meine Mitarbeiter, dass ich ihnen bis heute einschärfe: Nichts ist im Service unverzeihlicher als Arroganz gegenüber dem Gast — jedem Gast.

Ich selbst bin als Gast nur einmal noch despektierlicher behandelt worden, nämlich in Singapur. Ich machte in Asien Urlaub, und entsprechend leger war ich gekleidet: T-Shirt, kurze Hosen, Flip-Flops. Eine Sehenswürdigkeit, die auf meiner Liste ganz oben stand, war das berühmte Raffles Singapore — eine Bar mit Weltruf, wo der Cocktail Singapore Sling erfunden wurde.

Ehrfürchtig musterte ich gerade den Eingang des Hotels, als sich die Tür einen Spaltbreit öffnete. Das Erste, was ich sah, war ein riesiger Turban. Darunter tauchte der Kopf eines großen, bärtigen Inders auf — offensichtlich der Doorman des Raffles. Eingehend musterte er mich von oben bis unten. Dann blickte er mich an und sagte, ohne eine Miene zu verziehen: »Yes, we do have a dresscode.«

Mit dieser Bemerkung zog er die Tür sofort wieder zu. Mein Cocktail im Raffles hatte sich damit erledigt. Ich fühlte mich einmal mehr behandelt wie ein Dorn im Auge eines Dienstleisters, dessen Job es eigentlich sein sollte, Menschen zufriedenzustellen, wenn schon nicht zu begeistern.

Aus genau diesem Grund gibt es in keinem meiner Hotels heute einen steifen Dresscode. Bei uns ist prinzipiell jeder willkommen – auch ein seltsam abgerissen gekleideter älterer Herr, der aussieht wie ein verarmter Künstler im Paris der 20er-Jahre. Jeden Sonntag trinkt er seinen Kaffee im Kameha Grand in Bonn und genießt die Aussicht. Wir werden einen Teufel tun, ihn aus dem Hotel zu scheuchen, obwohl wir wissen, dass er nie mehr als einen Kaffee bei uns bestellen wird. Er gehört zum Kolorit der Stadt – genauso wie das Hotel.

Ruhm und Rücken haben Tücken

Viele Jahre später bekam ich nun die Gelegenheit, selbst ein Hotel jener Kategorie in London zu eröffnen, wo mich früher nicht einmal der Toilettenbutler ernst genommen hatte. Zu meiner großen Erleichterung war mir die Company trotz meines überstürzten Weggangs aus dem Adlon noch immer wohlgesinnt. Genauer gesagt: Ich hatte noch immer einen Stein bei Reto Wittwer im Brett, dem langjährigen Vorstandsvorsitzenden von Kempinski. Nie werde ich ihm vergessen und immer dankbar dafür sein, dass er mich wieder ins Boot holte und mir vom Fleck weg eine Stelle als General Manager anbot – im neu zu eröffnenden »Bazil« im Herzen Londons. Mitten im noblen Chelsea lag das Haus nicht nur in der Nähe der wichtigsten Shopping-Adressen in der King's Road, sondern auch in royaler Nachbarschaft. Der Kensington Palace war nur einen Steinwurf entfernt.

Das Hotel existiert nicht mehr. Zwar ist an dieser Stelle auch heute ein Fünf-Sterne-Hotel zu finden, dennoch handelt es sich dabei in jeder Hinsicht um eine völlig andere Hausnummer.

Das »Bazil« wurde zu einer der verrücktesten Episoden meiner Karriere. Und dieses Mal meine ich »verrückt« nicht im positiven Sinne. Eher nach Art eines dieser Filme, bei denen man am Ende nicht mehr sicher ist, ob man draußen vor dem Kino von normalen Menschen oder von durchgeknallten Psychopathen umgeben ist. Jedenfalls habe ich einige Namen (auch den des Hotels) und Details verfremdet, damit ich mir diese Frage nicht stellen muss, wenn ich das nächste Mal das Haus verlasse. Ich werde von dieser Episode so erzählen, wie es einer tun würde, für den im Zeugenschutzprogramm gerade kein Platz frei ist.

Hört sich merkwürdig an? Ist es auch. Denn hinter der Fassade des Hotels lauerte nur Unheil.

Schwere Geschütze

Mein Job als Voreröffnungs-General Manager im »Bazil« bestand darin, das unter der Kempinski-Flagge firmierende Haus nach den strengen Standards der Company aufzubauen und zu führen.

Der Eigner des Hotels, ein Mann namens »Dudagi«, machte mir vom ersten Moment an klar, dass es dabei an nichts mangeln sollte. Diesen Eindruck vermittelte mir auch mein Arbeitsvertrag. Darin wurde mir ein für jene Zeit grandioses Jahresgehalt von 88 000 Pfund versprochen – nach damaligem Wechselkurs entsprach das gut einer Viertelmillion Mark. Was für ein Deal, dachte ich. Großartig!

Dudagi konnte sich das, wie ich schnell herausfand, ohne Weiteres leisten. Der Geschäftsmann verdiente sein Geld mit »Süßigkeiten«. Süßigkeiten von geradezu bombastischer Qualität, für die er zahlungskräftige Abnehmer auf der ganzen Welt hatte. Sein Geschäft war krisensicher; für manche Waren ist unabhängig von der Wirtschaftslage immer Geld da. Dudagis Süßigkeiten fielen in diese Kategorie. Gerade dann, wenn die Welt aus den Fugen gerät, brauchen die Menschen Süßigkeiten, die scheinbar jedes Problem aus der Welt schaffen können. Dudagi kannte sich aus mit Illusionen. Und er wusste, wie man sie erzeugt.

Die erste Illusion, die bei mir platzte, war der finanzielle Komfort, den mir Dudagi mit meiner Gehaltsklasse suggerierte. Die Freude über die hohe Summe relativierte sich schnell, als ich in London auf Wohnungssuche ging. Eine Klausel in meinem Vertrag besagte, dass ich im Umkreis von einem Kilometer vom Hotel zu wohnen hatte, um jederzeit schnell verfügbar zu sein. Einen Kilometer um das Hotel herum hießen die verfügbaren Wohngegenden allerdings Chelsea und Kensington. Das bedeutete: Die mir zur Verfügung stehende Nachbarschaft bestand aus den Villen der Superreichen. Da war selbst mit meinem großzügigen Gehalt nicht viel auszurichten.

Schließlich fand ich doch ein etwas altersschwaches Häuschen in Battersea – heute nicht minder unbezahlbar –, das gerade noch erschwinglich schien. Eigentlich lag es knapp außerhalb des vorgegebenen Radius, aber ich kam damit durch. Die Miete: schlappe 3000 Pfund im Monat, umgerechnet fast 10 000 Mark. Was soll's, dachte ich – du kannst es dir ja leisten.

Auch Dudagis Pläne für das »Bazil« waren eine wunderschöne Illusion. Er malte mir fantastische Bilder. Für einige Zeit machte er mir glaubhaft, dass wir einen Luxustempel erster Güte einrichteten. Vom vergoldeten Deckenstuck über die Kunst an den Wänden bis zu den Teppichen sollte alles vom Feinsten sein. Mit genau diesem Versprechen hatte Dudagi auch Reto Wittwer eingefangen: Er würde das luxuriöseste

Hotel in ganz England bauen und der Marke Kempinski alle Ehre machen. »Mit diesem Hotel werden wir das Lanesborough zu einem Holiday Inn degradieren«, sagte er. Das war mal eine Ansage; das neu eröffnete Lainsborough war damals nämlich das nobelste Hotel Londons, nobler noch als das Savoy.

Auch mit Zahlen geizte Dudagi nicht: Für die 64 Suiten, die das Hotel haben sollte, würde er 400 Millionen Pfund ausgeben, versprach er. Das entsprach etwa 1,2 Milliarden Mark. Eine unvorstellbare Summe, sogar für ein Luxushotel in London. Bereits 50 Millionen Pfund wären für ein großartiges Hotel in London durchaus realistisch gewesen.

Ambitioniert waren nicht nur Dudagis Pläne für die Ausstattung, sondern auch sein Zeitplan. Recht bald merkten wir, dass der geplante Eröffnungstermin ein Produkt seiner Fantasie war. Die Welt, wie Dudagi sie sah, funktionierte nämlich anders als das echte Leben in der Hotellerie. Jeden Tag musste ich mich mit irgendeinem Fiasko auseinandersetzen, dass der Mann über Nacht wieder in die Welt gesetzt hatte.

Als wir zum Beispiel Lampen aussuchen sollten, schickte Dudagi mich mit seiner Assistentin Fatma ins Nobelkaufhaus Harrods. Eine seiner typischen Prahlereien: »Suchen Sie die exklusivsten Lampen aus, die es gibt – das Beste vom Besten. Geld spielt keine Rolle. Fatma wird alles notieren, und ich sorge dann dafür, dass die Lampen geliefert werden.« Ich hielt mich an seine Vorgaben und wählte für die Suiten unter anderem Designer-Stehlampen von einer sündhaft teuren Marke aus, die er sich explizit gewünscht hatte. Kostenpunkt: 15 000 Pfund pro Stück.

Einige Zeit später kam tatsächlich eine große Lieferung im »Bazil« an, die alle ausgewählten Beleuchtungselemente enthielt. Ich wunderte mich nur, dass ich die Beschriftung der

Kartons nicht recht entziffern konnte – da gab es verdächtige viele Sonderzeichen für eine englische Traditionsmarke. Als sich mir auf den Lieferscheinen das gleiche Bild bot, wurde mir langsam unwohl. Ich öffnete einige Kartons, und meine Befürchtung bestätigte sich: Das waren keine Designer-Lampen im Wert von 15 000 Euro pro Stück. Zwar hatten sie starke Ähnlichkeit mit jenen Meisterstücken, die ich im Harrods ausgesucht hatte. Bei näherer Betrachtung entpuppten sie sich jedoch als besserer Schrott. Die Materialien waren minderwertig. Die Schirme waren nicht aus Kristallglas, sondern aus billigem Fensterglas. Die metallenen Teile bestanden nicht aus massivem Messing oder Stahl, sondern aus goldfarbenem Blech. Und die Füße waren nicht aus Marmor, sondern aus geschliffenem Quarzgestein oder Ähnlichem. Ich war mir sicher: Nicht einmal die ganze Lastwagen-Ladung war 15 000 Pfund wert. Dudagi hatte die Originallampen in der Türkei billig nachbauen lassen.

Die Materialmängel entpuppten sich noch als das geringere Problem. Bei den Deckenstrahlern und Lampen, die direkt an der Wand zu montieren waren, passten die Anschlüsse nicht zu den elektrischen Anschlüssen im Hotel. Die Briten haben andere Standardanschlüsse als die Türkei. Folglich konnten die türkischen Billigprodukte noch nicht einmal angeschlossen werden. Dudagi löste das Problem, indem er Elektriker – so jedenfalls nannte er den Trupp – aus der Türkei kommen und die gesamte Beleuchtungsanlage umbauen ließ.

In den folgenden Wochen und Monaten wiederholte sich die Szene immer wieder: Eine Lieferung nach der anderen enthielt billige Fälschungen und katastrophale Fehlkonstruktionen. Teppiche, Marmor, sogar das Blattgold – alles war Fake.

Nach und nach wurde mir klar: Bei dem Kerl war alles unecht. Der hatte nicht vor, einen Luxustempel zu errichten, sondern eine billige Kulisse, die nach Luxustempel aussah. Dem ging es nicht darum, eine verwöhnte Kundschaft zufriedenzustellen, sondern sich selbst ein Denkmal zu setzen, dass ihn wie einen Luxushotelier aussehen ließ. Und bei den 400 Millionen Investitionssumme hatte er wohl die Währung verwechselt und nicht Pfund, sondern Türkische Lira gemeint …

Ich war betrogen worden. Reto Wittwer war betrogen worden. Die Company war fast einem Hochstapler aufgesessen. Und ich steckte da bis über beide Ohren drin. Das konnte doch wohl nicht wahr sein!

Natürlich machte ich die zahllosen Probleme und Baustellen im Hotel immer wieder zum Thema. Ich versuchte Dudagi zu erklären, dass man zahlungskräftige Fünf-Sterne-Gäste nicht dauerhaft hinters Licht führen könne. Wer zu Hause hochwertig wohnt, könne eine billige Blechlampe von einem Original unterscheiden, selbst wenn man sie noch so weit oben an die Decke hängt. Dudagi war anderer Meinung – er hielt die Fälschungen für »bombensicher«. Auf meine Argumentation, dass es einen Unterschied gäbe zwischen Luxus und der Illusion von Luxus, ließ er sich nicht ein. Gäste waren für ihn nichts anderes als »zahlende Idioten«. Manchmal hatte ich sogar den Eindruck, dass er tatsächlich keinen Unterschied sah zwischen dem, was beispielsweise das Lanesborough seinen Gästen bot, und dem, was er denselben Kunden vorzusetzen gedachte. Vermutlich lag es daran, dass es in seiner Weltanschauung ohnehin nur Betrüger gab. In anderen Luxushotels, beharrte er, würde man es doch nicht anders machen. Und wenn doch, dann war er eben der bessere Geschäftsmann.

Unglücklicherweise sparte Dudagi nicht nur an der Ausstattung, sondern auch an allen anderen Ecken und Enden. Eine Personalkantine? »Brauchen wir nicht – den Raum kann man für eine weitere Gästegastronomie nutzen.« Büroräume für die Verwaltung und die Geschäftsführung? »Völlig sinnlos – das ist verschenkte Grundfläche, die kein Geld einspielt.« So ging es in einem fort. Es war, als würde man mit einer Wand reden. Mit einer Wand, die der Meinung ist, sie verstünde mehr von Hotellerie als der gesamte Kempinski-Konzern.

Natürlich war Dudagi, als Geschäftsmann von Welt, nur gelegentlich vor Ort. Ihn zu fassen zu bekommen, um die neuesten Katastrophen zu besprechen und nach Lösungen zu suchen, gestaltete sich schwierig. War er mal da, glitt er mir in den Gesprächen regelmäßig durch die Finger wie ein Aal. Meistens bekam ich nur Beschwichtigungen und leere Versprechen zu hören, selten geschah darauf hin etwas Handfestes. Wenn sich überhaupt eine Lösung fand, dann war auch die meist wieder nur ein Provisorium.

Derweil verzögerte sich der Eröffnungstermin. Kein Wunder: Weder verfügten wir über vernünftig ausgestattete Büros, in denen man ernsthaft arbeiten konnte, noch wurde die Einrichtung des Hotels fertig. Permanent entstanden neue Baustellen, weil irgendein importierter Schrott nicht funktionierte oder den Geist aufgab. Es war zum Haareraufen: Immer hartnäckiger nisteten sich bei mir Zweifel ein, dass dieses Hotel jemals eröffnen würde.

Genesung mit Room Service

Als ob Dudagi uns nicht schon genug zusetzte, hatte ich einen Bandscheibenvorfall. Kurz danach hatte Susanne wiederholt mit ernsten gesundheitlichen Problemen zu kämpfen. Mehrmals musste sie mit starken Schmerzen ins Krankenhaus eingeliefert werden und mehrere Operationen über sich ergehen lassen. Bei den Klinikaufenthalten mussten wir feststellen, dass die viel zitierten Klassenunterschiede in der britischen Gesellschaft sich direkt aufs Gesundheitssystem übertragen ließen.

Bei der ersten Notfall-Einlieferung kam Susanne in ein öffentliches Krankenhaus – eine Klinik in unmittelbarer Nähe mit sehr gutem Ruf, allerdings auch eine öffentliche Klinik. Das heißt: Dort wird, ungeachtet seines Versichertenstatus, jeder behandelt, der medizinische Versorgung braucht. An der fachlichen Qualität jener Versorgung gab es nichts auszusetzen. Nur hätte ich mir nicht träumen lassen, dass in einem modernen Staat am Ende des 20. Jahrhunderts noch solche Zustände in einem Krankenhaus herrschen könnten, wie wir sie dort vorfanden.

In diesem Krankenhaus herrschte Massenabfertigung. Susanne ging es sehr schlecht, sie hatte große Schmerzen. Sie wurde aber nicht in ein Krankenzimmer gebracht, wie wir es aus Deutschland kennen, sondern in eine Art Schlafsaal mit zehn Betten. Das Einzige, was die Betten voneinander trennte, war ein Plastikvorhang. Alle anderen Patienten waren ähnlich schwer krank oder schwer verletzt wie Susanne.

Die Atmosphäre war kaum zu ertragen. Jedes leidvolle Detail, das die Patienten in den anderen Betten betraf, bekamen wir mit. Panische oder verstörte Angehörige gaben sich die Klinke in die Hand und trugen zusätzlich zu einer gereizten Stimmung bei. Dazu kamen Ärzte, Schwestern und Pfleger, die umherschwirrten und sich um die akuten Beschwerden der Patienten kümmerten: im Minutentakt wie am Fließband bei Ford in Köln, nur weniger vorhersehbar. Für Sentimentalitäten, ausführliche Aufklärungsgespräche durch die Ärzte oder gar beruhigende Worte war kein Raum, für mehr als das Allernötigste keine Zeit. Kurzum: Es ging zu wie in einem Feldlazarett.

Nach dieser Erfahrung kam nur noch eine Privatklinik infrage. Als Susanne tatsächlich aufgrund der gleichen Beschwerden erneut eingeliefert werden musste, sorgte ich dafür, dass sie in die Harley Street Clinic im westlichen Londoner Zentrum gebracht wurde.

Was für ein Unterschied! Die Harley Street Clinic konnte man eigentlich nicht als Krankenhaus bezeichnen. »Fünf-Sterne-Hotel mit medizinischer Versorgung« traf es eher. Ein Einzelzimmer würde man in einer Privatklinik noch erwarten, aber Susannes Unterbringung glich einer hübschen Einzelsuite in einem guten Hotel. Keine rissigen Wände in Krankenhausfarben, kein Geschrei und kein Geruch nach Schweiß und Industrie-Desinfektionsmitteln. Einen Plastikvorhang gab es hier nicht einmal in der Dusche. Stattdessen einen geschmackvoll eingerichteten Raum mit Parkettboden, der nur aufgrund der technischen Apparaturen an ein Krankenzimmer erinnerte. Ein geräumiges, blitzsauberes Bad mit allen Annehmlichkeiten und ein hübscher Ausblick auf grüne Bäume aus großen, blank geputzten Fenstern komplettierten den Eindruck einer gehobenen Hotelsuite.

Spätestens als ich die Mini-Bar und die Telefonnummer vom Room Service neben dem Telefon am Bett entdeckte, war ich versucht, mich zu erkundigen, ob uns der Notarzt nicht aus Versehen zu einer Schönheitsfarm für die Schönen und Reichen gebracht hatte, anstatt in ein richtiges Krankenhaus. Und es wurde noch besser: Als sich ein Arzt zu uns gesellte, der uns in bestem distinguiertem Oxford-Englisch aufs Höflichste begrüßte und sich in aller Gemütsruhe mit Susannes

Gesundheitszustand und unseren Sorgen auseinandersetzte, waren wir erst einmal verwirrt. Der Mann trug keinen weißen Ärztekittel, sondern einen teuren Anzug. In den nächsten Tagen stellten wir fest, dass das hier nicht etwa die Ausnahme war, sondern der Standard. Damit sich die Patienten weniger »krank« fühlten, trugen die Ärzte in dieser Klinik schicke Zivilkleidung.

Nach der Erfahrung im Hospital waren wir gleichermaßen erleichtert und irritiert aufgrund des unglaublichen Kontrasts innerhalb ein- und desselben Gesundheitssystems. Die Gesundheitsversorgung in Deutschland ist Gott sei Dank für alle Bürger unabhängig von ihrem Einkommen auf einem hohen Niveau; Zustände wie im Hospital sind mir hier noch nirgends untergekommen. Doch was finanziell gut gestellten Privatpatienten in Großbritannien geboten wird – davon hatte man in Deutschland damals genauso wenig gehört. Selbst heute gibt es in Deutschland zwar niedergelassene Ärzte und einzelne Spezialkliniken, die bestimmte medizinische Behandlungen als Dienstleistungen begreifen, aber keine vollwertige Klinik auf diesem Service-Niveau.

Die Frage ist nur: Warum eigentlich? Auch hier gibt es Privatpatienten, auch hier gibt es eine zahlungskräftige Klientel. Vielleicht hat diese Erkenntnis in Deutschland noch immer nicht alle relevanten Branchen durchdrungen: Fünf-Sterne-Service ist nicht auf die Hotellerie beschränkt, er kann überall stattfinden. Sie können aus dem Verkauf von Topfpflanzen genauso eine Dienstleistung auf hohem Niveau machen wie aus der Vermietung exklusiver Suiten und der Gourmet-Gastronomie. Sie müssen es eben einfach nur tun. Das Einzige, was Sie dafür brauchen, ist das Service-Gen und unternehmerisches Denken.

Die Geldübergabe:
Ein Rohrkrepierer

Während wir unsere Odyssee durch das britische Gesundheitssystem erlebten, mangelte es auch im Bazil nicht an weiteren Überraschungen. Irgendwann konnte mich selbst mein angeborener Optimismus nicht mehr darüber hinwegtäuschen, dass Dudagi nicht nur an der Ausstattung, sondern ebenso an unserem Gehalt sparte. Speziell an meinem. Genauer gesagt: Ich hatte nach drei Monaten in London noch keinen einzigen Gehaltsscheck erhalten. Und nicht nur das: Auch die verauslagten Spesen hatte der Betrüger mir noch nicht ausgeglichen. Und die fallen bei einem Projekt dieser Art nicht gering aus.

Langsam wurde die Luft dünn. Das Gleiche galt für meinen Geduldsfaden. Seitdem das erste Gehalt nicht eingegangen war, hatte ich immer mehr Druck gemacht – ohne Erfolg. Nun hatte ich genug. Ich musste diesem Spuk ein Ende setzen. Einfach kündigen wollte ich jedoch nicht, denn dies war immerhin mein erster Job als General Manager für einen großen Konzern. Den wollte ich nicht kampflos hinwerfen, und mit meinem Stolz wäre es auch nicht vereinbar gewesen. Die würdelosen Arbeitsbedingungen für mich und meine Mitarbeiter allerdings auch nicht. Jeder Monat, den ich ohne einen Gehaltsscheck weiterarbeitete, kostete mich viel zu viel. Der Mann hielt uns zum Besten, mich und einen ganzen Hotelkonzern. So konnte das nicht weitergehen. Obwohl ich genau wusste, dass ich es mit einem unberechenbaren, sogar gefährlichen Mann zu tun hatte, war ich zu allem entschlossen. Lieber ein Ende mit Schrecken als Dudagi ohne Ende.

Also beschloss ich, den Mann ein für alle Mal festzunageln. Um ihm klar zu machen, dass Schluss war mit lustig, wollte ich einen hochgestellten Vertreter der Company persönlich bei dem Gespräch dabei haben. Der erkannte meine Not offensichtlich und nahm sich Dudagi schon vorab zur Brust. Als der Termin während Dudagis nächstem Aufenthalt in London endlich stattfand, kam Dudagi vorbereitet.

Bevor wir überhaupt ein Wort miteinander gewechselt hatten, baute er sich mit finsterem Blick vor meinem Schreibtisch auf und knallte unvermittelt einen schwarzen Aktenkoffer vor mir auf die Tischplatte. »Du behauptest, du bekommst kein Geld von mir? Das ist ja lächerlich! Ich scheiße dich zu mit Geld! Hier in dem Koffer ist dein Gehalt für ein ganzes Jahr – steuerfrei!«

Was Dudagi damit bezweckte, war eindeutig: Er wollte sich keine Blöße geben und vor dem Kempinski-Manager ein Exempel statuieren. »Ich bin die Großzügigkeit in Person, und dein Mitarbeiter erzählt Blödsinn« – das war die Botschaft.

Aber ich traute dem Frieden nicht und griff nach dem Koffer. Der Mann von Kempinski zuckte zusammen: »Carsten, du willst doch nicht …?«

Kein feiner Zug unter Geschäftsmännern, den Koffer zu öffnen und nach dem Rechten zu schauen und nachzuzählen, sagte sein Blick. Aber wir hatten es hier auch nicht mit einem ehrbaren Kaufmann zu tun. »Doch«, erwiderte ich, »ich will.«

Also klappte ich den Koffer auf. Und tatsächlich, da blitzten mich bündelweise Dollarnoten an. Schnell klappte ich den Koffer wieder zu und bedankte mich.

Wir verabschiedeten uns, und Dudagi und der Kempinski-Manager verließen gemeinsam mein Büro, um sich auf den Weg zum Flughafen zu machen.

Kaum hatten sie den Raum verlassen, machte ich den Koffer wieder auf, um das Geld zu zählen. Ich erinnere mich, einen Koffer voller Dollarnoten gesehen zu haben. Und zwar genau eine Hundertdollarnote oben auf jedem Bündel. Darunter war etwas anderes. Dudagi hatte mir vor den Augen des Kempinski-Managers einen Koffer voll Türkischer Lira übergeben. Der gesamte Inhalt des Koffers war nicht einmal ein Monatsgehalt wert.

Sofort griff ich zum Handy und rief den Kollegen an: »Ich glaube, du möchtest lieber zurückkommen. Das musst du sehen.«

Er erschien mit Dudagi im Schlepptau. Als ich den Koffer öffnete und dem Mann von Kempinski die türkischen Lira zeigte, flippte Dudagi aus. Er brüllte mich an und warf mir allen Ernstes vor, ich hätte die Dollars inzwischen schnell gegen türkische Lira in der nächsten Bank eingetauscht.

Guter Versuch, dachte ich. Doch dieses Mal hatte Dudagi übertrieben. Auch der Kempinski-Vertreter nahm ihm diese Nummer nicht ab, und der Süßwarenfabrikant rannte wutschnaubend davon.

Damit war die Sache klar: Ich würde gehen. Als die Gehaltszahlungen weiter ausblieben und ich der Company einige Wochen später meine Entscheidung mitteilte, stieß ich auf wenig Widerstand. Niemand konnte mir verdenken, dass ich das nicht mehr länger mit mir machen lassen wollte.

Einmal mehr hatte ich Glück. Noch während ich mit der Entscheidung haderte, bekam ich *den* Anruf. Von Bernd Wosgien aus Orlando, einem bekannten Headhunter der Hotelszene, der inzwischen leider verstorben ist. Ich erinnere mich noch genau an seine Worte, die er in seiner typischen Mischung aus amerikanischem und Berliner Akzent vortrug: »Carsten, this is Bernd speaking. The best Hotelier möchte, dass du für ihn arbeitest.«

»Wer?«, fragte ich irritiert.

»Horst Schulze, the President of the Ritz-Carlton Hotel Company.«

9 | Naples

Moral vs. Freiheit

Nur in der steten Unzufriedenheit
liegt der Erfolg

Eine filmreife Kulisse

Im besten Hotel Amerikas als Hotelmanager zu arbeiten, fühlt sich an, wie eine Nationalmannschaft zu trainieren. Die Ansprüche sind hoch, noch größer ist die Verantwortung, und man hat es mit Typen zu tun, die man zu nehmen wissen muss. Was der Fußballbundestrainer weiß, wissen die Besten in jeder Branche: Ein außergewöhnliches Unternehmen darf nicht gewöhnlich geführt werden.

Genau genommen hatte ich bei Ritz-Carlton in Naples, Florida, gleich zwei Jobs: Ich war Hotelmanager des Ritz-Carlton Beach Resorts am berühmten Vanderbilt Beach und Voreröffnungsdirektor des Ritz-Carlton Golf Resorts. Ersteres war bei meiner Ankunft 1999 schon fertig und hatte damals tatsächlich den Ruf als bestes Hotel Amerikas. Es verfügte nicht nur über das Gütesiegel eines »Five Star Awarded Hotel« (ein US-Standard, den nur 50 Häuser in den Vereinigten Staaten führen durften – eines für jeden Bundesstaat), sondern auch über die »Five Diamonds« (ein zusätzliches, von der American Automobile Association eingeführtes Rating, das die besten 25 Hotels auszeichnete). Das Golf Resort, das sich all diesen Ansprüchen erst noch würde stellen müssen, wurde sozusagen zu meinem Baby und eröffnete am 4. Januar 2002.

Das Beach Resort erfüllt alle Klischees, die man aus Hollywood-Filmen über amerikanische Luxushotels am Meer kennt: Es ist mit 450 Zimmern riesig, liegt direkt an einem der schönsten Strände des Landes und verfügt über mehrere spektakuläre Bars und Terrassenrestaurants mit Blick auf den Atlantik. Mit Lawrence McFadden hatten wir einen Küchenchef, der später zu einem der berühmtesten Köche Amerikas wurde. Die Einrichtung war der Ritz-Carlton-typische Laura-Ashley-Plüsch mit Blumenmustern nach britischem Vorbild, den die Floridianer so mögen. Der Spa-Bereich war damals der beste, und natürlich gab und gibt es in diesem Beach Resort eine sagenhafte Pool-Landschaft, in der gut aussehende Kellner den Besserverdienern, Superstars und Erben dieser Welt farbenfrohe Cocktails servieren. In diesem Hotel machte damals, zu Beginn des neuen Jahrtausends, die Elite Amerikas Urlaub, und nicht nur die.

Nur ein Klischee aus Hollywood-und Werbefilmchen kann ich an dieser Stelle ganz und gar nicht bedienen: Dass sich an den Pools ausschließlich Bikini-Schönheiten das Handtuch in die Hand geben würden, ist natürlich ein Mythos. Zwar gab es auch viele dieser Gäste – an schönen Frauen mangelt es in Florida wirklich nicht. Ich kann auch bestätigen, dass Silikon oben schwimmt. Aber die Mehrzahl der Gäste des Beach Resorts sieht anders aus, eher so wie die meisten Einwohner von Floridas Villenvierteln: weißhaarig, hüftgeschädigt und sonnengegerbt. Hätte ich für jedes Mal einen Dollar bekommen, wenn ich in Florida einen alten Mann dabei beobachtete, wie er seinen Rollator aus dem Kofferraum eines getunten SUV holte, hätte ich diese Beschäftigung als Nebenjob anmelden müssen.

Das Golf Resort war noch eine Baustelle, aber auch hier war die Klientel vorhersehbar: Die Anlage im viktorianischen Stil war auf Sport und auf das Gruppengeschäft fokussiert – hier ging es deutlich legerer zu als im Beach Resort. Als das Golf Resort schließlich eröffnet war, hätte man dort auf dem Rasen an jedem beliebigen Tag das Katalog-Shooting für die aktuelle Tommy-Hilfiger-Kollektion durchführen können; amerikanischer Sportschick, wohin das Auge blickte. Hilfiger selbst gehörte in beiden Hotels zu den Stammgästen.

Der sportliche Dresscode konnte allerdings nicht darüber hinwegtäuschen: Auch im Golf Resort war stets das große Geld mit auf dem Platz. Und tatsächlich verbrachten hier nicht wenige alte Herren ihre Tage damit, ihren deutlich jüngeren Frauen im knappen Golfdress beim Abschlag mit dem Golf-Coach zuzusehen. Flirt inbegriffen, wenn der ältere Herr gerade mal wieder wegnickte.

»I fully accept responsibility«

Als Hotelmanager war ich praktisch der operative Chef des Beach Resorts, nur ohne den Titel. Alle operativen Entscheidungen für das Beach Resort lagen bei mir, während offiziell der Vice President das Sagen hatte. Gegenüber London hatte ich für meinen Neueinstieg bei Ritz-Carlton also nur eine Gehaltsstufe eingebüßt, dafür aber gleich zwei Hotels übernommen – das Golf Resort allerdings erst später, da es noch im Bau war.

Und ich hatte einiges zu tun, denn die (Arbeits-)Moral der Amerikaner sollte für mich zu einer harten Prüfung werden. So musste ich mich an eine neue Art der Gästebetreuung gewöhnen: Service in diesem Resort für die oberen Zehntausend bedeutete – lächeln. Egal ob man es meinte oder nicht, Hauptsache, die schneeweißen Zähne waren zu sehen. An sich eine lobenswerte Geste. Ich hatte damit trotzdem meine Schwierigkeiten, denn ein Lächeln ohne Herzlichkeit ist mir nicht viel wert. An diese oberflächliche Haltung musste ich mich erst gewöhnen – sie gehört in Amerika einfach zum Standard.

Aus prozessorientierter Sicht tat das unechte Lächeln der Service-Qualität keinen Abbruch: Service Marke Florida war nicht authentisch, aber präzise – nur eben nicht empathisch. Ich hatte ein hervorragendes Team, das maximal individuell auf Gästewünsche einzugehen in der Lage war und Veranstaltungen auf die Beine stellen konnte, die ihresgleichen suchten. Zum ersten Mal übernahm ich ein Hotel, das so, wie es war, fachlich tatsächlich sehr nahe an der Perfektion war. Nur eines fehlte mir ein ums andere Mal: Herzlichkeit.

Genauso gewöhnungsbedürftig wie das aufgesetzte Lächeln waren für mich auch manche andere Eigenarten der Amerikaner, die mir trotz meiner internationalen Karrierestationen bis dahin noch recht fremd waren.

Einer meiner wichtigsten Mitarbeiter stellte mich auf eine besonders harte Probe. Er hätte auch aus einem Hollywood-Drehbuch entsprungen sein können: Jim Townsend war ein ehemaliger Marine-Offizier und verhielt sich auch genauso. Er war ein richtig harter Brocken, fit wie ein Turnschuh und zugleich äußerst scharfsinnig. Bei der Arbeit war Jim diszipliniert bis zur Selbstaufgabe, uneingeschränkt loyal gegenüber seinen Vorgesetzten und extrem prozessorientiert – der Mann war die reinste Maschine.

Was ihm jedoch fehlte, war die Eigenschaft, die für herausragende Service-Persönlichkeiten unabdingbar ist: Empathie. Da Jim den Ehrgeiz hatte, es in der Hotellerie weit zu bringen, wies ich ihn des Öfteren darauf hin, dass er ohne Empathie immer Schwierigkeiten haben würde, dem Gast gegenüber sympathisch aufzutreten, anstatt nur höflich zu wirken. Darauf reagierte er in seiner gewohnt rationalen Art:

Er analysierte das Problem und trainierte sich Verhaltens-schemata an, die ihn empathisch wirken lassen sollten. Das Ergebnis war manchmal amüsant. Jims breites amerikanisches Lächeln wirkte noch absurder als bei einem schlecht gelaunten Kellner. Und wenn er Small Talk machte, klang das tatsächlich wie beim Terminator, der versucht, sich menschlich zu verhalten. Eine Standardfrage wie »Gu-ten-Mor-gen, geht-es-Ih-nen-gut?« wurde in Jims roboterhafter Vortragsweise zur Realsatire.

Weil er aber trotzdem ein toller Kerl war, sehr hart arbeitete und große Ambitionen hatte, gab ich ihm trotz meiner Bedenken die Chance, Verantwortung zu übernehmen. Ich machte ihn zu meiner rechten Hand, wobei er vor allem für die Qualität der Abläufe verantwortlich sein sollte. In diesem prozessorientierten Job schien er mir gut aufgehoben, und Jim war mir unendlich dankbar für die Chance.

Wir hatten allerdings einige Schwierigkeiten, uns bei der engen Zusammenarbeit zusammenzuraufen. Baute jemand von den Mitarbeitern mal Mist, war er sofort mit brachialen Konsequenzen bei der Hand. Es kostete mich einige Nerven, ihn von diesem Automatismus abzubringen. »Man muss nicht immer gleich die schweren Geschütze auffahren, Jim«, erklärte ich ihm ein ums andere Mal. »Im Management gibt es Eskalationsstufen, und das letzte Register zieht man erst, wenn andere Maßnahmen nicht zum Erfolg führen.«

»Bei der Marine gab es nur wenige Eskalationsstufen, und die führten stets schnell zum gewünschten Ergebnis«, antwortete Jim mir dann. So recht mochte ich mir nicht vorstellen, was er damit meinte. Jedenfalls behielt ich sicherheitshalber die Pools im Auge, um sicherzustellen, dass Jim dort keine Mitarbeiter kielholte.

Obwohl das Beach Resort ein ausgezeichnetes Hotel war, gab es im Bereich Logis regelmäßig Beschwerden. Zum einen lag das an den enorm hohen Ansprüchen der Gäste. Zum anderen daran, dass es immer mal wieder Gäste gab, die auf diese Weise versuchten, Vergünstigungen abzustauben – zum Beispiel ein Complimentary-Zimmer, also Übernachten ohne dafür zu bezahlen. Bei solchen Gästen war schon das kleinste Stäubchen unter dem Bett Anlass genug für eine handfeste Beschwerde über ein ›völlig verdrecktes Zimmer‹.

Verantwortlich für solche – echten oder vermeintlichen – Fehler in der Logis war ein Abteilungsleiter namens Tim. Bei jeder einzelnen Beschwerde, bei jedem einzelnen Zimmer, über das wir sprachen, reagierte Tim mit dem gleichen Satz, der Jim und mir bald zu den Ohren herauskam: »I fully accept responsibility!«

Irgendwann konnte ich das nicht mehr hören. Eines Morgens, nachdem wir einmal wieder die Beschwerden des Tages durchgegangen waren, schickte ich die anderen Mitarbeiter aus dem Raum, um mit Jim und Tim allein zu sprechen. »Tim«, sagte ich, »ich weiß, dass du mit vollen Einsatz dabei bist. Entscheidend ist aber, dass du deinen Leuten verständlich machst, wie es zu diesen Fehlern kommt, damit sie abgestellt werden können.«

Eigentlich wollte ich ihm nur meine Haltung zum Umgang mit Fehlern klarmachen und dieses nervtötende Gerede von »responsibility« abschalten. Doch Jim war das nicht genug, er wollte Tim eine Lektion erteilen.

Was die Situation wirklich bedrohlich machte: Wie sich das für einen echten, ehemaligen Marine-Offizier gehört, trug Jim eine Waffe. Immer. Auch in den morgendlichen Management-Meetings. Nun zog er den Revolver plötzlich aus seinem Halfter, knallte ihn mit einer pathetischen Geste auf den Tisch und sagte zu Tim: »Es gibt zwei Möglichkeiten, wie wir das beenden können: Entweder du tust es selbst, oder ich tue es.«

Ich wurde verdammt nervös – in diesem Moment war ich mir nämlich nicht sicher, ob Jim es mit dieser Ansage ernst meinte oder nicht. Was, wenn er wirklich vor meinen Augen Tim die Knarre an die Kopf hielt, weil er meinte, der habe seine Pflicht nicht erfüllt? Zwar traute ich eine solche Wahnsinnstat nicht einmal Jim zu, aber wenn eine Smith & Wesson auf dem Tisch liegt, zieht man auch schon mal die eigene Menschenkenntnis in Zweifel.

Bevor ich mich einklinken konnte, war Jim schon auf den Beinen und verließ das Zimmer. Tim schaute mich schockiert an: Jim hatte ihn praktisch aufgefordert, Selbstmord zu begehen!

Das ging mir, so genervt ich von Tims »Responsibility«-Geschwätz auch war, dann doch zu weit. Ich lief Jim hinterher und erkundigte mich, ob er gerade allen Ernstes einem Mitarbeiter eine geladene Waffe hingelegt hatte, damit der sich erschießen möge. Wie sich herausstellte, war die Knarre nicht geladen. Jim hatte Tim lediglich auf Marine-Art klarmachen wollen, dass er versagt hatte.

Nachdem ich Jim seinen Militarismus einigermaßen in der Mitarbeiterführung ausgetrieben hatte, wurde er zu einem großartigen Kollegen. Ich lernte mit seinen Marotten umzugehen, und ich lernte auch sonst viel von ihm – denn wenn es um Effizienz ging, war Jim unschlagbar. Außerdem: Bei vielen der amerikanischen Kollegen kam sein Hang zur Dramatik, wenn es um die Pflichten am Dienstherren ging, sehr gut an.

Wann immer es etwas zu verkünden gab, das ich nicht amerikanisch zu verpacken wusste, ließ ich Jim sprechen. Die

Amerikaner verstanden ihn, denn ihnen war seine Art nicht unbekannt. Der beinharte Offizier, der alles, was er anfasst, zu seiner Pflicht macht, ist ein Rollenmodell, mit dem Amerikaner gut klarkommen. Viel besser als mit der abstrakten Idee, einen Job mit Empathie auszufüllen.

In den USA ist Dienstleistung Ehrensache. Vom aufgesetzten Lächeln über den Umgang mit Beschwerden bis hin zur Bereitschaft, bei Fehlern den eigenen Kopf hinzuhalten: Amerikaner nehmen Service verdammt ernst. Nur verlieren einige dabei das Wichtigste aus den Augen, die individuelle Note, die man braucht, um eine persönliche Beziehung zum Gast aufzubauen.

Refugium für Fußballstars

Regelmäßig gab sich in Naples die Elite des deutschen Fußballs die Klinke in die Hand. Viele der Superstars verbrachten damals in den USA ihre Winter oder machten zumindest regelmäßig dort Urlaub. Nicht nur die Spieler, sondern auch Trainer und Manager waren häufig bei uns zu Gast. Einer davon war der damalige Geschäftsführer von Bayer 04 Leverkusen, Reiner Calmund.

Calli war damals schon fast so berühmt, wie er es heute ist: eine Ikone des deutschen Fußballs, der viele große Transfers auf den Weg brachte, und wegen seiner sympathisch großen Klappe und seines Umfangs eine beliebte Figur in Medien und Werbung.

Davon wollten auch wir profitieren. Als Deutscher war mir natürlich daran gelegen, das Hotel bei den deutschen Touristen bekannt zu machen und in den Medien zu platzieren. Ich verstand mich gut mit unserem Stammgast, und so konnte ich ihn zu einem Fotoshooting überreden.

Gemeinsam mit der PR-Abteilung von Ritz-Carlton ersannen wir ein Konzept, das den als Genießer bekannten Calli im Beach Resort in Szene setzte. Die Botschaft: Wenn der sich bei uns wohlfühlt, dann werden Sie es auch. Die Idee: Wir wollten dieses Schwergewicht des deutschen Fußballs in einen Whirlpool setzen, in dem auch er ganz augenscheinlich reichlich Platz fand, um es sich bequem zu machen. In Amerika ist schließlich alles ein bisschen größer.

Calli gefiel die Idee. Die Umsetzung gestaltete sich jedoch ein wenig schwieriger als erwartet. Das fing schon damit an, dass man für ein Kaliber wie ihn erst einmal einen Bademantel finden musste. XXXL ist in Amerika zwar durchschnittlich betrachtet keine Seltenheit, im Kreis der oberen Zehntausend aber braucht man diese Größe eher selten. Die Reichen ernähren sich gesünder, weil ihre Personal Coaches und Lifestyle Agents sie dazu verdonnern. Und bei Bedarf schalten sie einfach einen Chirurgen ein, um Figurprobleme zu beheben.

Größere Schwierigkeiten als mit dem Bademantel hatten wir jedoch damit, den badebehosten Calli im Whirlpool mit Badeschaum zu bedecken. Und, auf seinen eigenen Wunsch hin, mit Rosenblättern.

Können Sie sich vorstellen, wie viele Rosen man kaufen und zupfen muss, um den ganzen Calli mit Blättern zu bedecken?

Die Prozedur zog sich über Stunden. Mehrere Mitarbeiter waren bei jeder neuen Einstellung eine ganze Weile damit beschäftigt, genügend Schaum zu erzeugen. Dann mussten die Rosenblätter elegant darüber drapiert werden, während der arme Calli im Wasser langsam aufweichte. Nach ein paar Aufnahmen war der Schaum natürlich wieder zerfallen und die

Rosenblätter abgesoffen. Also musste unser Protagonist wieder raus aus dem Wasser, der Pool geleert, neu mit Wasser gefüllt und aufgeheizt werden. Danach ging das Spiel mit dem Schaum und den Blättern von vorn los. So drehten wir einige Runden, bis alle Bilder im Kasten waren; eine echte Geduldsprobe für das Team.

Einer aber blieb die ganze Zeit gelassen und bester Laune: der aufgeweichte Calli in seinem XXXL-Bademantel. Den Mann bringt wirklich nichts aus der Ruhe – ein klasse Typ.

Auch die Fußballer selbst hatten ein Faible für Naples. Eines Tages kam ich an der Pool-Landschaft vorbei, als ich über dem Rand eines Beckens einen Hinterkopf hervorragen sah, den ich sofort als Stammgast erkannte. Ich ging auf den Hinterkopf zu, setzte mich an den Beckenrand und fragte: »Was machst du denn hier? Müsstest du nicht beim Training in Deutschland sein? Die Saison läuft noch, du musst doch bestimmt am Samstag spielen!«

»Nee«, sagte der Sportler grinsend, »bin verletzt. Dieses Jahr kann ich nicht mehr spielen. Da lasse ich mich doch lieber hier behandeln.«

Ich zählte eins und eins zusammen: Dieser Superstar war nicht nur verletzt, er war sicher auch schon mal motivierter gewesen. Es war November, und in Deutschland war es kalt und grau. Hier dagegen schien die Sonne, und man konnte sich den ganzen Tag am Pool räkeln. Wo konnte man sich besser regenerieren? Kurz darauf beendete er seine aktive Karriere als Fußballer.

Dass man als Fußballgröße, zumal in Deutschland, auch mal eine Auszeit braucht, konnte ich spätestens seit folgender Geschichte sehr gut nachvollziehen. In Naples erlebte ich nämlich auch einen deutschen Trainer, der das Beach Resort als Rückzugsort wählte, als er von der halben bundesrepublikanischen Journaille gehetzt wurde.

Im Herbst 2001 erhielten wir einen Anruf von Gerrit Niehaus, einem Freund von Christoph Daum, den wir daraufhin unter falschem Namen in einer Suite unterbrachten. Die Affäre um die Kokain-Vorwürfe war in vollem Gange, der designierte Nationaltrainer konnte in Deutschland zu diesem Zeitpunkt keinen Schritt mehr vor die Tür machen, ohne von Reportern und Fotografen bestürmt zu werden.

Leider dauerte es nicht lange, bis die Presse ihn bei uns vermutete. Wie den Journalisten das gelungen war, haben wir nie herausgefunden. Vielleicht hatten sie auf gut Glück die Hotels abgeklappert, die die Fußballer normalerweise frequentierten – oder sie hatten einen Tipp bekommen. Zumindest schienen sie zu wissen, dass er sich in Florida aufhielt, und da war unser Hotel natürlich eine naheliegende Vermutung.

Eines Tages standen jedenfalls zwei Reporterteams in unserer Lobby – das eine von einer großen deutschen Boulevardzeitung, das andere von einem deutschen Privatsender. Sogar mit einem Helikopter tauchten die Journalisten über unserer Pool-Landschaft auf. Die Jäger hatten ihre Beute eingekreist.

Ich kannte Christoph Daum damals recht gut und wusste, wie sehr er unter dieser Situation litt. Vor allem aber war er mein Gast. Seine Privatsphäre zu gewährleisten war oberstes Gebot. Den Reportern gaben wir zu verstehen, dass es hier nichts für sie zu holen gab, aber sie ließen sich nicht abwimmeln. Also griff ich zum Telefon und rief Christoph in seiner Suite an, um ihn zu warnen.

Aber Christoph hatte keine Lust sich zu verstecken. Er war nach Naples gekommen, um sich einigermaßen frei bewegen zu können, und das wollte er sich nicht nehmen lassen. Er verließ sich darauf, dass wir ihn bestmöglich schützten. Und so kam er am Nachmittag hinunter in den öffentlichen Bereich, um etwas zu essen, Zeitung zu lesen, einen Kaffee zu trinken und all das zu tun, was jeder andere Gast auch machen würde. Und tatsächlich gelang es uns, ihn so abzuschirmen, dass die Reporter ihn nicht bemerkten, obwohl er einige Male nur wenige Meter entfernt mit dem Rücken zu ihnen stand.

Wer glaubt, Superstars würden in den Luxushotels dieser Welt ein sorgenfreies Leben fern des Alltags führen, der irrt. Ein Promi kann dem Alltag nur schlecht entfliehen, die Augen der Kameras verfolgen ihn weltweit. Und zwar gerade dann, wenn es ihm nicht gut geht. Dass große Hotels manchmal Festungen gleichen, hat also seinen guten Grund. Nur so kann gewährleistet werden, dass Promis sich in dem Haus genauso wohlfühlen können wie jeder andere Gast auch.

Das gehörte vor, in und nach Naples immer wieder zu meinem Job: Die meisten Promis wünschen sich von einem Hotel vor allem, dass sie dort leben können wie jeder andere. Genau deshalb fühlen sich viele Promis gerade in schweren Zeiten in Hotels so wohl: Service ist wertfrei. So gesehen sind die Bedürfnisse der Promis manchmal weitaus bodenständiger als die vieler anderer Gäste.

Silvesterparty mit Knalleffekt

An Silvester 2001 war das Golf Resort fast fertig und die Vorbereitungen für die Eröffnung waren beinahe abgeschlossen. Aus diesem Grund standen an diesem Tag für mich nicht eine, sondern zwei Silvesterpartys an: die große Gala im Beach Resort und die Baustellen-Party mit meinem Team im Golf Resort, das nur vier Tage später eröffnen sollte. Der Plan war, dass ich erst im Laufe der Nacht zur großen Gala am Vanderbilt Beach stoßen würde; bis dahin wollte ich – vorgezogen – mit meiner grandiosen Voreröffnungs-Crew feiern.

Diese Mitarbeiter hatten es sich wahrlich verdient, dass ich ihnen eine zünftige Party schmiss: Seit Monaten hatten sie Tag und Nacht geschuftet, ohne dass sich jemals einer beklagt hätte. In dieser Phase hatte ich das disziplinorientierte amerikanische Dienstleistungsdenken schätzen gelernt. Nicht in jedem Land wäre ein solches Mammutprojekt in der gleichen Zeit zu stemmen gewesen. Deshalb sollte die Party im Golf Resort für mich das Highlight dieser Silvesternacht werden.

Bei der großen Fete im Beach Resort wollte ich nur meiner Anwesenheitspflicht um Mitternacht nachkommen – für das Repräsentieren auf höchstem Niveau war mein Boss zuständig. Und wie immer würde es auf der Silvestergala von Prominenten nur so wimmeln. Halb Hollywood würde da sein, die Industriellen-Elite der USA, diverse hochrangige Politiker und Diplomaten, selbst Mariah Carey hatte sich angekündigt.

Noch wichtiger war allerdings, dass die Hotellegenden, nennen wir sie Harry und Tony, kommen würden. Die vielleicht wichtigsten Hoteliers der Welt würden also mit uns feiern; da sollte schon alles laufen wie am Schnürchen. Und das war mit Sicherheit garantiert: Mariah Carey hatte einen Ruf als Partytier. Aus Deutschland standen unter anderem Michael Ballack und Stefan Effenberg auf der Einladungsliste. Letzterer war nicht nur für seine fußballerischen Leistungen bekannt, kurz zuvor war er beim FC Bayern ausgerechnet durch Michael Ballack ersetzt worden – da lag Ärger in der Luft, wenn beide tatsächlich erscheinen würden. Es würde also ein richtig bunter Abend mit reichlich Überraschungspotenzial werden. Auf diesen exzessiven Promi-Haufen würden Harry und Tony treffen, und die waren – Mormonen. Kein Alkohol, keine Zigaretten.

Eine wilde Nacht sollte es in der Tat werden.

Ich erinnere mich, dass ich um 16 Uhr, wenige Stunden vor Beginn der Silvestergala, einen Anruf vom Boss bekam. »Carsten, ich wollte dir nur sagen, ich bin auf dem Weg nach Sarasota. Ich wünsche dir heute Abend viel Spaß!«

Der Mann hat Nerven, dachte ich: Für Amerika war es zwar keine große Distanz, aber wenn er jetzt unterwegs ins Hunderte Kilometer entfernte Sarasota war und rechtzeitig zur Party zurück sein wollte, würde er sich ganz schön ranhalten müssen.

»Nett von dir!«, sagte ich. »Aber keine Sorge: Ich komme nach meiner Party rüber zum Vanderbilt Beach, dann können wir persönlich aufs neue Jahr anstoßen.«

»No no no«, sagte er gut gelaunt. »Ich bin heute Abend nicht da. Du machst die Party.«

Erst da fiel bei mir der Groschen. »Wie stellst du dir das vor? Jeder wird nach dir fragen, du bist nun mal der Boss!«

»Dann lass dir eben was einfallen.«

»Ich lasse mir gern was einfallen, aber bei diesen Hotellegenden wirst du dich mit der Nummer nicht beliebt machen.«

Alles Reden half nichts. Es blieb dabei, er kam nicht.

Nach einer verkürzten Baustellenparty im Golf Resort traf ich viel früher als geplant im Beach Resort ein. Meine Mitarbeiter hatten inzwischen die Gäste bei Laune gehalten, die nach dem Chef gefragt hatten. Für den Rest des Abends war das meine Aufgabe.

Abgesehen davon lief alles überraschend glatt. Ich erinnere mich an eine ausgelassene Party, doch ohne dramatische Zwischenfälle. Bis mein Assistent mit leichenblassem Gesicht an meiner Seite auftauchte und mir ins Ohr flüsterte, ich müsse ihm dringend folgen. Wirklich unglaublich dringend und möglichst unauffällig. Ich kannte ihn, und ich wusste, er konnte mit Stress umgehen. Unterwegs rüstete ich mich für das Schlimmste.

Er sagte kein Wort, bis er mich in mein Büro geführt und die Tür hinter uns geschlossen hatte. »Carsten«, meinte er schließlich, »wir haben ein Problem. Ein ganz gewaltiges Problem. Und wir müssen das irgendwie von den Gästen fernhalten.«

Völlig verstört berichtete er mir dann, dass gerade ein Staatsmann – und näher werde ich ihn nicht beschreiben – auf der Toilette erwischt worden war. Nicht etwa beim Pinkeln auf die eigenen Schuhe oder beim Sex mit einer Unbekannten oder anderen Banalitäten. Sondern koksend in Begleitung eines minderjährigen Callboys. Einer der Gäste hatte die beiden ertappt und sofort die Cops gerufen.

Als er mit seinem Bericht fertig war, stürmte ich los, um die Polizei in Empfang zu nehmen. Nach ihrer Ankunft brachte ich sie in die Suite, in die sich der Staatsmann und der Callboy nach ihrer Entdeckung zurückgezogen hatten. Mein Herz schlug so laut, dass es mir in den Ohren pochte – das war ein Albtraum erster Güte. Und mein Boss war nicht da.

Wie sich herausstellte, spielte das auch gar keine Rolle, denn ab sofort waren Mächte am Wirken, die höher waren als er oder ich oder sogar Harry und Tony (die von alldem bislang nichts mitbekommen hatten). Ich weiß nicht, wer im Hintergrund eingeschaltet, was besprochen, verhandelt und möglicherweise unterschrieben wurde, jedenfalls war der Staatsmann wenig später nicht mehr im Hotel und tauchte an diesem Abend auch nicht mehr auf. Auch seine Entourage, der Callboy und die Cops waren wie vom Erdboden verschluckt.

Am nächsten Tag stand nichts über den Vorfall in der Zeitung. Auch am übernächsten nicht. Überhaupt nie. Irgendwie hatte man es geschafft, den Vorfall zu vertuschen. Ich bin bis heute nicht sicher, was der größere Skandal war: Was in dieser Toilette vor sich gegangen war, oder die Tatsache, dass durch die Vertuschung mehrerer mutmaßlicher Straftaten ein diplomatischer Eklat verhindert wurde.

Die rauschende Party lief weiter. Für mich war das Feuerwerk um Mitternacht allerdings nur noch Makulatur. An diesem Abend war in meinen Augen eine Grenze überschritten worden. Es war schon der zweite von mehreren Anlässen, die mich daran zweifeln ließen, ob ich mit dieser Bigotterie auf Dauer leben konnte: in einem Land, das über seine Stars aufgrund einer Affäre zu richten bereit war, aber kein Problem damit hatte, Straftaten zu vertuschen, um diplomatische Verstimmungen zu vermeiden.

Amerika steht still

Das erste Ereignis war der größte Angriff auf die Demokratie in der Geschichte der Vereinigten Staaten gewesen: der Terroranschlag auf das World Trade Center am 11. September 2001, wenige Monate vor jener Silvesternacht.

Im Beach Resort, gut 2000 Kilometer von New York City entfernt, hatte der Tag begonnen wie jeder andere auch. Die einzige Bedrohung, derer wir uns an diesem Tag bewusst waren, war eine Hurrikan-Warnung; Naples ist zwischen Ende August bis Oktober anfällig für diese schweren Stürme. Nur aus diesem Grund lief in meinem Büro der Fernseher, als ich gerade mit meinem Mitarbeiter Pete die Termine für den Tag besprach.

Ich war über meine Papiere gebeugt und hatte schon eine Weile geredet, als ich merkte, dass von Pete keine Rückmeldung mehr kam. Ich blickte auf und sah den jungen Mann, zur Salzsäule erstarrt, im Halbprofil vor mir sitzen. Den rechten Arm hatte er erhoben und zeigte mit ihm auf den Fernseher, der in der gegenüberliegenden Ecke des Büros an der Wand hing. Es wirkte, als wäre er schon vor Minuten in dieser Position eingefroren.

»Pete?«, fragte ich irritiert. »Was ist los?«

Natürlich sah ich die Bilder auf dem Fernsehschirm, aber sie ergaben keinen Sinn für mich. Ich war auf etwas anderes konzentriert und realisierte nicht, dass es sich um Nachrichten handelte und nicht um irgendeinen Action-Film.

»Sieh dir das an, Carsten. Ich kann es nicht fassen.«

Langsam begann ich zu begreifen, dass es sich nicht um einen Film handeln konnte, und sah und hörte endlich genauer hin. Nach kurzem Zuhören meinte ich genug zu wissen; in diesen ersten Minuten wurde noch spekuliert, dass es sich um einen Sportflieger handelte, der sich zu den Twin Towers verirrt hatte. Ein schlimmer Unfall, aber noch keine nationale Tragödie. Niemand dachte an einen terroristischen Hintergrund, bevor der zweite Flieger einschlug.

Nur eines verstand ich nicht: So tragisch dieser Unfall sein mochte, warum warf er Pete so aus der Bahn? Warum war mein Assistent wie vom Donner gerührt?

»Das ist furchtbar, Pete«, sagte ich. »Aber jetzt lass uns weiterarbeiten.«

Doch Pete reagierte nicht. »Warum bringt dich das so aus der Fassung?«, setzte ich nach.

Erst jetzt drehte Pete seinen Kopf zu mir und blickte mich aus leeren Augen an. »Mein Bruder«, sagte er mit brüchiger Stimme. »Mein Bruder arbeitet im WTC. Er ist da drin.«

In diesem Moment begann mein Hirn endlich zu verarbeiten, was dieser vermeintliche Unfall für Pete und genauso für viele andere Menschen bedeutete. In welchem der Türme arbeitet er?, schoss es mir durch den Kopf. Links oder rechts? Oben oder unten im Turm? Ist er um diese Zeit im Büro? Hat er vielleicht einen Termin außerhalb?

Ich kam nicht dazu, meinem Mitarbeiter diese Fragen zu stellen. Pete war plötzlich in Bewegung geraten, hatte nach seinem Handy gegriffen und mit einem »Excuse me« den Raum verlassen, um zu telefonieren. Das versuchte er in den folgenden Stunden wieder und wieder – ohne Erfolg. Die Mobilfunknetze in New York waren in den Stunden nach dem Anschlag völlig überlastet.

Es dauerte dann nicht mehr lange, bis klar wurde, was in New York wirklich passiert war. Kaum machte das Wort »Terroranschlag« die Runde, setzte der Schock ein. Nicht nur in New York, sondern überall im Land herrschte der Ausnahmezustand. Auch am Vanderbilt Beach. Amerika stand still.

Auf das Hotel wirkte sich das schlagartig aus. Alle Flieger, die in den USA zu diesem Zeitpunkt noch in der Luft waren, wurden auf den nächsten verfügbaren Flughafen gelotst, überhaupt wurde der Luftverkehr für mehrere Tage vollständig ausgesetzt. Gäste, die an diesem oder in den nächsten drei, vier Tagen abreisen wollten, waren gezwungen, zu bleiben. Logistisch war das kein Problem, denn dafür kam auch kaum jemand neu an; in Amerika legt man größere Distanzen grundsätzlich mit dem Flugzeug zurück. Kein Flugverkehr bedeutete also auch: fast keine Anreisen.

Die Anschläge hatten Amerika ins Mark getroffen. Praktisch jeder, mit dem ich sprach, kannte jemanden, der von der Tragödie um das WTC in irgendeiner Form betroffen war. Nicht wegen der Zahl von über 3000 Todesopfern, nicht weil es New York war, nicht weil in den Türmen das ökonomische Herz Amerikas schlug, sondern weil fast jeder der gut situierten Amerikaner, die unsere Klientel ausmachten, eine Beziehung mit einem Menschen in diesen Türmen hatte. Dieser Anschlag betraf jeden persönlich.

Auch Pete. Den ganzen Tag fieberte ich mit ihm einem Lebenszeichen von seinem Bruder entgegen. Spät am Abend des 11. September erreichte er seinen Bruder schließlich: Er war an diesem Tag nicht in seinem Büro im WTC gewesen.

Kaum hatte sich das erste Chaos wieder gelegt, begann nur eine Woche später eine Reihe von Anthrax-Anschlägen auf Fernsehsender und US-Senatoren, bei der mehrere Menschen an den Folgen der Milzbrandsporen starben, die mit Briefen verschickt worden waren. Spätestens jetzt wähnte sich die mächtigste Nation der Welt im Krieg. Was sich daraufhin – auch in Florida – abspielte, werde ich nie vergessen. Die Menschen gerieten regelrecht in Panik. Überall im Land waren die Supermärkte leer gekauft.

Auch das Mittel gegen Anthrax war in den USA innerhalb kürzester Zeit nicht mehr zu haben. Wir brauchten es im Hotel allerdings dringend. Viele Gäste fragten danach, ob wir auf einen Anschlag vorbereitet seien. Die Gefahr zu ignorieren, wäre einer groben Fahrlässigkeit gleichgekommen. Doch woher nehmen?

Es fand sich eine Lösung: Wir bekamen eine Lieferung aus Deutschland. In einer Nacht- und Nebelaktion hatte kein geringerer als Reiner Calmund, der damals noch beim Werksclub Bayer-Leverkusen arbeitete, einige Strippen beim Chemiekonzern Bayer gezogen und uns das Gegenmittel per Expressbote über den Teich geschickt.

Susanne und ich fühlten uns nie mehr als Europäer als in dieser Zeit. Natürlich feindete uns als Deutsche niemand persönlich an. Doch in den ersten Wochen spürte man, wie die tolerante Atmosphäre in diesem Schmelztiegel sich nach und nach veränderte. Bei aller Betroffenheit, bei allem Mitgefühl konnten wir nicht umhin festzustellen, dass es vielen Menschen schwerer fiel als zuvor, zwischen guten Ausländern und bösen Ausländern zu unterscheiden. Wir konnten kaum erahnen, wie es Moslems, wie es arabisch aussehenden Menschen, die mit all dem nichts zu tun hatten, in dieser Zeit ergangen sein muss. Dafür sorgten nicht zuletzt Gerüchte wie die, dass sich während der Anschläge vermeintlich kein einziger Moslem im World Trade Center aufgehalten haben sollte. Man spürte die Hilflosigkeit der Menschen, und man spürte, dass dieses Land mit seinem singulären Deutungs- und Machtanspruch ein ganz anderes Demokratieverständnis hatte, als wir es kannten.

Moral und Doppelmoral

Zu unseren Zweifeln trugen im Laufe der Zeit auch noch einige Episoden bei, die sich im Vergleich dazu geradezu satirisch anhören. In der Summe bestärkten sie uns letztlich darin, unseren Lebensmittelpunkt wieder zu verlagern.

Susanne wurde in den etwa zwei Jahren, die wir in Florida lebten, gleich zweimal beinahe verhaftet. Beim ersten Mal war sie mit David, der damals gerade vier Jahre alt war, mit dem Auto unterwegs. Auf einer Landstraße irgendwo in der Pampa passierte das, was mit kleinen Kindern nun mal hin und wieder passiert: David musste mal. Bei den langen Autofahrten zwischen größeren Städten in Amerika ist das Ziel manchmal zu weit entfernt, um ein kleines Kind aufzufordern, es sich bis zur Ankunft zu verkneifen. Also tat Susanne, was sie in Deutschland auch getan hätte und was sicher jeder, der Kinder hat, schon einmal getan hat: Sie hielt am Straßenrand an und schickte David zum Pinkeln in den Straßengraben.

Doch Susanne hatte Pech: Ausgerechnet in diesem Moment, mitten im Nirgendwo, fuhr eine Polizeistreife vorbei und sah David im Gebüsch. Was dann kam, war so lächerlich wie angsteinflößend: Der Cop schaltete Blaulicht und Sirene ein, bevor er direkt hinter Susannes Auto hielt. Mit gewichtiger Attitüde stieg der Polizist aus, ging mit schwingendem Cowboyschritt auf meine Frau zu und fragte, was hier vor sich ginge.

»Mein Sohn musste pinkeln, und wir haben es noch recht weit«, sagte Susanne wahrheitsgemäß. »Da habe ich angehalten, damit er sich schnell am Straßenrand erleichtern kann.«

»Sie verstoßen gegen die Gesetze des Staates Florida!«, erklärte der Cop im besten Verhörton. »Das Entblößen von Genitalien in der Öffentlichkeit ist eine Straftat!«

Susanne traute ihren Ohren nicht. Sie schaute nach vorn, sie blickte hinter sich die Straße hinunter – weit und breit war niemand zu sehen. David pinkelte in einer Einöde an den Straßenrand, ohne dass jemand ihn sehen konnte. Entblößung von Genitalien in der Öffentlichkeit? David war vier Jahre alt!

Tatsächlich wollte der Cop eine Anzeige aufnehmen. Und

die hätte es bei diesem »Tatbestand« durchaus in sich gehabt – immerhin identisch mit dem, wofür ein Exhibitionist angezeigt wird, der in der Fußgängerzone den Blitzer gibt! Und da verstehen die US-Richter nicht den geringsten Spaß. Selbst im Fernsehen wurde damals alles verpixelt oder mit schwarzen Balken verdeckt, was nur annähernd an eine nackte Brust erinnern könnte. Wäre der Fall zur Anzeige gekommen, hätte Susanne eine Gefängnisstrafe gedroht!

Zum Glück gelang es ihr, den Polizisten davon zu überzeugen, dass sie neu im Land sei und sich ihres Vergehens nicht bewusst gewesen wäre: »I'm so sorry, I'm so sorry, Sir!«

Eine glatte Lüge. Susanne tat das Ganze überhaupt nicht leid; in Wahrheit war sie stinksauer über diese Moralkeule. Immerhin wusste sie allein schon aus dem Hotel, was auch und gerade in Amerika hinter verschlossenen Türen so vor sich ging, wenn kein Cop in der Nähe war. Der Gesetzeshüter beließ es bei einer Verwarnung – nicht ohne ihr für den Wiederholungsfall mit schwersten Konsequenzen zu drohen und sie über die Ränder seiner Pilotenbrille anzublicken, als hätte er sie gerade des Mordes überführt.

Die zweite Beinahe-Anzeige hatten wir unseren Nachbarn zu verdanken – und wieder war der nackte David der Stein des Anstoßes. Wir wohnten in einer dieser klassischen amerikanischen Siedlungen am Rand von Naples in einem hübschen Haus mit einer großen Sonnenterrasse und einem kleinen Pool im rückwärtigen Garten. Dort wähnten wir uns in Sicherheit vor moralischer Verurteilung. Immerhin war das unser Grundstück, und da durfte ein Vierjähriger wohl noch nackt baden gehen.

Falsch gedacht. Die Nachbarn erspähten das unerhörte Treiben sogar durch die Hecke. Sie müssen darauf gelauert haben, denn die Hecke war eigentlich hoch genug. Empört riefen sie zu uns hinüber, wir sollten dem planschenden David sofort etwas anziehen, sonst würden sie die Cops rufen und uns wegen Erregung öffentlichen Ärgernisses anzeigen.

In Deutschland hätten wir den Affront zumindest ins Lächerliche gezogen. Nach Susannes Erfahrung an der Landstraße aber wussten wir, dass diese lächerliche Episode ernsthafte Konsequenzen nach sich ziehen konnte. Also taten wir, wie uns geheißen – und konnten einmal mehr nur die Köpfe schütteln über so viel Bigotterie.

Noch schlimmer als den fahrlässigen Umgang mit vermeintlichen »Werten« wie Recht und Ordnung empfanden wir die Bereitschaft, dieses prüde Wertesystem und das daraus resultierende verquere Rechtssystem zum eigenen Vorteil zu nutzen. Einmal stolperte ich in unserer Nachbarschaft über einen Stein, den ein Nachbar als dekorative Begrenzung am Fuß seiner Auffahrt platziert hatte. Es war meine eigene Unachtsamkeit gewesen, ich war mit den Gedanken woanders und hatte den Stein, der ein paar Zentimeter in den Gehweg hineinragte, nicht wahrgenommen.

Noch bevor ich mich wieder aufgerappelt hatte, stürmte ein Mann im schwarzen Anzug auf mich zu und half mir auf die Beine. »Ich wohne auch hier, und ich bin Anwalt«, sagte er bedeutungsschwanger. »Wenn wir noch andere finden, denen das passiert ist, dann verklagen wir den Besitzer und ziehen dem richtig die Hosen aus!«

Mit Versuchen, das Rechtssystem auszunutzen, hatten wir es auch im Hotel regelmäßig zu tun. Einmal hatte ein befreundeter Hotel-Kollege einen Gast, der sein eigenes Zimmer verwanzte, um Beschwerdegründe zu dokumentieren. Er machte nur leider den Fehler, das bei seiner Anreise einem

Taxifahrer zu erzählen und damit zu prahlen, dass er auf diese Weise seine Hotelzimmer stets für lau bekam. Der Taxifahrer, der regelmäßig Gäste zu ihm brachte und deshalb öfter mal einen Kaffee bei ihm trank, erzählte davon. So konnten sie diesen Störenfried ruhigstellen, bevor er überhaupt Gelegenheit bekam, sich durchzuschnorren. Leider kein Einzelfall: Ohne gute Anwälte im Rücken kann man in Amerika kein Hotel führen.

Eigentlich hätte ich schon bei meinem allerersten Besuch bei Ritz-Carlton ahnen können, dass wir mit den Moralvorstellungen so unsere Schwierigkeiten bekommen würden. Vor dem Vorstellungsgespräch bekam ich es nämlich selbst mit der hauseigenen »Sittenpolizei« zu tun.

Ich war nach Buckhead eingeflogen worden und verbrachte den Abend vor dem Interview im dortigen Ritz-Carlton, das direkt an die Firmenzentrale angeschlossen war. Vor dem Schlafengehen ging ich in den Wellness-Bereich, um für den großen Tag fit zu sein. Nach ein paar Runden im Pool ließ ich mich in der Sauna nieder – wie man es als Europäer eben macht: nackt, aber mit einem Handtuch um die Hüften. Als ich feststellte, dass ich allein in der Sauna war, legte ich mir das Handtuch unter und lehnte mich entspannt zurück.

Ein Gast im Wellness-Bereich musste mich wohl dabei beobachtet haben, denn kurze Zeit später ging plötzlich die Glastür der Sauna auf, und vor mir standen zwei Security-Guards. Beide waren in schwarze Anzüge gekleidet und trugen Knöpfe im Ohr.

»You can't be naked here«, informierte mich einer der beiden mit versteinertem Gesichtsausdruck.

»Doch«, sagte ich, »kann ich. Wie geht ihr denn in die Sauna?«

»Das ist nicht erlaubt. Binden sie sich sofort das Handtuch um!«, forderte mich der Gorilla auf. Angenehm war die Situation für ihn sicher auch nicht, in seinem schwarzen Anzug – die ersten Schweißperlen standen ihm schon auf der Stirn.

»Ich weiß gar nicht, was Sie von mir wollen«, erwiderte ich. »Das hier ist eine Sauna. Warum soll ich hier nicht nackt sein können? Ziehen Sie doch Ihre Anzüge aus, Sie sind hier die mit dem falschen Dresscode!«

Den beiden reichte es. Ohne ein weiteres Wort packten sie mich – ich schaffte es gerade noch, mein Handtuch zu raffen –, drehten mir die Arme auf den Rücken und führten mich in die Umkleidekabine. Dort forderten sie mich auf, mich anzuziehen und den Wellness-Bereich zu verlassen.

Natürlich war mein unerhörtes Benehmen am nächsten Tag Gesprächsthema im Hotel. Auch hier gab es sicher einen Night Manager, wie ich es damals in Gravenbruch war, der einen Report über die Ereignisse der Nacht zu schreiben hatte. Bei meinem Vorstellungsgespräch kam das Thema zum Glück nicht zur Sprache. Das Management von Ritz-Carlton hatte mit dem Hotelbetrieb nebenan nichts weiter zu tun, und so blieb mir zumindest diese Peinlichkeit erspart.

Irgendwann hatten wir genug. Die Summe all dieser Ereignisse, von 9-11 über Angestellte mit Schusswaffen und gierige Anwälte bis hin zu den Absurditäten der amerikanischen Bigotterie führte schließlich dazu, dass wir Amerika den Rücken kehrten. Wir hatten dort großartige Menschen kennengelernt, wunderbare Momente in diesem großartigen Land verbracht, das Klima genossen und auch durchaus unseren Spaß gehabt, auf Augenhöhe mit der amerikanischen High Society. Ganz zu schweigen von dem Privileg, für die bedeutendste Traditionsmarke in der Geschichte der Hotellerie arbeiten zu dürfen. Doch mit unserem liberalen, europäischen Wertesystem passten wir auf Dauer nicht hierher, und nach der Anschlagsserie im September 2001 bekamen wir auch das dumpfe Gefühl der dauerhaften Bedrohung nicht mehr aus dem Kopf, ganz besonders im Hinblick auf David. Unser Sohn sollte in Sicherheit aufwachsen.

Wir sagten Goodbye zu Amerika – dem Land der unbegrenzten Möglichkeiten, in dem die Freiheit in Wahrheit immer nur so weit reicht, wie die Angst vor Andersdenkenden es zulässt.

10 | Celle

Auf steinernem Boden wachsen keine Tulpen

Trutzburg der röhrenden Hirsche

Das Gebäude, das als Hotel Fürstenhof bekannt ist, heißt eigentlich Palais Adelebsen, und noch früher hieß es Adelshof von Osten. Der heutige Name ist also Programm: Tatsächlich handelt es sich bei dem Hotel um einen richtigen alten Fürstensitz. Es ist der einzige Adelshof aus Celles Barockzeit, der unversehrt erhalten geblieben ist, ein mondänes Landhaus, dessen Grundmauern um das Jahr 1670 herum entstanden.

Ab 1787 wohnte mit Carl Friedrich Graf von Hardenberg erstmals ein Vertreter jenes deutschen Adelsgeschlechts in diesem Anwesen, das unter anderem den Romantik-Dichter Novalis, einen Außenminister und einen preußischen Staatskanzler hervorgebracht hat. Nach mehrfachen Eigentümerwechseln über die Jahrhunderte bewahrte Christian-Ludwig Graf von Hardenberg das baufällige Gebäude 1969 vor dem geplanten Abriss und eröffnete darin 1970 das Hotel Fürstenhof Celle.

Als ich 2002 den Posten als Direktor des Fürstenhofs und dreier weiterer Hotels der Familie übernahm, war das Haus im Besitz seiner Erben, der Grafen Philipp und Burkhard von Hardenberg. Philipp von Hardenberg war der Hotelier, der das Haus anleitete.

Der Fürstenhof war eine Trutzburg alter Hotellerie-Tradition, ein stolzes Denkmal einer vergangenen Epoche des Gastgewerbes. Als das Haus 1970 eröffnet hatte, hatte es die Menschen gereizt, in einem Adelssitz zu übernachten, in einem Gebäude mit Geschichte und Patina, in dem man die Tradition atmen konnte. Als ich die Geschäftsführung des Hotels übernahm, war diese Ära längst vorüber. Ein neues Jahrtausend hatte begonnen, und die Ansprüche an die Hotellerie waren einem radikalen Wandel unterworfen.

Wenn irgendwo der Begriff »Architektur der röhrenden Hirsche« angemessen war, der einmal im Zusammenhang mit dem Adlon verwendet wurde, dann hier. Bei meinem ersten Rundgang durchs Haus atmete ich nicht Tradition und Patina, sondern den Staub eines Altherren-Ambientes. Die Einrichtung war irgendwo zwischen echtem antiquarischem Wert und deutscher Eiche rustikal à la 70er-Jahre, also Eichenfurnier, gefangen. Auch die modernen Elemente, die einst einen atmosphärischen Kontrast zur Patina gebildet hatten, waren inzwischen alt geworden. Der Fürstenhof war wie ein alter Herr, der nicht einsehen will, dass seine besten Zeiten vorüber sind: nach außen noch rüstig und stolz, innerlich malad und der neuen Zeit nicht mehr gewachsen.

Gerade wegen seiner Renovierungsbedürftigkeit reizte mich diese Trutzburg. Ich hatte Lust darauf, dem alten Adelshaus den Staub aus der Lunge zu pusten. Inzwischen hatte ich Erfahrungen in den verschiedensten Hotels und auf vier Kontinenten gesammelt. Nach der streng durchregulierten, fest etablierten Bestmarke Ritz-Carlton fühlte ich mich bereit, ein Hotel nach meinen Vorstellungen zu realisieren und zu führen und damit einen weiteren Schritt in Richtung Eigenständigkeit als Hotelier zu gehen. Was wäre für diese Entwicklungsstufe besser geeignet als ein paar Hotels, allen voran der Fürstenhof, die erst noch ins neue Jahrtausend geholt werden mussten?

Ich trat mit großen Ambitionen an. Dass ich kein leichtes Spiel haben würde, war mir vom ersten Tag an klar. Nach den vielen Jahren im Ausland und in Städten, die mitten im Umbruch steckten, wirkte Celle auf mich wie eine germanische Variante des gallischen Dorfes in den *Asterix*-Filmen: eine Bastion der Sturköpfe, in der kulturelle Einflussnahmen von außen ungefähr so willkommen sind wie ein Stein im Schuh. Aus dem Tempel der amerikanischen Gesellschaftselite war ich in die Festung der deutschen Spießigkeit gezogen – und fand das genauso herausfordernd wie amüsant.

Management im Schleudersitz

Mein Innovationsdrang wurde auf eine harte Probe gestellt. Vom ersten Tag an versuchte ich Philipp von Hardenberg zu überreden, den Fürstenhof grundlegend zu renovieren. Immerhin war ich eingestellt worden, um das Hotel in die Zukunft zu führen. Dafür stand ich mit meinem Ruf als Voreröffnungsprofi, und das Hotel brauchte die Frischzellenkur dringend. Wie dringend, das ahnte ich allerdings noch nicht. Soweit ich wusste, konnte sich das Haus aufgrund seiner Tradition und Bekanntheit immer noch tragen. Daher wunderte es mich, dass es sich so schwierig gestaltete, dem Hausherrn seine Zustimmung zur Generalüberholung abzutrotzen.

Schließlich willigte der Graf in den Bau eines Musterzimmers ein. Ein solches Zimmer ist mehr als eine Skizze für eine geplante Renovierung; dort wird nicht nur die grobe Linie angedeutet, sondern bis ins kleinste Detail alles so hergerichtet, wie es später in einem für den Gast bezugsfertigen Zimmer auch aussehen wird. Materialien, Farbschema, Wandgestaltung, Teppiche, Möbel, Accessoires, technische Ausstattung – alles wird bestmöglich so aufeinander abgestimmt, dass dieser Entwurf später auf das ganze Hotel skaliert werden kann.

Als es vollbracht war und der Fürstenhof wenigstens hinter einer seiner vielen Türen in zeitgemäßem Glanz erstrahlte, war ich richtig stolz auf das Ergebnis – und gespannt, wie es wohl ankommen würde. Besonders gelungen fand ich den sonderangefertigten Musterstuhl, der am Schreibtisch stand. Er war in seinem Design an einen barocken Thron angelehnt: handgeschnitzt, mit Blattgold verziert und mit einem plüschigen Rückenkissen versehen.

Die Abnahme des Musterzimmers – eigentlich war es eine Mustersuite – inszenierten wir wie ein Mini-Opening. Philipp von Hardenberg, der natürlich das letzte Wort haben würde, hatte sich seinerseits gewünscht, dass ich einen weiteren Hotelier dazu holte, um eine neutrale Expertenmeinung zu bekommen. Also hatte ich Wolfgang Schmitz eingeladen. Er war damals Eigentümer und Chefredakteur der wichtigsten deutschen Hotelfachzeitschrift *Top hotel*. Ihn buchten wir in diese Mustersuite ein, nach einer Nacht darin sollte er uns Feedback geben, was ihm gefiel und wo aus seiner Sicht noch Nachbesserungsbedarf bestand.

Am Abend seiner Anreise saßen wir alle zusammen einige Zeit in der Bar des Fürstenhofs, bevor es in ausgelassener Stimmung nach oben zur Besichtigung der Mustersuite ging.

Wolfgang Schmitz war ein Bär. Für diesen Eindruck sorgte schon der riesige Vollbart, der fast sein gesamtes Gesicht überwucherte. Vor allem aber war er ungefähr zwei Meter groß, gut genährt und nach meiner Schätzung bestimmt 150 Kilogramm schwer – kein durchschnittlicher Gast. Mir wurde ein wenig mulmig; die Möbel waren Musterstücke und noch nicht auf Serienreife getrimmt. Was, wenn es in irgendeinem wichtigen Detail noch mit der Qualität dieser Muster haperte?

Wer kam schon auf die Idee, dass die Musterstücke ausgerechnet von einem Grizzlybären getestet werden würden, der vorher auch noch in das eine oder andere Glas gesehen hatte …

Als hätte ich es geahnt: Ausgerechnet mein Lieblingsstück wurde zum Stuhl des Anstoßes. Nachdem sich Wolfgang Schmitz gründlich im Musterzimmer umgesehen hatte, ließ er sich, leicht schwankend, mit Schwung auf den Designerstuhl am Schreibtisch krachen. Setzen Sie mal einen Ihrer Stühle dieser Belastung aus: Bei geschätzten 150 Kilo Schwungmasse, mit Wucht auf die Sitzfläche geworfen, gerät so ein Holzrahmen schon an seine Grenzen. Möglicherweise hatte er sich bei der Aktion verzogen, vielleicht hatte der Tischler auch bei diesem handgefertigten Einzelstück eine kleine Ungenauigkeit verbrochen – wir werden es wohl nie erfahren. Jedenfalls wackelte der Stuhl. Schmitz schob seine 150 Kilo von links nach rechts und vor und zurück, als wolle er den Rahmen zum Bersten bringen, und mit jedem Ruckeln verfinsterte sich sein Gesicht ein bisschen mehr. Jedenfalls vermutete ich das, denn wirklich erkennen konnte man seine Regungen hinter dem wuchernden Rauschebart nicht.

Und dann sprach der Experte sein Urteil: »Das ist doch Mist. Billige Qualität. Das geht so nicht.«

Na, Bingo, dachte ich noch. Zu mehr hatte ich keine Gelegenheit, denn mein ebenfalls angeheiterter Chef trat sofort in Aktion. »Steh auf!«, sagte er zu Schmitz. Der tat – so schnell es ihm möglich war – wie ihm geheißen; er fürchtete wohl, sich im Ton vergriffen zu haben. Doch im Gegenteil: Der Graf wollte ein Exempel statuieren. Er griff sich den Stuhl, ging damit hinaus auf den Balkon und warf ihn im hohen Bogen über die Brüstung. Das teure Stück landete mit einem lauten Krachen mitten im Innenhof des Hotels.

Ich wollte hinausstürmen, um die Überreste zu entfernen, bevor Gäste die Trümmer sahen und sich fragten, was in diesem gediegenen Hotel mitten in der Nacht wohl vor sich ging. Doch der Graf hielt mich zurück und verbot mir, den Stuhl aufzuheben. Nicht jetzt, nicht morgen, überhaupt nie. Der Stuhl sollte liegen bleiben und allen eine Mahnung sein.

»Der soll dort verrotten«, grummelte mein Chef mit Wut im Blick. »Der ist nicht gut genug für uns.«

In dem Moment war ich mir nicht sicher, ob der Wein oder ein unbeugsames Qualitätsbewusstsein aus dem Grafen sprachen — möglicherweise war es beides. Tatsächlich konnte man dem Urteil des Experten Schmitz nicht widersprechen. Auch ein Gast von 150 Kilo durfte mit unseren Möbeln nicht auf dem Hintern landen.

Glücklicherweise sah die Welt am nächsten Morgen schon wieder anders aus: Der zertrümmerte Stuhl durfte dann doch entfernt werden, und Wolfgang Schmitz zeigte sich zwar verkatert, aber alles in allem zufrieden mit seiner Nacht in der Mustersuite. Sämtliche anderen Möbel hatten der Belastung offensichtlich standgehalten, und der bärenhafte Hoteltester sah angesichts der nächtlichen Eskapaden überraschend frisch und wohlwollend aus. Wobei ich das wiederum nur erahnen konnte, denn auch ein Lächeln zeigte sich bei Schmitz nur durch ein winziges Hüpfen des Bartes.

Ohne Moos nix los

Weniger gut als an jenem Morgen sah die Welt in den Büchern des Fürstenhofs aus. Den Schock, der auf diese Erkenntnis folgte, hatte ich mir nicht zuletzt selbst zuzuschreiben: Ich hatte die Bücher vor Annahme des Jobs nicht sorgfältig geprüft – oder prüfen lassen. Die Aussicht auf eine Beteiligung am Fürstenhof, die mir von einem der Eigentümer zugesagt worden war, hatte mich ein Stück weit geblendet. Eines hatte ich nämlich inzwischen gelernt: Von Gehältern sind noch die wenigsten reich geworden. Das große Geld macht man mit Beteiligungen. Deshalb war mir das Angebot, als Geschäftsführer mit Aussicht auf Anteile in diesem Traditionshaus einzusteigen, enorm verlockend erschienen: Einem geschenkten Gaul …

Als ich erfuhr, wie es wirklich um den Fürstenhof stand, hätte ich mich für meine Naivität selbst ohrfeigen können. Das Unternehmen war völlig überschuldet und faktisch bereits insolvent gewesen, als ich meine Unterschrift unter meinen Arbeitsvertrag gesetzt hatte. Dass es nicht gut stand, hatte ich natürlich schnell gemerkt, rechnete aber lange Zeit mit der zugesagten Finanzspritze von den Eigentümern, die die Neuausrichtung am Markt ermöglichen und die Durststrecke überbrücken konnte, bis sich der Fürstenhof mit neuem Konzept wieder von selbst tragen würde.

Nachdem ich jedoch ein halbes Jahr lang vergeblich gewartet und keine Veränderungen hatte umsetzen können, realisierte ich, dass wir im alten Konzept gefangen waren. Unter diesen Umständen wurden die Zahlen auch unter meiner Führung nicht besser. Nach einiger Zeit im Fürstenhof musste ich der Konsequenz ins Auge blicken: Mir blieb, in meiner Eigenschaft als Geschäftsführer, nichts anderes übrig, als für dieses Unternehmen Insolvenz anzumelden. Was nicht nur das Aus für den Fürstenhof, sondern noch für drei weitere Hotels und das Sterne-Restaurant Margaux in Berlin bedeuten würde, die ebenfalls zur Gruppe gehörten.

Eine schwierige Einsicht: Ich hatte aufs falsche Pferd gesetzt. Ich hatte mich dauerhaft in Deutschland niederlassen, als Hotelier etablieren und den Grundstein für meine Selbstständigkeit als Hotelier legen wollen, und nun stand ich vor einem Scherbenhaufen.

Als GmbH-Geschäftsführer befand ich mich nun rechtlich unter Druck: Ein Geschäftsführer, der im Insolvenzverfahren für schuldig an der Insolvenz und möglicherweise sogar noch an der Verschleppung der Insolvenz befunden wird, kann für fünf Jahre als Geschäftsführer gesperrt werden. Panik ergriff mich. Ich war unverschuldet in eine Situation geraten, die meine Karriere auf unbestimmte Zeit bremsen, wenn nicht sogar ruinieren konnte. Es war eine schlimme Zeit für mich, und sie hinterließ ein Trauma, an dem ich noch lange zu knabbern hatte.

An dieser Stelle zeigte Philipp von Hardenberg das Format eines Edelmanns: Er teilte die Bürde mit mir und begleitete mich zum Amtsrichter, um die Insolvenz anzumelden.

Und dann hatten wir riesiges Glück: Wir bekamen einen Insolvenzverwalter, der vom ersten Augenblick an klar sah. Fortan konnte ich quasi als Assistent des Insolvenzverwalters tätig werden. In den nächsten Monaten lernte ich viel über diese Unternehmensführung der anderen Art, mehr, als ich im Rahmen einer ganz gewöhnlichen Karrierestation als Geschäftsführer je hätte lernen können.

Eins stand für mich nach dieser Zitterpartie fest: Beim nächsten Mal, wenn ich mich als Unternehmer in eigener Sache versuchte, würde ich es richtig machen. Ich würde mich nicht auf einen lahmen Gaul setzen, sondern wirklich von Grund auf neu anfangen. Letztlich konnte ich dankbar sein: Ich war einem Luftschloss auf die morsche Zugbrücke gegangen und mit einem blauen Auge davongekommen.

Nach diesem Intermezzo kam mir eine radikale Abwechslung ganz recht: Nachdem ich das Insolvenzverfahren auf den Weg gebracht hatte und der Karren einigermaßen aus dem Dreck war, wurde ich ein weiteres Mal abgeworben. Dieses Mal sollte ich kein Hotel leiten, sondern einen ganzen Reisekonzern: die Robinson Club GmbH. Dieser verrückte Haufen mit seinem einzigartigen Service-Verständnis sollte meine verwöhnten Fünf-Sterne-Hirnwindungen ordentlich auf Trab halten.

11 | Robinsons Inseln

There's No Business Like Show Business

Die Insignien der Macht

Vor Schreck fiel ich beinahe rückwärts wieder aus der Tür heraus. Vor mir erstreckten sich etwa 50 Quadratmeter Verwaltungsterritorium. Es war mein erster Arbeitstag als Geschäftsführer der Robinson Club GmbH, zum ersten Mal betrat ich mein neues Büro in der Hannoveraner Zentrale. Mein Vorgänger hatte mir hier etwas hinterlassen, das nach deutscher Spießigkeit aussah – und das in einem Unternehmen, das nach außen hin nicht diesen Eindruck erweckte. Aktenschränke, in denen ich die Gründungsurkunde der Stadt Hannover aus dem 12. Jahrhundert vermutete. Vielleicht sogar noch ein paar Tongefäße aus der Zeit als Cherusker-Handelsplatz im 3. Jahrhundert, denn hier sah es aus wie in einem Archiv. In der Mitte des Raumes prangte ein gigantischer Konferenztisch mit Kunststoffoberfläche, auf der auch der abgebrühteste Manager schwitzige Hände bekommen musste. Drum herum die unbequemsten Stühle, die je ein Möbeltischler angefertigt hatte – Besprechungen sind schließlich kein Zuckerschlecken. Ein Schreibtisch, der sicher eine Tonne wog – sonst hätte ihn längst jemand aus dem Fenster geworfen, so gruselig war diese Monstrosität von einem 80er-Jahre-Möbel. Doch die Krönung prangte an der gegenüberliegenden Fensterfront: Gardinen, in die ich nicht mal eine Leiche eingewickelt hätte – aus Angst, den Geschmack desjenigen damit zu beleidigen, dem ich gerade einen Hammer über den Schädel gezogen habe. Es gibt Dinge, die wünscht man seinem ärgsten Feind nicht. Ich hatte den zweiten Fuß noch gar nicht auf den Boden meines Büros gesetzt, da wusste ich: Die Dinger mussten weg – noch bevor ich mich dem restlichen Mobiliar widmete, am besten mit einer Axt. Vielleicht hatte die Stuhlwerfer-Mentalität des Grafen von Hardenberg auf mich abgefärbt, aber in diesem Ambiente konnte ich nicht darüber nachdenken, wie man ein Unternehmen führt, in dessen Häusern sich Gäste wohlfühlen sollen. Das wäre, als würde man eine Parfummanufaktur aus dem Hinterzimmer einer Gerberei führen wollen.

Der Hausmeister, der die Gardinen abnahm, konnte meine ästhetischen Beweggründe offensichtlich nicht ganz nachvollziehen. Er fragte dreimal nach, ob er die Gardinen wirklich entfernen solle. Nicht minder irritiert gab ich zurück: »Warum denn um Himmels willen nicht?« Die Tatsache, dass diese Mottenfarmen überhaupt dort hingen, führte ich auf einen Amtsvorgänger mit chronischer Geschmacksverirrung zurück.

Weit gefehlt, wie ich einige Tage später feststellen konnte: Da entdeckte ich die Gardinen nämlich plötzlich bei einem Kollegen aus dem Management, der sie sich offensichtlich geschnappt und umgehend in seinem Büro aufgehängt hatte. Er hatte sogar darum kämpfen müssen, weil er nicht der einzige Interessent gewesen war. So viele Geschmacksverirrte, dachte ich, kann es doch auf einer Chefetage gar nicht geben. Ich bat ihn um eine Erklärung: »Warum hängst du dir freiwillig diese hässlichen Fetzen ins Büro? Ich konnte es kaum erwarten, sie loszuwerden!«

Der Kollege lächelte. »Hier im Haus sind diese Gardinen die Insignien der Macht. Sie stehen eigentlich nur dem Ersten Geschäftsführer zu. Ein echtes Statussymbol. Dass ich jetzt deine Gardinen habe, das wirkt auf die anderen fast so, als hättest du mir eine S-Klasse auf den Parkplatz gestellt.«

In den Chefetagen von Robinson zählten damals nicht in

erster Linie Zufriedenheit, Herzlichkeit und Kreativität. Auf diesen Fluren spukten aus meiner Sicht Geister, die ich mir in all meinen Jobs bestmöglich versucht hatte, vom Hals zu halten: Status. Macht. Hierarchie.

Eins wurde mir in diesem Moment klar: Ich führte kein einzelnes Hotel mehr. Ich herrschte jetzt über ein riesiges Unternehmen mit verzweigten Abteilungen und einem regelrechten Verwaltungsapparat inklusive einiger Sesselpupser, die die Aktenschränke bewachten – und von Gardinen an ihren Fenstern träumten.

Ich war schockiert. War das Robinson? War dieses piefige, kleingeistige Statusdenken einiger Manager die Philosophie hinter den berühmten Ferienclubs, in denen dem Vernehmen nach auch mal ordentlich die Post abging? Wurde hier, in diesen Verwaltungshallen, der Service gemacht, für den die Marke Robinson steht? Dann würde ich hier binnen Monatsfrist dem Wahnsinn verfallen.

Goodbye, Business Class

Meine Sorgen lösten sich schnell in Luft auf: Es brauchte genau einen Clubbesuch, um mich vom Gegenteil zu überzeugen. Service à la Robinson hatte mit dieser Verwaltermentalität so viel zu tun wie eine Giraffe mit der Arktis. In Wahrheit war Robinson auf der Clubebene viel näher an meinen Service-Vorstellungen als manches Luxushotel, das ich bis dahin kennengelernt hatte: herzlich bis zum Umfallen. Im wahrsten Sinne des Wortes.

In den ersten Wochen bereiste ich zahllose Clubs in Europa und Nordafrika, um mir ein Bild davon zu machen, wie dieses

Unternehmen tickte. Meine erste Reise führte mich nach Fuerteventura. Am Frankfurter Flughafen wartete ich auf meinen Flug mit der Hapag-Lloyd, die damals ebenso wie die Robinson GmbH ein Unternehmen der TUI war.

Was das Fliegen betrifft, war ich von Ritz-Carlton verwöhnt: Dort flog man fast immer Business Class, manchmal auch First Class, nie aber Economy. Daher war ich einen schnellen Check-in und eine entsprechend komfortable Reise gewöhnt. Nicht so bei TUI, da wurde ich auf Economy gebucht, denn andere Klassen gab es erst gar nicht. Also reihte ich mich am Schalter erst einmal in eine endlos lange Schlange von Mitreisenden ein, fast ausschließlich Urlauber auf dem Weg in die spanische Sonne, viele von ihnen mit der Aussicht auf einen Aufenthalt im dortigen Robinson-Club Jandia Playa. Ich war von Familien mit Kindern umgeben, von Schwimmringen – menschlichen und aufblasbaren – und Plastikbaggern und allem, womit man als Familie so in einen Strandclub reist. Die übliche Business-Klientel suchte ich vergebens, als ich meinen Blick über die Wartenden schweifen ließ.

Doch, ganz hinten in der Schlange erblickte ich Dr. Hans Teufelen, den Vorstand der TUI AG. Den Mann, der mich eingestellt hatte. Wie alle anderen in der Schlange war er aber nicht geschäftlich unterwegs, sondern mit seiner Frau auf dem Weg in den Urlaub. Nachdem wir uns begrüßt hatten, sagte ich: »Toll, dass wir auf demselben Flieger sind – ich kümmere mich um den Check-in.«

Das war meinem Service-Gen geschuldet. Da stand mein Vorstand hinter 150 anderen Reisenden – eine schöne Gelegenheit, um mein Organisationstalent unter Beweis zu stellen.

»Wie meinen Sie das denn, Herr Rath?«, fragte Dr. Teufelen verdutzt.

»Sie werden doch hier nicht in der Schlange stehen wollen. Ich gehe mal vor zu den jungen Damen und kläre das.«

Für mich war das eine klare Sache: Für den Vorstand von TUI und den Geschäftsführer von Robinson musste es ja wohl die Möglichkeit geben, den Check-in schnell zu erledigen. Im nächsten Moment war ich auf dem Weg zum Schalter. Als eine der jungen Damen, die dort ihren Dienst taten, einen Passagier abgefertigt hatte, ging ich zu ihr und stellte mich vor: »Guten Tag, mein Name ist Carsten Rath. Ich bin der Geschäftsführer von Robinson, und da hinten steht der Finanzvorstand von TUI, Dr. Teufelen, mit seiner Frau. Vielleicht sind Sie so nett und geben uns schon mal unsere Bordkarten.«

Die junge Dame blickte mich verwirrt an: »Herr Rath, ich verstehe nicht ganz.«

»Na, wir wollen einchecken. Geben Sie mir bitte unsere Bordkarten.«

Ihr Gesichtsausdruck wechselte von verwirrt zu genervt: »Stellen Sie sich bitte wieder in der Schlange an.«

Jetzt war ich irritiert: »Entschuldigung, vielleicht haben Sie mich nicht richtig verstanden. Ich bin der Geschäftsführer der Robinson GmbH, da hinten steht der Vorstand der Gesellschaft, zu der auch diese Airline gehört. Da werden Sie uns doch bitte nicht in der Schlange anstehen lassen.«

»Herr Rath, ich fürchte, ich kann da nichts für Sie tun. Sie bekommen Ihre Bordkarten von mir, wenn Sie dran sind. Und jetzt stellen Sie sich doch bitte wieder hinten an.«

Einigermaßen konsterniert begab ich mich zurück ans Ende der Schlange und sagte zu Dr. Teufelen: »Es tut mir leid, aber die junge Frau weiß nicht, wer wir sind. Sie will mir unsere Bordkarten nicht geben. Ich werde mich darum kümmern und eine Lösung finden.«

Doch Dr. Teufelen hielt mich zurück, beugte sich zu mir vor und sagte leise: »Herr Rath, bei TUI ist das so. Stellen Sie sich gefälligst hinten an.«

Und so landete ich hart, bevor ich abgeflogen war. Nach vielen Jahren in den Luxushotels dieser Welt, nach einem Leben in der Business Class und routinemäßiger Vorzugsbehandlung, holte TUI mich mit einem Satz zurück auf den Boden.

Die Inseln der Glückseligen

Es gibt Hotels, die leben von ihrer Lage. Andere von ihrer historischen Aura. Wieder andere haben eine Ausstattung zu bieten, die man nirgends sonst findet. All das sind Anreize für Reisende, sich ein bestimmtes Hotel auszusuchen. Wiederkommen werden die meisten Gäste trotzdem nur aus einem Grund: weil sie sich wohlgefühlt haben.

Es gibt viele Möglichkeiten, dafür zu sorgen, dass Menschen sich zu Hause fühlen. Service hat viele Gesichter. In die meisten davon hatte ich bereits geblickt. Ich glaubte, das Business zu kennen, das wir Hotellerie nennen. Doch kaum hatte ich meinen neuen Job angetreten, wurde mir bewusst: Das hier war ein ganz anderes Business. Robinson, das ist nicht maximaler Luxus, nicht ausgefallene Dienstleistungen und exotische Wellness-Angebote, nicht Lage und nicht Ausstattung, nicht Stuck an der Decke und nicht die Aura eines historischen Orts. Service à la Robinson ist eine völlig andere Baustelle: Entertainment.

Unter der Marke Robinson gibt es Familienclubs, Wellness-Clubs, Paar-Clubs und Single-Clubs; manchmal auch Mischformen. Bei den Familien-Clubs steht das gesittete Rundum-sorglos-Paket für gestresste Eltern im Vordergrund, bei den Single Clubs geht es um andere, sagen wir, soziale Aktivitäten. Ich habe auf »Robinsons Inseln« Abende an Bars erlebt, wo es ordentlich zur Sache ging. Nicht selten gibt es Gäste, die es nicht nur auf die Miturlauber, sondern ebenso auf die charmanten Clubmitarbeiter abgesehen haben. Die Mitarbeiter sind daran gewöhnt. Wenn es sich ergibt, trinken sie mit. Auch eine Form der Kundenbindung.

Urlaub in den Single-Clubs ist eine einzige Party. Und die Gäste lieben es. Sie lieben es so sehr, dass sie der Marke regelrecht verfallen. Sie kommen immer wieder. Jedes Jahr kehren sie zurück auf diese Inseln der Glückseligen. Und sie wissen genau, warum.

Die jungen Frauen und Männer, die Robins, die dort arbeiten, verstehen ihr Handwerk, nein: ihre Kunst. Was die Mitarbeiter leisten, die sich in den Clubs Tag und Nacht um den Spaß der Gäste kümmern, ist nicht hoch genug zu loben. Die meisten arbeiten nicht nur in ihren angestammten Jobs als Animateure, Tennislehrer oder Kellner, sondern schieben obendrein auch noch Extrastunden als Köche oder Barmänner oder füllen Rollen in den Shows aus, die täglich veranstaltet werden. Dabei leben sie auf engstem Raum zu zweit oder dritt in einem Zimmer, haben kaum Freizeit und tragen trotzdem von morgens bis abends ein chronisches Grinsen im Gesicht – weil sie ihren Job und ihre Gäste lieben. Und es ist ein echter Knochenjob, den sie machen. Man muss dafür geboren sein, sonst hält man das nicht lange durch.

Für Robinson zu arbeiten ist keine Qualifikation, sondern ein Talent. Die Clubs sind Auffangbecken für Service-Talente, die nicht in den Mainstream passen. Der Strahlemann, der schon mit 16 die ganze Dorfdisco unterhalten hat? Bei Robinson genau richtig. Das freche Gör im Minirock, das unter dem hübschen Gesicht und der toughen Attitüde ihr Herz am rechten Fleck hat? Hier findet sie eine Heimat. Die hyperaktive Quasselstrippe, die keine fünf Minuten still sitzen kann und in jedem Bürojob jämmerlich zugrunde gehen würde? Wie für Robinson geboren. Ich habe selten so viele empathische Menschen auf einem Fleck gesehen, die jeden Gast zu nehmen wissen, wie in einem Robinson Club. Verrückte dieser Welt mit einem Faible für Service: Geht zu Robinson und ihr werdet auf Gleichgesinnte treffen.

Ähnlich wie die Arbeit auf einem Kreuzfahrtschiff ist die für Robinson eine Liebesaffäre – des Geldes wegen arbeitet dort niemand. Der Job ist hart, doch die Clubs gestatten ihren Mitarbeitern auch eine kreative und persönliche Freiheit in der Ausübung ihrer Tätigkeit, die kein 5-Sterne-Hotel mit seiner notwendigen Standardisierung bieten kann. Es ist eine irre, aber auch eine wunderbare Welt. Es gibt wenige Orte, wo die Mitarbeiter die Beziehung zum Kunden so ernst nehmen wie in den Ferienclubs dieser Marke. Sogar die Direktoren der einzelnen Clubs begrüßen die Gäste mindestens bei einer Mahlzeit am Tag persönlich und kochen sogar ein-, zweimal in der Woche am Buffet mit. Sie nehmen an Aktivitäten teil und stellen wöchentlich den Gästen das gesamte Team persönlich vor. Manche singen und steppen sogar bei den Shows. Auch die Führung praktiziert hier eine enorm enge Bindung an die einzelnen Mitarbeiter. Diese Teams verbringen praktisch ihr Leben mit den Besuchern. Die Robinson-Mitarbeiter behandeln ihre Gäste wirklich wie Freunde.

Das Service-Konzept der Clubs ist genau auf diese Form der freundschaftlichen Kundenbindung ausgelegt. Hier hat Service nichts mit Unterordnung zu tun und Luxus nichts mit

Preisen. Außerdem wollen Cluburlauber keine Marmorbade-wanne, sondern unterhalten werden. Bei Robinson geht es um Emotionen. Der ganze Club ist die Bühne, das Stück heißt: *Zeit für Gefühle.*

Es war für mich eine Freude, die Mitarbeiter zu beobachten. Bis heute liebe ich diese außergewöhnliche Truppe und mache gern bei Robinson Urlaub. Doch Robinson war auch das Unter-nehmen, bei dem ich mental nicht so recht ankam. Vielleicht lag es daran, dass es die Vogelperspektive braucht, um die Phi-losophie eines Unternehmens voranzutreiben und Innovatio-nen einzubringen. Den Blick von außen und von oben. Und das geht nicht, wenn man jeden Abend mit dem Gast trinkt. Eine emotionale Bindung aufzubauen ist eine Sache, aber sogar noch als Clubdirektor das Ferienleben der Kunden mit zu leben, an-statt an der unternehmerischen Vision zu arbeiten? Das ging mir zu weit. Diese Form der Kundenbindung macht Spaß, aber sie frisst Zeit und Energie.

Robinson war eine aufregende Erfahrung, doch meine Mis-sion hieß schon damals: Service Excellence – nur das Beste für die Gäste. Und dafür ist bei einem Unternehmen wie Robinson, wo es mehr um das Club-Feeling geht als um die Perfektionie-rung des Prinzips Service, kein Platz. Robinson ist Weltklasse auf seinem Gebiet, und ich habe kaum je so engagierte Mit-arbeiter erlebt wie in den Clubs, die ich bereiste. Doch meine Prioritäten würde ich bei Robinson nicht ausleben können. Schon andere klassische Hoteliers waren auf Dauer bei Robin-son fehl am Platz, und ich ahnte, dass es mir über kurz oder lang genauso ergehen würde.

Die Differenz zwischen Kundenbindung und Service Excel-lence, die ich während meiner Tätigkeit als Geschäftsführer gedanklich zu überbrücken hatte, zeigte sich sehr bald – als ich versuchte, dem Unternehmen meine Vorstellung von Service näherzubringen. Im gesamten TUI-Konzern herrschten strenge Vorgaben; hier hatte man kein Interesse daran, die Welt zu verändern. Das Konzept Cluburlaub war bereits perfektioniert, und es hatte sich als Erfolgsrezept erwiesen; jedenfalls wurde ich nicht ermutigt, es weiterzudenken. Hier gab es nichts neu zu erfinden, nichts auf den Weg zu bringen. Meine Aufgabe bestand eher darin, die überbordende Energie und Kreativität der Mitarbeiter innerhalb dieses vorgegebenen Rahmens zu kanalisieren und ihr finanziell Grenzen zu setzen – eine Aufgabe für einen Verwalter.

Not my cup of tea, wie der Engländer sagen würde. Ich fühlte mich wohler auf einer Fünf-Sterne-Baustelle, auf der es drunter und drüber geht, als auf einem bequemen, aber letztlich langweiligen Vier-Sterne-Verwaltungssessel. Schon nach einigen Wochen zweifelte ich nicht mehr daran, dass ich früher oder später gegen Wände laufen würde beim Versuch, diesem Unternehmen meinen Stempel aufzudrücken. Eher früher.

Knapp daneben ist auch vorbei

Ampflwang ist ein idyllisches Städtchen in Oberösterreich, wo sich Fuchs und Hase Gute Nacht sagen. Der Ort kommt nicht nur mit wenigen Vokalen, sondern auch mit 20 Quadratkilometern Fläche und begrenzten Attraktionen aus. Neben einer kleinen Kirche, einem Eisenbahnmuseum und einem kleinen Kulturpark am Ort eines ehemaligen Kohlebrechers gibt es dort vor allem Natur, Natur, Natur.

Genau darauf baut auch der Robinson Club Ampflwang: Er bietet wanderfreudigen Familien die ideale Kulisse für idyllische Ferien im Grünen. 2003, in dem Jahr, als ich zur Robinson-Familie stieß, sollte dort jedoch ein wichtiges Event für den Führungskreis des Unternehmens stattfinden: das große Direktorentreffen der Robinson Club GmbH. Für mich war diese Konferenz eine Art Taufe, hier wollte ich den versammelten Clubdirektoren von Robinson zeigen, wohin die Reise für ihr Unternehmen unter meiner Führung gehen sollte.

Dafür hatte ich mir ein echtes Highlight ausgedacht: Die TUI-Konzernführung hatte einen Fünf-Sterne-Service-Mann angeheuert, also sollte sie Fünf-Sterne-Infotainment bekommen. Ich hatte einen Kontakt genutzt, mit dem ich noch in regem Austausch stand: Jim, meinen Mitarbeiter bei Ritz-Carlton. Der war zwar immer noch Jim, der bewaffnete Marine-Offizier. Doch er war trotzdem oder genau deswegen enorm gut darin, Menschen für eine gemeinsame Mission zu begeistern. Ich hatte es mehrfach erlebt: Dieser harte Knochen konnte ein geneigtes Publikum in Euphorie reden. Ein amerikanisches Publikum mit Ritz-Carlton-Arbeitsvertrag jedenfalls.

Dieses Talent wollte ich mir bei meinem ersten großen Auftritt vor dem gesamten Robinson-Führungsgremium zunutze machen. Jim, der Marine, sollte den Ober-Robins den »American Way of Service« nahebringen. Ich glaubte nämlich, dass von den Ritz-Carlton-inspirierten Werten wertvolle Impulse für die Service-Qualität bei Robinson ausgehen könnten. Und natürlich sollte dieser charismatische Amerikaner ein bisschen Eindruck schinden. Fünf-Sterne-Häuser waren zwar nicht das Ziel von Robinson − aber warum sollte sich irgendein Unternehmen mit weniger als dem bestmöglichen Service zufriedengeben?

Doch diese Rechnung hatte ich ohne die Robins gemacht. Da unten im Publikum saßen größtenteils keine andächtigen

Anzugträger auf der Suche nach intellektuellem Futter, sondern Energiebündel in Polohemden, die es schon bei meinem eigenen Vortrag kaum auf den Stühlen gehalten hatte. Dieses Publikum war Action gewöhnt, wollte was tun, wollte anpacken – nicht stillsitzen, zuhören und nachdenken. Schlimmer noch: Diese Leute waren allesamt leidenschaftliche Entertainer, die selbst mindestens einmal pro Woche auf den Bühnen ihrer Clubs standen und das Publikum unterhielten. Sie hatten ihre eigene Vorstellung davon, was unterhaltsam ist und was nicht.

Vor diesem Haufen stand nun Jim, der sich leidenschaftlich bemühte, den Geist der Luxushotellerie an die Männer und Frauen im Auditorium zu bringen. Sein Vortrag war durch und durch amerikanisch, ausschweifend, dicht und pathetisch. »I build strong relationships and create guests for life! I am empowered to create unique, memorable and personal experiences for our guests!«

Jim redete und redete und redete. Er ging durch die Reihen, blickte den Direktoren in die Augen, zog alle Register der Körpersprache, hielt einen technisch perfekten Vortrag. Eine Service-Weisheit nach der anderen kam über seine Lippen: »I own and immediately resolve guest problems! I have the opportunity to continuously learn and grow!« Aber irgendwie schienen sie bei seinen Zuhörern nicht anzukommen. Dieser Marine im Maßanzug kam bei den Robins nicht an. Nicht nur taten sie sich schwer mit seinem Englisch und den vielen Fachbegriffen, sie hatten auch Schwierigkeiten, sich auf seinen zutiefst amerikanischen Stil einzulassen. Er traf nicht ihren Ton. Die Rede ging an der Zielgruppe vorbei.

Meine Rechnung war nicht aufgegangen. Ich hatte mir von dem Vortrag versprochen, dass ein Ruck durch die Riege der

Direktoren gehen sollte. Das Gegenteil war der Fall. Es sah eher danach aus, dass manche der Zuhörer jeden Moment einschlafen und dabei höchstens noch mit einem Ruck aus der Sitzreihe fallen würden.

An diesem Tag lernte ich zwei wichtige Lektionen. Die eine lautete: Um Menschen zu erreichen, die du nicht kennst, musst du ihre Sprache sprechen. Selbst eine so universelle Idee wie herzlicher Service lässt sich nicht einfach überstülpen. Sie muss in die Denkweise eingepasst und in die Sprachcodes jedes Unternehmens übersetzt werden, damit die Direktoren, die Mitarbeiter und schließlich auch die Gäste sie spüren können.

Die andere Lektion: Nicht jeder Deckel passt auf jeden Topf. Tatsächlich entpuppte sich mein Trip zu Robinsons Inseln als eine Reise in ein exotisches Land, von der ich ernüchtert zurückkehrte und feststellen musste: Zum Robin muss man geboren sein – nicht nur als Animateur im Club, sondern auch als Geschäftsführer. Und ich war es nicht. Ich wollte offen bleiben für den Rest der Welt, weitersuchen und mich entwickeln. Für Robinsons Inseln der Glückseligkeit war ich nicht geschaffen.

Tat mir das weh? Nicht wirklich. Denn jetzt wusste ich noch genauer, was ich wollte: meine Vision von Service Excellence verwirklichen. Selbst als Kopf eines großen Unternehmens würde ich nicht auf Dauer glücklich werden können, wenn das Unternehmen nicht mein eigenes war. Ich wollte nicht für den Rest meines Lebens an Stellschrauben innerhalb eines vorgegebenen Schaltplans herumwerkeln. Ich wollte nicht Gremien zu einem Konsens überreden und Mitarbeiter verbiegen, die weder Grund noch Lust haben, alles anders zu machen, als sie es bisher gemacht haben. Von nun an wollte ich konsequent auf mein Ziel hinarbeiten, als Hotelier endlich eigenständig entscheiden und agieren zu können. Ich wollte wieder ein hochklassiges Hotellerie-Unternehmen leiten, um eines Tages mein eigenes Fünf-Sterne-Business führen zu können. Da kam mir das Angebot, die Hotelkette ArabellaStarwood als CEO zu führen, sehr recht. So ließ ich mich nach zwei Jahren bei Robinson ein weiteres, ein letztes Mal abwerben.

Eine wichtige Erkenntnis aber nahm ich mit: Wer Gäste wie Freunde behandelt, der hat jeden Tag Freunde zu Gast. Um Kunden zu binden, muss man sie zu Freunden des Unternehmens machen. Mit dieser Idee waren die Robinson-Clubs dem Netzwerk-Zeitalter um Jahre voraus.

Deshalb bin ich ein Freund der Robins geblieben. Bis heute bin ich hin und wieder bei ihnen zu Gast. Und dafür stelle ich mich auch gern in die Schlange am Check-in-Schalter der TUI-Fly.

12 | MUC, CPT, PMI

Das Herz eines Unternehmers

Bayern vs. Amerika

Ein Bayer in voller Tracht, mit Krachlederner und Gamsbart am Hut, betritt eine McDonald's-Filiale und bestellt »oan Schießburger«. Dann setzt er sich an einen Tisch direkt neben ein paar besonders coole Jungs mit Basecaps und macht sich beherzt über seinen Burger her. Weil ein Cheeseburger sich nicht gut zuzeln lässt, ist das Ergebnis eine ziemliche Sauerei. Die Jungs mit den Basecaps trauen ihren Augen nicht: Wo kommt der denn her? Der Bayer schmatzt, aber satt wird er nicht so recht. Unzufrieden blickt er auf das Durcheinander auf seinem Tisch. Diesen kulturellen Brückenschlag hatte er sich irgendwie anders vorgestellt.

Haben Sie das Bild vor Augen? Es entspricht ungefähr dem, das sich mir bot, als ich 2005 den Vorsitz der Geschäftsführung der ArabellaStarwood Hotels & Resorts übernahm. Das Unternehmen lässt sich meines Erachtens am besten als Clash von bayerischen und amerikanischen Ideen beschreiben. Die Hotelgruppe war ein Joint Venture einer Münchener Unternehmensgruppe und der amerikanischen Starwood Hotels & Resorts Worldwide Inc., zu der auch berühmte Hotelketten wie Sheraton, Le Méridien und Westin gehörten. Die damals 41 Hotels des Joint Ventures befanden sich in der Schweiz, Österreich, Deutschland, auf Mallorca und in Südafrika – das ergab schon einmal eine sehr ungewöhnliche regionale Aufteilung. Dazu kam, dass die verschiedenen Hotelmarken, die zur Holding gehörten, mit Hotels von drei bis fünf Sternen und sehr unterschiedlichen Ausrichtungen und Zielgruppen am Markt präsent waren. Einige dieser Hotels vereinten sogar mehrere Marken und verschiedene Konzepte in einem Haus.

Von der deutschen Gruppe kam ein stark bayerischer Einfluss, und auch die Amerikaner von Starwood hatten ihre eigenen Vorstellungen davon, wie die Marke positioniert werden sollte. Das Ergebnis war »oan Schießburger«. Wo ArabellaStarwood drin war, standen insgesamt sieben verschiedene Namen drauf, und es schien, als wusste niemand so recht, wofür die Marke nun eigentlich stand.

Aus diesem Geflecht sollte ich eine funktionierende Marke machen. Die Marketing-Experten nennen das: Rebranding. Dabei wollten die Bayern (die mich angeheuert hatten) die Häuser möglichst individuell halten, die Amerikaner möglichst alles nach dem Vorbild ihrer erprobten Standards vereinheitlichen. Und ich hatte natürlich auch meine eigenen Vorstellungen, mit denen ich von Anfang an zwischen den Stühlen saß.

Nicht kleckern, sondern klotzen

Die Mission an sich war ganz nach meinem Geschmack: Mit Bestandsverwaltung hatte meine Aufgabe auf den ersten Blick rein gar nichts zu tun. Die Inhaber erwarteten von mir, dass ich aus den Teilen ein neues Ganzes machte und einer Marke eine neue Identität gab. Keine Maßnahmenkleckerei, sondern Ranklotzen.

Nichts lieber als das: Die Mechanismen einer erfolgreichen Hotelmarke hatte ich mehr als einmal von innen betrachtet, umgesetzt, mitgestaltet. Ich wusste, was zu tun war: konsequentes Quality Management im Rahmen einer einheitlichen

Service-Philosophie, wie es zum Beispiel das Erfolgsmodell von Ritz-Carlton vorlebte.

Das Programm nannten wir PPP – Passion, People, Performance. Nach diesem Prinzip setzte ich ein Konzept auf, das dem Unternehmen Struktur und Mitarbeitern wie Gästen eine Identifikationsmöglichkeit mit der Marke bieten sollte. Nachdem wir in der Zentrale in München eine übergreifende Vision und eine Strategie für das Unternehmen kreiert und durchdacht hatten, ging ich von der obersten Ebene bis hinunter an die Basis, um sicherzustellen, dass das PPP-Prinzip das gesamte Unternehmen durchdrang. Ich flog in alle 41 Hotels, die zu ArabellaStarwood gehörten. Dort hielt ich mit meinem Stab Workshops ab, bei denen alle Mitarbeiter bis hin zum Gärtner die Philosophie kennenlernten. Außerdem legten wir großen Wert darauf, dass sie sich selbst bei der lokalen Anpassung einbringen konnten. Jede Abteilung bekam ihre eigene Mission, die auf der der gesamten Company beruhte.

Was sich strategisch und abstrakt anhört, war in Wirklichkeit ein sehr emotionaler Prozess. Die Identifikation der Mitarbeiter wuchs in kürzester Zeit. Innerhalb eines Jahres waren alle Mitarbeiter an Bord und mit Feuereifer bei der Sache.

Das Management war jedoch nicht besonders glücklich mit meinem Ansatz, und auch die Amerikaner hätten lieber alles nach dem gleichen Schema F gehabt wie in ihren anderen Hotelketten. Dennoch machte ich unverzagt weiter – dafür war ich schließlich angeheuert worden.

Unser Song aus Afrika

Eine überwältigende Bestätigung erlebte ich ausgerechnet beim Besuch des Hotels in Kapstadt, Südafrika – dem Land, in dem meine Karriere viele Jahre zuvor schon einmal so richtig Fahrt aufgenommen hatte. Dabei fuhr ich im Rahmen unserer PPP-Initiative ziemlich skeptisch zum Workshop nach Kapstadt, die vertraute Stadt mit dem Flughafenkürzel CPT: Jahre zuvor, noch im Schatten der Apartheid, hatte ich sehr gemischte Erfahrungen mit der Dienstleistungsbereitschaft der Südafrikaner gemacht. Würden wir ihnen unsere Idee, unsere Philosophie, unsere europäische Kopfgeburt überhaupt übersetzen können? Würde es uns gelingen, die fast ausschließlich schwarzen Servicemitarbeiter, die noch perspektivlos aufgewachsen waren, für den Glauben an eine gemeinsame Mission zu gewinnen? Vor allem aber: Würden wir sie emotional erreichen können – oder würden sie den Kopf schütteln über das, was die hyperaktive Langnase sich da ausgedacht hatte? Ich erinnerte mich an meine Erfahrungen bei den Verhandlungen mit den Shop Stewards in Johannesburg: Ein gewisses Misstrauen gegenüber weißen ›Invasoren‹ konnte man diesen Menschen beim besten Willen nicht verübeln.

Als mein Mitstreiter und Finanzvorstand Dr. Peter Fiedler und ich vor dem Hotel mit seiner modernen Glasfassade aus dem Auto stiegen, begrüßte uns eine kleine Delegation um Heinz Grub. Der Area Manager für Südafrika war als energisch und ideenreich bekannt, doch was uns an diesem Tag erwartete, damit hatten wir beim besten Willen nicht gerechnet.

Heinz Grub und seine Mannschaft führten uns nach einer warmherzigen Begrüßung ins Hotel. Wir durchschritten die weitläufige, sonnendurchflutete Lobby, die mit ihren marmorvertäfelten Säulen und glänzend schwarzen Fußböden genauso gut zu einem Hotel irgendwo in Europa oder Amerika hätte gehören können. Nach dem langen Flug von fast zwölf Stunden rechneten wir damit, entweder ins Restaurant oder in irgend einen Konferenzraum gebracht zu werden, wo wir den Ablauf des Workshops durchsprechen konnten.

Doch wir liefen weiter, vorbei an gläsernen Konferenzräumen, einer einladenden Hotelbar und lächelnden Mitarbeitern in Uniformen und Schiffchenmützen, die mit afrikanischen Mustern und roten Paspeln verziert waren. Schließlich standen wir vor einer großen Flügeltür. Heinz Grub drehte sich halb zu uns um und blickte frohlockend in unseren fragenden Gesichter.

Was hatte der Mann mit uns vor?, fragte ich mich noch Dann stieß er mit einem Ruck die große Doppeltür auf, und es verschlug uns die Sprache.

Hinter der Tür, aus dem riesigen Saal des Hotels, strahlten uns Hunderte von Gesichtern entgegen. Der Anblick allein war bereits überwältigend: Dort standen die 500 Mitarbeiter des Arabella Sheraton Grand Hotel Cape Town und des nahe gelegenen Arabella Sheraton Western Cape Hotel & Spa, auf gereiht in mehreren Halbkreisen. Über ihren Uniformen tru gen sie afrikanische Gewänder und Hüte in allen Farben des Regenbogens, dass es nur so leuchtete.

Nur einen Wimpernschlag später geriet diese Dampflok von einer Mannschaft in Fahrt. Auf ein Zeichen von Heinz Grub atmeten 500 Südafrikaner tief ein und begannen, aus voller Kehle zu singen. Erst jetzt begriffen wir, was wir da sahen: ei nen 500 Mann starken Gospelchor. Und als der erste Akkord über uns hinwegrollte und die Schallwelle uns förmlich über mannte, da begannen sie auch noch zu tanzen und mit den

Fingern zu schnipsen. Die Gewänder flogen, die schneeweißen Zähne in den strahlenden Gesichtern blitzten um die Wette mit den Reflexionen der südafrikanischen Sonne auf den Marmorsäulen. Und alles, alles war erfüllt von diesen überwältigenden Klängen aus 500 Kehlen – leidenschaftlich, anmutig, druckvoll. Noch bevor wir überhaupt begriffen, was hier geschah, konnten wir gar nicht anders als im Takt mit den Füßen zu wippen, mit den Fingern zu schnipsen, sogar mitzutanzen.

Ich war so überwältigt, dass es einen Moment dauerte, bis ich verstand, was hinter dieser atemberaubenden Performance steckte. Erst nach mehrfacher Wiederholung des Refrains schafften es die Worte von meinen Ohren in mein Hirn: »Passion, people, performance. Passion, people, performance.« Diese Männer und Frauen sangen über PPP. Unter der Federführung von Heinz Grub hatten sie aus dem Mission Statement, das wir uns am Konferenztisch in Europa ausgedacht hatten, einen Song gemacht. Einen Song, der so emotional und so mitreißend war, dass ich mich fragen musste, was ich diesen Leuten überhaupt noch beibringen sollte.

Hatten diese Leute die Mission bereits verstanden? Viel mehr als das. Sie hatten sie auf den Punkt gebracht. Sie hatten ihr einen Klang, eine Bewegung und ein Gesicht verliehen. Sie hatten sie mit Leidenschaft erfüllt. Sie hatten sie in eine Hymne gegossen, die direkt ins Herz ging.

Als die Performance zu Ende war, konnten wir nichts anderes tun, als zu johlen und zu klatschen. Ich hatte Gänsehaut, ich hatte feuchte Augen, ich konnte vor Rührung kaum sprechen. Es dauerte eine Weile, bis ich Worte des Dankes formulieren konnte.

Noch heute habe ich diesen Klang in den Ohren, und ich werde ihn nie vergessen.

Der »Passion, People, Performance«-Song der Südafrikaner wurde zur Hymne der ganzen Qualitätsoffensive. Wir ließen ihn aufnehmen und nahmen ihn fortan in alle Hotels mit, in denen wir die Workshops abhielten. Er begleitete, nein, er trug uns fast ein Jahr lang, bis das Programm überall von selbst lief.

Ich hatte die Herzlichkeit, die Motivation und die Aufopferung der Südafrikaner für ihren Job unterschätzt. Viel mehr als in einem der europäischen Häuser, die wir inzwischen besucht hatten, waren die Mitarbeiter hier bereit, ihr Herz, ihre Arbeitskraft und ihre ganze Leidenschaft in eine gemeinsame Mission zu stecken. Skepsis vor dem Fremden, mangelnde Einsatzbereitschaft, fehlende Service-Mentalität? Nicht in diesem Südafrika, nicht in diesem Hotel. Wenige Tage später flog ich dankbar zurück nach Deutschland, mit dem guten Gefühl, etwas zu hinterlassen, das wachsen und gedeihen und noch viele Jahre nach mir Freude verbreiten würde.

Und jetzt frage ich Sie einmal ganz direkt: Von wem wollen Sie lieber begrüßt werden, wenn Sie das nächste Mal ein Hotel betreten? Von einem stereotypen Uniformierten, der professionell, aber herzlos die üblichen Floskeln abspult und tut, was er tun muss? Oder von einem herzlich bis über beide Ohren strahlenden Südafrikaner, Amerikaner, Thailänder oder Deutschen, der sich sichtlich freut, Sie zu sehen, und dem die Leidenschaft für seinen Job regelrecht aus den Augen funkelt?

Ich für meinen Teil muss da nicht lange überlegen. Gelangweilte Rezeptionisten und hochnäsige Concierges gibt es schon genug auf der Welt. Ich möchte lieber in Hotels, nein: bei Menschen wohnen, die meine Seele zum Schwingen bringen. Sie etwa nicht?

Was wirklich zählt

Fragt man Fünf-Sterne-Hoteldirektoren nach ihrer durchschnittlichen Belegung, fällt die Antwort fast immer gleich aus: »Etwa 60 Prozent.« Und der durchschnittliche Zimmerpreis? »160 bis 190 Euro.« Auch bei ArabellaStarwood bekam ich diese Antworten, als ich dort einstieg. Wie kann es sein, dass diese Zahlen überall nahezu identisch ausfallen? Und wie kann es sein, dass sich all diese Hotels mit einer Auslastung von 60 Prozent zufriedengeben?

Zur Auslastung kann ich nur sagen: Diese Hotels sind einfach nicht (mehr) gut genug. Es gibt sehr viele Fünf-Sterne-Hotels auf der Welt, und die meisten davon eifern einem Standard nach, den es gar nicht (mehr) wirklich gibt: dem Fünf-Sterne-Standard. Deshalb ähneln sich die meisten dieser Häuser, und deshalb fühlt man sich in ihnen schnell gelangweilt.

Die Sterne-Wertung ist aus meiner Sicht nicht mehr zeitgemäß; sie führt vor allem zu Trägheit und Einförmigkeit. Außerdem: Sterne messen nur die Hardware, dahinter verbergen sich statische Vorgaben aus alter Zeit, mit denen man heute niemanden mehr begeistern kann. Ein Hotel kann noch so gut ausgestattet sein; in Euphorie verfalle ich darüber längst nicht mehr. Und da bin ich nicht der Einzige.

Den klassischen Fünf-Sterne-Kunden, den die Sterne-Denkweise suggeriert, gibt es nämlich nicht (mehr). Früher, als ich noch Rezeptionist in Gravenbruch war, hatten wir noch täglich das fleischgewordene Bild von jenem Kunden vor Augen: Der klassische Kempinski-Kunde fuhr S-Klasse, spielte Golf und wohnte privat in einem Hamburger Vorort.

Heute gibt es nur noch hybride Kunden. Ihr Nachfrageverhalten ist wechselhaft, sie wollen mal dies und mal das und können dabei genau begründen, warum. Sie sind nicht einseitig leistungs- oder preisorientiert; bei manchen Produkten wählen sie ohne zu zögern die günstigste Option, bei bestimmten Dienstleistungen dagegen bereitwillig die hochwertige Variante. Ein solcher Kunde richtet sich nicht in erster Linie an der Zahl der Sterne aus, sondern an der Marke. Er geht dorthin, wo er sich mit seinem individuellen Anspruch am besten aufgehoben weiß. Mit anderen Worten: Er sucht Identifikationspunkte.

Wenn der Kunde zum Beispiel ein grandioses Liebeswochenende mit seiner vorherigen Verlobten in einem bestimmten Luxushotel in Venedig verbracht hat und seine neue Verlobte sich ein grandioses Liebeswochenende in Paris wünscht, wo wird er buchen? Bei derselben Kette. Da weiß er, was er hat. Versagt die Marke aber dieses Mal, orientiert er sich neu.

Wenn er dagegen in eigener Sache beruflich unterwegs ist, nimmt er das Hotelzimmer ohnehin nur für zehn Minuten bewusst wahr, bevor er ermattet in die Kissen sinkt. Am nächsten Morgen steigt er wieder ins Auto. Für diese Zwecke bucht derselbe Kunde möglicherweise ohne zu zögern bei einer der Design-Hotelketten, die derzeit wie Pilze aus dem Boden sprießen. An diesen Aufenthalt hat er nämlich eine ganz andere Erwartung: unkompliziert und möglichst preisgünstig. Der Luxus spielt keine besondere Rolle – er wird die Annehmlichkeiten ohnehin nicht nutzen.

Die Herausforderung für alle Marken liegt daran, die heterogenen Ansprüche des hybriden Kunden zu bedienen. Für Hotels gilt das ganz besonders, denn kaum eine andere Dienstleistungssparte ist so intim, so nah dran an der Persönlichkeit des Kunden wie die Hotellerie. Ein flexibles, innovatives Hotelkonzept kann die verschiedenen Bedürfnisse bedienen: zum

Beispiel durch effiziente Business-Packages auf der einen und luxuriöse Komfortpackages für das mondäne Liebeswochenende auf der anderen Seite. Das moderne Hotel ist nicht das eine oder das andere.

Hotels, zumal die hochwertigen, müssen ins Leben ihrer Gäste zurückfinden. Früher einmal standen Hotels für einen bestimmten Way of Life, egal ob Hafenspelunke oder beste Adresse der Stadt. Dort traf man auf Gleichgesinnte, dort tauschte man sich aus, dort gab man seine Verlobung bekannt und schloss die großen Deals ab. Im alten Adlon fand ein gewichtiger Teil des gesellschaftlichen Lebens der Weimarer Republik statt. Welches Hotel kann das heute noch von sich behaupten?

Wer in Zukunft ein Hotel positioniert, muss dorthin, wo die Menschen sind. Hotels müssen wieder zu Treffpunkten, zu Orten der Fusion menschlicher Bedürfnisse werden – vom Restaurant über das gemütliche Beisammensitzen bis hin zum abgeschotteten Konferenzraum für die großen Deals und, ja, der atemberaubenden Suite fürs Liebeswochenende. In jedem dieser Fälle muss sich jedes Hotel seine Stammkunden verdienen und sie aktiv halten.

Der Anspruch an einem markenorientierten Markt lautet, niemals einen Kunden zu verlieren. Eine Fünf-Sterne-Loyalität, wie früher mangels Konkurrenz zum Beispiel gegenüber Kempinski oder Ritz Carlton, gibt es nicht mehr. Diese Zeiten sind vorbei. Kunden tauschen sich in nie da gewesener Weise miteinander aus und sprechen Empfehlungen aus. Wer sich in diesen Prozess nicht einklinkt, hat schon verloren. Wer nicht bereit ist, darum zu kämpfen, einen bleibenden Eindruck zu hinterlassen, braucht gar nicht erst einzusteigen – sonst spielt er in der Champions League vor leeren Rängen.

Hoteliers und ihre Mitarbeiter müssen ihren Gästen ihre

Bedürfnisse von den Augen ablesen, sie willkommen heißen und ihnen zeigen: Wir verstehen, was du willst – und wir tun nichts lieber, als dir deine Wünsche zu erfüllen. Auch wenn du heute ein Glas Leitungswasser willst und morgen den teuersten Champagner: Wir verstehen das, denn wir sind hier unter Freunden.

Wer so denkt, hat schon gewonnen. So wie Pedro.

Zu Gast bei Pedro

Pedro war unsere zweite große Überraschung auf unserer Reise um die Welt in Sachen Passion, People, Performance. Peter Fiedler und ich waren bei ihm zu Gast, im Castillo Hotel Son Vida auf Mallorca. Als Teil der »Luxury Collection« gehörte es zu den hochwertigsten Häusern der ArabellaStarwood-Gruppe.

Als Peter anreiste, für ihn war es der zweite Aufenthalt in diesem Haus, hielt ich mich schon im Hotel auf. Ich begegnete ihm wenige Minuten nach seiner Ankunft im Konferenzraum. So kannte ich ihn gar nicht. Er wirkte, als hätte er einen Geist gesehen, freute sich darüber aber ganz offensichtlich außerordentlich. Was war geschehen?

Bei seinem Ankommen hatte ihn der agile spanische Concierge namens Pedro in Empfang genommen und strahlend mit den Worten begrüßt: »Welcome back, Dr. Fiedler.« Nicht: »Welcome to Mallorca« oder »Welcome to the Castillo Hotel Son Vida, die Rezeption ist hinter dem Eingang links.« Sondern: »Welcome back, Dr. Fiedler!«

Als mir Peter strahlend von dieser Begrüßung erzählte, wusste ich sofort, warum er so beeindruckt war: Das war die zentrale Idee von PPP. Genau darum ging es: »Willkommen zurück, mein Freund. Wir haben auf dich gewartet.«

Nun muss dazu gesagt werden: Ein guter Concierge wie Pedro bereitet sich auf seine Gäste vor, und in diesem Fall wusste natürlich jeder im Hotel, wer wir waren und wann wir anreisen würden. Doch Pedro kannte nicht nur Peter Fiedlers Namen, Pedro hatte ihn wiedererkannt. Einen Gast, der Monate zuvor einmal für eine Nacht im Hotel gewesen war und dabei kaum den Konferenzraum verlassen hatte. Und: Den Gast mit Namen willkommen zu heißen, stand damals noch in keinem Lehrbuch für ArabellaStarwood-Mitarbeiter; es gehörte zu den Dingen, die wir ihnen beizubringen gedachten. Bei Pedro mussten wir das nicht. Es war einfach sein Stil. Es war ihm ein Bedürfnis.

Als ich wenig später meinen Vortrag vor den versammelten Mitarbeitern hielt wie immer vor den Workshops, erzählte ich den Zuhörern diese Geschichte, die sich soeben zugetragen hatte. Weder Peter noch ich kannten Pedros Namen, und so fragte ich: »Wer war das? Kennt ihr ihn?«

Natürlich kannten sie ihn – jeder kannte Pedro. Und wir erklärten: »Was wir vorhaben, ist eigentlich ganz einfach. Wir wollen euch alle zu Pedros machen.« Die meisten lächelten an dieser Stelle. Sie verstanden. Wer will nicht von einem wie Pedro empfangen werden, wenn er vor einem Hotel vorfährt?

Pedro, so wie Mehmet in Gravenbruch, ist ein geborener Gastgeber, ein Service-Excellence-Star, ein Naturtalent – der Inbegriff von Herzlichkeit und Empathie. Sein Herz hängt daran, den Gästen eine Freude zu machen. Und welchen Unterschied kann er damit machen? Das will ich ihnen erzählen: Peter Fiedler, der wie ich schon längst nicht mehr für ArabellaStarwood arbeitet, macht trotzdem bis heute Urlaub im Castillo Hotel Son Vida auf Mallorca. Und wird von Pedro empfangen, der noch immer dort wirkt, herzlich, umsichtig, empathisch, in seiner livrierten Weste unter dem gestreiften Baldachin. Die Begrüßung hat sich allerdings leicht verändert. Heute heißt es: »Welcome back, Peter.« Pedro ist für die Fiedlers praktisch zu einem Freund der Familie geworden. Pedro hat die Kinder aufwachsen sehen. Und Pedro freut sich über so etwas, denn die Fiedlers sind seine Gäste.

Freunde kommen wieder

Unsere PPP-Mission wurde ein voller Erfolg. Nachdem wir die Service-Philosophie in allen Hotels eingeführt und die insgesamt sieben Untermarken der 41 Häuser auf drei reduziert hatten, hatte der Bayer gelernt, wie man einen Burger isst, und die coolen Jungs am Nebentisch hatten sich an seinen Anblick gewöhnt. Für diesen Erfolg bekam ich den »Innovationspreis der Deutschen Tourismuswirtschaft« verliehen. Sogar von den Medien bekamen wir einige Aufmerksamkeit; die *Welt* machte mich damals zu meiner Verblüffung den »Rockstar unter den Grand Hoteliers«.

Ich fühlte mich bereit, als Hotelier endlich auf eigenen Beinen zu stehen. Als CEO einer fremden Gesellschaft war ich erfolgreich, aber so richtig glücklich wurde ich in dieser Position zum Ende meiner Tätigkeit hin nicht mehr. Zu sehr schränkten die widersprüchlichen Erwartungen der Bayern und der Amerikaner meine Handlungsfreiheit ein. Zu oft musste ich meine Ideen gegen alle möglichen Anfechtungen verteidigen, zu viele Kompromisse machen und zu viele Mitentscheider um Erlaubnis fragen. Ich wollte endlich mein eigenes Ding durchziehen. Ich wollte nicht mehr Papiere hin-und herschieben und in Konferenzen rechtfertigen, was ich für richtig hielt. Ich hatte die Nase voll davon, den Großteil meiner Tage in Gremien zu verbringen, auf der Suche nach einem Konsens, der oft nur die zweitbeste Option zuließ.

Ich wollte alles noch besser machen, und zwar auf meine Art. Ich wollte Hotels eröffnen, wie sie noch niemand eröffnet hatte. Ich wollte die Zukunft der Hotellerie nicht passiv erleben, begleiten oder für irgendjemanden erschließen; ich wollte sie mitgestalten. Ich wollte nur noch mit Pedros arbeiten. Nur noch das tun, was ich wirklich für relevant hielt – für die Gäste der Zukunft. Meine Gäste. Daran erfreut sich mein Herz – das Herz eines Hoteliers, das Herz eines Unternehmers.

Deshalb wagte ich nach dem Ende meiner Mission bei ArabellaStarwood den Schritt in die Selbstständigkeit. Heute führe ich meine eigene Hotelgesellschaft, mit der ich als »Hotelmanager des Jahres«, als »Gastgeber des Jahres« und als »Arbeitgeber des Jahres« ausgezeichnet worden bin. All diese Ehrungen habe ich stellvertretend für meine Pedros und Mehmets bei Kameha entgegengenommen, denn sie sind es, die unsere Service-Philosophie jeden Tag am Gast leben.

Und ich erzähle meine Geschichten, für die Kollegen, die Hoteliers werden wollen – Grand Hoteliers – Service-Excellence-Champions. Geschichten, die das wahre Hotelleben schreibt. Ich könnte noch mehr erzählen – viel mehr. Denn Freunde kommen wieder.

Ich freue mich, von Ihnen zu lesen oder auch zu hören. Auf meiner Facebook-Seite (www.facebook.com/ckr.speaker) schreibe ich immer wieder Blogs zum Thema Service Excellence und auf www.RichtigRichtig.com gibt es viele Details und interessante Neuigkeiten. Vielen Dank fürs Lesen.

An die Hoteliers der Zukunft

Es gibt viele Gründe, warum Menschen glauben, sie können in ihrem Leben ein Restaurant eröffnen oder gar ein Hotel führen. Mindestens genauso viele Gründe gibt es, warum Menschen denken, das sei einfach. Das ist ein bisschen wie mit den 80 Millionen deutschen Bundestrainern, die die Nationalmannschaft besser aufstellen können als Jogi Löw: Fast jeder hat schon einmal Fußball gespielt und meint deshalb, er könne diesen Job beurteilen. Genauso hat jeder schon in Restaurants gegessen oder war zu Gast in einem Hotel und glaubt, Bescheid zu wissen. Hoteliers sind über dieses Phänomen ein bisschen amüsiert und auch ein bisschen genervt, es heißt dann: »Jeder, der schon mal erfolgreich einen Cappuccino getrunken hat, fühlt sich zum Hotelier berufen.«

Was wir da so tun, mag aussehen wie Sex & Drugs & Rock 'n' Roll. So sah es auch für mich aus, bevor ich in die Hotellerie einstieg. Und das soll es auch – für die Gäste. Doch in Wahrheit ist es eher Blood & Sweat & Tears.

Wir erleben alle immer wieder ordentlichen, manchmal sehr guten und häufig weniger guten Service. Aus unserer Perspektive als Kunde sind wir dann davon überzeugt, ein Gefühl dafür entwickelt zu haben, was gut ist oder was wir als gut empfinden. Und daraus basteln wir uns dann einen Maßstab. Reicht das, um erfolgreich ein Service-Unternehmen zu führen? Die meisten glauben – ja.

Doch ganz so einfach ist es nicht. Auch wenn ich einen Cappuccino machen kann, bin ich deswegen noch lange kein Gastronom. Exzellenter Service erwächst nicht aus einer Fertigkeit, sondern aus der Empathie für den Gast. Es gibt sie nicht auf Knopfdruck aus dem Kaffee-Vollautomaten.

Wir Hoteliers sehen uns heute sehr erfahrenen und stets bestens informierten Reisenden gegenüber. Gästen, die viele Erfahrungen rund um den Globus machen. Unsere Gäste kennen die Herzlichkeit der Balinesen ebenso wie die State of the Art Service Centres mit den schnellsten Internetzugängen in New York, die Business Suiten in Frankfurt genauso wie die Übersetzungsdienste in koreanischen Taxis. Sie kennen die Seifen-Concierges von Ritz-Carlton, die abends vom Bauchladen aus den Gästen zum Turn-down-Service eine große Auswahl der feinsten Waschutensilien reichen. Bei Hochzeiten auf den Malediven haben sie Romantik pur erlebt und in Familienhotels oder Resorts wie den Robinson-Clubs Sport, Wellness und Action auf Weltklasse-Niveau genossen. Sie haben Kobe-Steaks in Japan gegessen und kennen sich mit organischem Gemüse aus dem Hochland von Bhutan aus.

Diese Menschen, denen man nichts vormachen kann, sind unsere Gäste. Ihre gesammelten Service-Erlebnisse haben sich auf ihrer Festplatte eingebrannt. Bei jedem neuen Hotel-Aufenthalt werden sie abgerufen und mit der aktuellen Service-Erfahrung abgeglichen. Top oder Flop? Für uns bedeutet das, frei nach Sepp Herberger: Nach dem Besuch ist vor dem Besuch. Wir Gastronomen sind immer nur so gut wie das letzte Essen, das wir serviert haben.

Worauf lässt man sich also ein, wenn man heute Grand Hotelier oder auch Top-Gastronom werden möchte? Was zeichnet den Gastgeber des 21. Jahrhunderts aus, der sich diesen Herausforderungen stellen darf?

Hoteliers müssen, im Unterschied zu vielen anderen Berufen, bei ihren Kunden in die Tiefe und in die Breite denken und fühlen. Als Hotelier braucht man Leidenschaft und Ausdauer. Hier ist kein schnelles Geld zu machen. Ähnlich sieht es in der Gastronomie aus. Im Gastgewerbe – dem zweitältesten Gewerbe der Welt – kann man nur noch mit nachhaltiger Rundumbetreuung Gäste, nein: Freunde fürs Leben gewinnen. Hinter einem Tresen hervorzulächeln, so wie in der Werbung, reicht längst nicht mehr.

Die Aufgabe eines Hoteliers besteht darin, alles zu tun, damit der Gast sich wirklich wohlfühlt. Alles. Das klingt so einfach – und ist es doch nicht. Den hybriden Kunden kann nur noch überzeugen, wer sich aufrichtig für ihn interessiert und sich physisch, emotional, kulinarisch, manchmal sogar psychologisch und immer persönlich um ihn kümmert – vom Moment seiner Ankunft bis zur Abreise, wenn der letzte Koffer verstaut ist. In anderen Branchen gibt es Öffnungszeiten, in manchen sogar Betriebsferien – nicht bei uns. Wir Hoteliers sind 24 Stunden, 365 Tage, ein Leben lang für unsere Gäste da. Gastgeber haben keine Öffnungszeiten. Was auch immer im letzten Moment verändert oder langfristig optimiert werden muss, geschieht bei uns im laufenden Betrieb – wir schließen nie.

Hotels sollten maßgeblich zur Steigerung unserer Lebensqualität beitragen, denn viele unserer Kunden verbringen erhebliche Teile ihres Lebens in Restaurants und Hotels. Und manchmal, zum Glück nur ganz selten, reisen sie sogar »kalt« ab, wie wir das in der Hotellerie nennen. Tatsächlich hatte eine alte Dame, die bei uns im Hotel Grand Roche in Paarl praktisch lebte, verfügt, ihre Asche möge von uns über dem Tafelberg verstreut werden. Sie starb nicht im Hotel, aber ihre letzte Anreise tätigte sie in einer Urne, versehen mit einer Kopie jenes Testaments, in dem sie uns bat, ihr diesen letzten Wunsch zu erfüllen. Selbstverständlich wurde ihr Wunsch erfüllt: Wir streuten ihre Asche über dem Tafelberg aus.

Unsere Gäste erwarten zu Recht, dass wir uns liebevoll um sie kümmern, während sie oft weit weg von ihren Familien sind. Sie verlassen sich darauf, dass wir ihnen fern von zu Hause ein Zuhause bieten. Sie wollen aber auch inspiriert und überrascht werden. Sie erwarten außergewöhnliche Erlebnisse, Harmonie und maximalen Komfort. Am liebsten – das ist für beide Seiten der Idealfall – möchten sie mit der Hotelmarke eine Beziehung eingehen. Kurz: Sie wollen ein Hotel, das ihr Leben lebenswert macht. Deshalb gibt es für Hoteliers vor allem dieses eine Gesetz, das alles andere begründet und bedingt. Ich habe dies von meinem geschätzten Kollegen und Freund, dem Grand Hotelier Frank Marrenbach, CEO der Oetker Hotel Collection, gelernt: M^4 = Man muss Menschen mögen.

Hotelgäste erwarten für die Zeit ihres Aufenthalts das perfekte Leben. *We make it happen!* Leicht ist das nicht. Doch wenn es gelingt, dann ist Grand Hotelier die schönste Aufgabe der Welt.

Dank

An die relevanten Menschen in meinem Leben.

Danke an meinen großartigen Sohn David, den Wegbereiter dieses Buchs. Als David neun Jahre alt wurde, wurde es ihm zu viel. Oder vielmehr: zu wenig! Er sagte: »Papi, du bist nie da! Wenn wir eine gemeinsame Firma gründen, haben wir mehr Zeit. Mach dich selbstständig mit mir als deinem Partner. Wir nennen die Firma HFG – die Hotel-Ferbesserungs-Gesellschaft!« Danke, David, für deinen »Schubser«. Natürlich heißt eine meiner Firmen heute genau so – wider den Rechtschreibregeln!

Danke an Susanne, die wahrlich immer zu mir hält – wie versprochen, in guten wie in schlechten Zeiten. *I could not have done it without you!*

Danke an meine Eltern Christa und Rolf. Ihr habt nie versucht, ein Feuerpferd auf den Ponyhof zu stellen. Danke an die besten Stiefeltern, Marlene und Egon. Ihr habt das Beste aus meinen leiblichen Eltern herausgeholt!

Danke an Irmgard und Wolli, die bedingungslos für David da sind, wenn Susanne und ich nicht da sein können.

Danke an Sabine, meine beste Freundin, und danke an meine besten Freunde: Michael Stich, Michael Najjar, Tommy Brdarić – ihr wisst schon!

Danke an meine Jugendfreunde Sascha Kurz und Martin Smura – nie hatte ich mehr Spaß als mit euch!

Danke an Sascha für die Treue eines Ritters. In einer meiner schwersten Stunden bist du bei mir geblieben und hast die Feinde in den Wind geschlagen.

Danke an meine Mentoren und andere wichtige Begleiter auf meinem Weg. Jeder hatte auf seine Art etwas ganz Besonderes und ließ mich daran teilhaben. Mit Eurer Unterstützung und Hilfe konnte ich dahin gelangen, wo ich heute bin:

Danke an Günther Haug – Ihre pragmatische Art und Ihre preußischen Tugenden erdeten mich auf Anhieb.

Danke an Gary Bisset, der mir zeigte, wie man auch den unzufriedensten Gast mit der dicksten Beschwerde charmant zurückholt und zum Stammgast macht.

Danke an Bob Barsby für die Fertigkeit, die du mir beibrachtest, Details zu erkennen, sie lieben zu lernen und um sie herum Großes zu kreieren.

Danke an Manfred Schönleben für dein unendliches Vertrauen in mich.

Danke an Reto Wittwer – für meine Karriere!

Dank an Frank Marrenbach für eine lebenslange, bedingungslose Kollegialität und aufrichtige Freundschaft. Danke für deine stets diplomatische, heitere und besonnene Gelassenheit. Wir könnten nicht unterschiedlicher sein, und genau das schätze ich so an dir.

Danke an Jörg Böckeler.

Danke an Karl Nüser für deinen immer ehrlichen Rat wider die Ströme der Opportunitäten.

Danke an meine Freunde, die mich so kennen, wie ich wirklich bin und die mich trotzdem oder vielleicht gerade deswegen mögen.

Danke an den Insolvenzverwalter in Celle für die wichtigen und außergewöhnlichen Kenntnisse im betriebswirtschaftlichen Führen eines Unternehmens.

Danke an die Robinsöhne und -töchter, die mich in meiner Midlife-Crisis ertrugen.

Danke auch an meine Kollegen Hoteliers für ihre Gastfreundschaft – bei jedem Aufenthalt in euren Hotels lerne ich etwas dazu: Charlie Hauser, Thies Sponholz, Innegrit Volkhardt, Axel Ludwig, Marten Schwass, Henning Reichel, Thomas Kleber, Monti Galmés, Axel Ziegler. All diese Kollegen, echte Grand Hoteliers, wollen Kunden zu Gästen, Gäste zu Stammgästen und Stammgäste zu Freunden machen – das ist es, was einen Grand Hotelier wirklich antreibt.

Danke an meine Mitarbeiter und Kollegen, die meiner Vision folgen und mich inspirieren: allen voran Susanne Rath, Jan Langhammer, Stefan Wurm, Christiane Budde und viele, viele weitere – Ihr seid meine echten Service-Excellence-Helden.

Danke an Gerd König für deine Begleitung durch dieses Projekt – und für den Mut, ein solches Buch mit mir zu schreiben.

Danke an Professor Nico Hofmann – zusammen sitzen wir in der Alfred-Brenner-Stiftung und dürfen junge Menschen ein Stück in ihrer Karriere begleiten. Danke für das großartige Vorwort.

Danke an Dr. Winstel. Sie haben das Buch erst ermöglicht.

Zum Schluss möchte ich meinem Oberkellner und Chef Klaus-Dietrich aus dem Schwarzwald danken. Deine leidenschaftslose Dienstleistungs-Verweigerungs-Miesepeter-Art hat mich gelehrt, Herz zu zeigen und leidenschaftlich zu sein.

Nachwort

Carsten Rath und ich kennen uns nun über 20 Jahre. Wir haben zusammen die Hotelschulbank gedrückt. Wie meistens, wenn zwei willensstarke Menschen aufeinander treffen, mussten wir erst einmal ein Verständnis füreinander entwickeln. Erster sein zu wollen, die berühmte Nasenspitze vorne zu haben und den Matchball zu machen sind Gefühle, die uns beiden wichtig sind. Aus Rivalität und Respekt ist daraus schnell eine nunmehr zwei Jahrzehnte andauernde, starke Freundschaft geworden. Uns verbindet auch, dass einem der jeweilige Weg nicht in die Wiege gelegt worden ist. Wir beide kennen Rückschläge und wissen um den bisweilen schmalen Grat zwischen Erfolg und Misserfolg.

Erfolg ist kein Zufall, sondern ein Zusammenwirken von Talent und harter Arbeit. Dass Carsten den Weg in die Selbstständigkeit wählen würde, war mir immer klar, braucht er doch große Freiräume und Möglichkeiten, seine komplexe Persönlichkeit voll zur Entfaltung zu bringen. Er versteht es, Menschen zu begeistern, und ist ein großartiger Redner. Er ist einerseits ein Visionär und anderseits ein Detailversessener – eine seltene Kombination. Das Buch ist wichtig, gerade für junge Menschen. Es zeigt, dass Mut, Fleiß, Neugier und eine gewisse Unangepasstheit essenzielle Erfolgsfaktoren sind.

Es gibt ihn also noch – den Weg vom Tellerwäscher zum Millionär. Carsten Rath ist dafür eines der besten Beispiele in unserer Branche. Dienen wollen und können zahlt sich aus und ich bin mir sicher, dass dieses Buch vielen Menschen Lust macht, die wundervolle Hotellerie nicht nur als Stätte des Broterwerbs, sondern auch als geistiges Zuhause zu entdecken.

Frank Marrenbach